高校サッカー

新時代を戦う監督たち

土屋雅史 著

TOYOKAN BOOKS

まえがき
2

静岡学園高校　川口修 監督
信念を貫く
6

明秀日立高校　萬場努 監督
言葉を思考する
56

帝京長岡高校　谷口哲朗 総監督
文化を創る
108

流通経済大学付属柏高校　榎本雅大 監督
本質を染みつかせる
156

神村学園高等部　有村圭一郎 監督
歴史をつなぐ
196

関東第一高校　小野貴裕 監督
苦悩と生きる
242

あとがき
284

まえがき

きっかけは、ある強豪校を率いる監督のインタビュー取材だった。選手時代と高校サッカーの指導者になるまでのキャリアを振り返ってもらったのだが、出てくるエピソードの一つひとつが新鮮で、驚きに満ちており、2時間余りの楽しい時間があっという間に過ぎ去っていった。

そんな充実感と同時に、それまでかなりの回数の取材を重ねさせてもらっていたにもかかわらず、その監督のことを何も知らなかったことも痛感させられた。苦しんできた経験があるから、選手たちに伝えたいことがある。貫いてきた意志があるから、チームで表現したいことがある。その時に自分の取材不足を突きつけられたとともに、もっといろいろな高校サッカーの指導者の方の、ここまで辿ってきたキャリアを知りたいと思ったのだ。

本書は高校サッカー界の最前線で戦い続けている6人の指導者の方に、まさにサッカーを始めたところを皮切りにして、どういう哲学を携えて今のチームと向き合っているのかまでのキャリアを、インタビュー形式で伺っている。

もともとはそれぞれの方に、勝手なイメージを割り振っていた。静岡学園高校の川口修監督は「母校を率いる」。明秀日立高校の萬場努監督は「言葉を思考する」。帝京長岡高校の谷口哲朗総監督は「ゼロから創る」。流通経済大学付属柏高校の榎本雅大監督は「名将のあとを継ぐ」。神村学園高等部の有村圭一郎監督は「中高6年をつなぐ」。関東第一高校の小野貴裕監督は「悩みながら進む」。こんなフレームに沿った質問を6人の方々にぶつけようと考えていた。

だが、結果的にこちらが想定したそんな枠組みには、誰一人として収まり切らなかった。〝六者六様〟の人生は、あまりにも個性的で、あまりにも起伏に富んでいる。6人とも過去をここまで詳細に振り返る機会はそう多くはなかったようで、頭の片隅から記憶を引っ張り出しながら、時には笑いを交え、時には真剣な眼差しで、これまでのキャリアを真摯に語り尽くしてくれたのだから、そもそもこちらの想定になんて収まるはずがない。

それでも、共通項はある。まず、意外にも6人全員が自身も想像していなかったようなタイミングで、高校サッカーの指導者の道へ足を踏み入れていた。そして、6人全員が例外なく悩みながら、もがきながら、高校サッカーの指導者を続けてきたのだ。

サッカーの指導に携わっている人で、悩みがない人なんているわけがない。選手が上手くならない。チームが勝てない。自分に自信がない。きっと〝ないない〟だらけの日々を送っている方が大半だろう。

そんな人にこそ、この本を読んでほしい。傍から見れば全国有数の強豪校で監督を任され、順風満帆に指導者キャリアを歩んでいるように見えるこの6人だって、悩み、もがき、その上で覚悟を決めて、毎日の指導の現場に立ち続けているのだから。

6人の中のある1人の方が話していたことが印象深い。「楽しいことなんて一瞬でしょうね。本当に。苦しいですよ。でも、やっぱりサッカーからは逃げられないですね」。この言葉へ深くうなずいた人の心に、最後まで読み終えた時に小さな勇気の灯がともるような、そんな1冊に本書がなっていることを願ってやまない。

静岡学園高校

川口修 監督

OSAMU KAWAGUCHI

信念を貫く

INTRODUCTION

静岡学園高校ほど名前を聞いて、すぐにそのスタイルが頭の中に思い浮かぶ高校サッカーの強豪校も他にあるまい。ラテンの香り漂う、パスとドリブルを駆使した個人技主体のサッカー。それを50年以上も貫いているのだから、彼らの強いこだわりは大いにリスペクトされている。

そんなチームを率いるのが、自身も同校のOBである川口修監督だ。実に快活な性格で、豪快な笑い声も印象的だが、その陰には壮絶な選手時代のキャリアが隠されている。高校時代はヒザの手術を何度も繰り返し、2年近い時間をリハビリに費やした。卒業後に渡ったブラジルでの1年半は、日本人だということで想像を絶する辛い経験も強いられた。一時は真剣にプロゴルファーを目指したこともあったという。ただ、数奇な運命に導かれ、指導者として帰ってきた母校で、高校時代の恩師でもある井田勝通から監督の座を引き継ぎ、今は〝静学スタイル〟をベースに世界に通用する選手の育成に心血を注いでいる、まさに「信念の人」だ。

静岡県東部の沼津出身。スター揃いの清水勢がライバル

――まずはサッカーを始めたきっかけから教えていただきたいのですが、川口さんは沼津のご出身なんですね。

川口　はい。僕は沼津の香貫（かぬき）小学校に通っていて、2つ上の兄がサッカーをやっていたので、自分も1年生からスポーツ少年団でサッカーを始めました。当時の香貫小の少年団は結構強くて、6年生の時は東部の大会で優勝して、県大会にも進出しましたけど、そこで確か清水のチームに負けましたね。僕らは東部では強いチームでした。そのあとは沼津第三中のサッカー部に入りましたけど、そこはそんなに強くはなかったですね。県大会に出られるぐらいでした。

ウチの兄は静学（静岡学園）にスカウトされて行ったんですけど、それもあって自分も中学2年生ぐらいから静学の試合を見に行っていた中で、そのスタイルに本当に驚かされたんです。それこそテクニックを見せまくって、「オレ、上手いだろ」と誇示するようなサッカーをやっていて、本当にみんな上手かったんです。それを見て、もう鳥肌が立つぐらいビックリしたんですよね。当時の高校3年生に内藤潤さんという方がいて、その方はブラジル留学したあとにフリューゲルスでもプレーされたんですけど、10番をつけた左利きの選手で、とにかく天才的に上手かったんです。あとは左サイドバックにマリノスに行った鈴木正治さんがいて、センターバックにはブラジル人がいたんですよ。

――当時の静学にブラジル人がいたんですか！

川口　いたんです。ヒカルドというセンターバックでした。

――また〝ヒカルド〟っていう呼び方がいいですね。〝リカルド〟ではなくて。

川口　日本風に言うと〝リカルド〟ですけど、その選手は〝ヒカルド〟って呼ばれていて、ブラジ

ルから井田さんが連れてきた185センチぐらいあるセンターバックで、要は〝ザゲイロ〟ですよね。そのヒカルドが自分のところに来たボールを、ヘディングではなくて肩でドーンとクリアするんですよ。「え？　ブラジル人ってこんなことするの？ヘディングしないんだ！」って思ったり（笑）。
　とにかく僕は初めて見た時から内藤潤さんに本当に憧れていたので、「静学に行きたいな」と思っていたんです。当時は東部ではそれなりに有名だったので、静学のスカウトの方に「オマエ、川口の弟だろ。静学に来ないか？」とスカウトされて、「はい。行きたいです」と言って、それで静学に入学したんですよね。

――川口さんが小学生や中学生の頃は、沼津も含めた東部地域のサッカー熱はどういうものだったんですか？

川口　やっぱりどう考えても清水や静岡のレベルが高すぎて、「あそこのチームには敵わないな」という感じはありました。ただ、東部は個人で見ると結構良い選手が出ているんですよ。小野伸二も沼津出身で、高原直泰も三島出身ですし、僕の兄も沼津からジュビロに入っていますし、兄の中学の同級生の水崎（靖）さんも静学からセレッソに行っていて、いろいろなプロ選手が出ているんですよね。チームとしては強くなくても、そういう個性の選手が出てくる地域ではあったと。だから、僕らも勝負したら清水勢には全然勝てなかったですけど、個で考えればそんなにやれないことはないなという感覚はありました。

――それこそ沼津三中の先輩には山本昌邦さんがいらっしゃいますよね。

川口　大先輩です。世代が全然違うので直接の関わりはないですけど、もちろんお会いしたら挨拶には行きますよ。昌邦さんも「おお、川口！」って言ってくれますしね。ウチの兄はジュビロだったので、昌邦さんとは関係があって、今でもお会いしたらいろいろ良くしてくださいます。それこそ五輪代表の監督もされた方ですし、母校の日大三島高校に行ったら昌邦さんの写真やユニフォームが飾られていますよね。そういう偉大な先輩もいますし、東部自体もサッカーは盛んだったと思います。

――小中学生の頃に県選抜のような、県内中の選手が集まるようなチームに呼ばれたことはありましたか？

川口　なかったです。僕らが小学生の頃は東部選抜、中西部選抜、中東部選抜みたいな地域ごとに戦う大会があって、東部選抜の僕らが結構上の方まで勝ち上がって、清水選抜とやって負けたんですよね。その世代のスーパースターはみんな清水選抜です。

――川口さんの同年代の静岡には、結構のちのＪリーガーも多かったと思うんですけど、小学生時代から有名だったのは誰ですか？

川口　やっぱり望月重良ですね。あとは富士ＪＦＣに岩下潤がいて、小学生の頃からあの身長だったので、〝超人〟と呼ばれていたんです。もうフィジカルが強すぎて誰も止められなくて。そのあとは東海大一に行って。当時はインパクトがありましたね。

清水東の三羽烏に憧れて暇があればグラウンドへ通う日々

――お話にあったようにお兄さんの良輔さんはジュビロでＪリーガーにもなられていますが、やっぱり大きな影響は受けてらっしゃいますよね。

川口　そうですね。兄の戦う姿を見てきましたし、高校時代は一緒の寮で、1年間同じ部屋で過ごしていたので、その練習に取り組む姿勢や私生活での姿勢を見せてくれるわけです。そういうものを見て、学んで、成長した部分はあるので、兄の影響は自分にとって大きかったです。兄がしっかりやれる人ではなかったら、自分もどうなっていたかわからないですけど、一匹狼みたいな感じだったので、「誰に何を言われても関係ない。オレはオレのことをやるよ」というタイプで、それを近くで見て学びましたね。

――そのぐらいの年齢だと、お兄さんと一緒の部屋で生活するのって嫌だったりしなかったんですか？

川口　嫌ではなかったですけど、8畳部屋に5人で暮らしていたんですよ。二段ベッドが3つあって、もちろんベッドの〝下〟に3年生の兄がいて、そこの〝上〟が空いていたんですけど、向かい側のベッドの〝下〟も空いたんです。そこの〝上〟には2年生の先輩がいたので、普通はその先輩が〝下〟に降りるはずなのに、僕の兄が「そこの〝下〟はウチの弟が来るからダメだ」と（笑）。

――なかなかシビアな二段ベッド事情があるんですね（笑）。

川口　だから、1年生で唯一自分だけ〝下〟をもらいました（笑）。そこの〝上〟にいた先輩がいい人だったので良かったですけどね。「1年生なのに〝下〟で大丈夫かな……」とは思っていましたよ。ちなみに兄の〝上〟に、僕と沼津から一緒に行ったヤツがいたんですけど、ソイツは兄がいなくなったと同時に「オレがここを取る！」と〝下〟に降りてきたので、僕の〝上〟の先輩は3年間〝上〟だったんです（笑）。凄くいい人でしたね。

――たしかにいい人ですね（笑）。サッカー面で言うと、小中学生の頃の川口さんはどういうプレーヤーだったんですか？

川口　小学生の頃はトップ下もやったりしましたけど、基本的にはウイング的なプレーヤーでした。特に左が多かったですね。自分で言うのもなんですけど、本当にドリブルにこだわるドリブラーでしたし、点も結構取っていました。中学に上がって、トップ下とか中盤に入ったりしていて、高校もトップ下やサイドハーフをやっていました。

――それこそよく映像を見ていたような憧れの選手はいましたか？

川口　僕らの世代はもうマラドーナですよ。一択です。「もうマラドーナ、ヤバい」と（笑）。あとは高校サッカー全盛の時代なので、清水東の三羽烏（長谷川健太、大榎克己、堀池巧）には憧れました。清水東は凄く好きでしたね。全国大会の決勝も国立に見に行きましたし、暇があれば清水東のグラウンドまで行っていました。静学自体は兄が行くまでよく知らなかったですけど、そもそも坊主頭でしたからね。それもあって「絶対行かねえ」と思っていましたけど、ちょうどウチの兄が入学したぐらいから髪を伸ばして良くなったんですよ。

――へえ！　そんな経緯があるんですね！

川口　それまではずっと坊主頭です。たぶん井田さんがスパルタだったんでしょうね。

――清水東はやっぱり三羽烏が憧れなんですね。

川口　そうですね。あの雰囲気や、あのサッカーの感じが好きでした。本当に強かったですから。武田（修宏）さんもいましたし、今でいうアイドル扱いでしたよね。キャーキャー言われていて、試合会場でプレゼントを持って待っている人もいましたし、練習場にも必ず女の子がいたんです。だから、プレーもそうですけど「カッコいいな」とは思っていました。僕も小学生ながら〝追っかけ〟みたいな感じでしたよ。

――それは沼津から清水東のグラウンドまで行くわけですよね？

川口　はい。そういうことが好きな同級生のお父さんがいて、「清水東に行きたいんだけど、連れて行ってもらっていい？」と言うと、「よし、みんなで行くか」と車に乗せてくれて、練習を見に行ったら、すぐ隣で選手たちがボールを蹴っていると。それもあって僕は「清水東に行きたい」と思っていたんですけど、大きくなるにつれて清水東は頭が良くないと入れない学校だということを知って、「ああ、じゃあダメだな」と（笑）。本当に憧れていました。それこそ清水東のグラウンドの近くにボールを蹴れる場所があって、そこに行って「あのドリブル凄かったよな」とか言いながら、さっき見たプレーを真似したりしていましたね。

内藤潤さんへの憧れから高2と高3の夏にブラジルへ留学

――これはあるインタビューで拝見したんですけど、読売クラブも好きだったんですね。

川口　はい。もう高校に入ってからは読売クラブが好きでした。あとは本田（技研工業）も好きでしたよ。当時のJSLでは読売クラブと本田がバチバチやっていて、それこそ17歳ぐらいでデビューしてきた菊原志郎さんは天才的で本当に凄かったですし、ラモス（瑠偉）さんも含めてブラジル人選手がたくさんいたので、ちょっと異色のサッカーで〝ラテンの香り〟がするのが読売だったんですよ。それに対抗できるのが本田だったので、草薙に見に行ったりしました。

そのあたりからブラジルにも興味を持ち始めたんですけど、先ほど話した内藤潤さんは高卒でブラジルに行ったんですよ。僕にとって内藤さんは憧れの存在で、静学は毎年夏に2人か3人ぐらいはブラジルに短期留学できるので、高2の時は監督のところに行って「ブラジルに行かせてください」と。1か月ぐらい行くんですけど、僕は高2と高3の夏に2回ブラジルに留学したんです。それぐらいブラジルが好きでしたね。高校を卒業した後も、大学への道もあったんですけど「内藤さんが行ったんだったら、オレも行く」ということでブラジルに行ったんですよね。

――あ！　フリューゲルスの内藤さんって襟足の長い人ですよね？

川口　そうです！

――僕、Jリーグチップスのカード持っていますよ！　今まさに顔がわかりました！

川口　僕もカードは持っていないですね。今度見せてください（笑）。高校の時からあの襟足ですよ。金のネックレスをして、試合の時はサンダルで行くんです。もうプロですよね。「高校生なのにそれでいいの?」って(笑)。カッコ良かったんですよ。寮に行くと必ずタンクトップの服を着ていて、金のネックレスで、ブラジルチックなカッコ良さがあったんです。日本人っぽくなくて。そういうスタイルも好きだったんです。

――内藤さんも坊主頭の時代じゃなくて良かったですね(笑)。

川口　たぶん坊主頭の時代だったら、内藤さんは静学に来ていないでしょうね(笑)。ファッションもそんな感じでカッコ良かったんです。追いかけていましたね。何しろ最初に見た試合が衝撃的だったんです。県の新人戦の準決勝だったかなあ。相手の清水商業が内藤さんのテクニックにチンチンにされていて、ヒカルドは肩でクリアして、正治さんも本当に上手くて。確かその年の新人戦は優勝したんですけど、その3人が別格で輝いていたんですよね。

――また名前の出てきたヒカルドは気になりますねえ。

川口　もうヤバかったですよ。いわゆるザゲイロなので、清商が相手でも1対1だけは絶対に負けないんです。縦パスが入ってきても絶対に負けないですし、相手も怖がっちゃうぐらいで、例の〝肩のクリア〟がペナルティエリアからハーフウェーラインぐらいまでドーンと飛ぶんです(笑)。「こんなセンターバックいるの?」って。公式戦ですよ。練習試合じゃないですから。それで衝撃を受けて、一気に静学が好きになっていくんですよね。

――そうすると川口さんの中でのブラジル人留学生は、アデミール・サントスではなくてヒカルドですか?(笑)

川口　いや、サントスさんはやっぱり凄かったですよ。ボールタッチの柔らかさが全然違います。あんなボールタッチができる人は、当時の日本にいなかったですよね。そしてあのバナナシュートでしょ。ああいう選手がブラジルにはゴロゴロいるんだと。それは行きたくなりますよね。

毎日夜12時までひたすらボールコントロールの練習

――静学に入学された時に感じたチームのレベルと、その中で川口さんがどういう立ち位置だったかを教えていただけますか？

川口　やっぱり静学なので、先輩たちはメチャメチャ上手かったです。内藤さんを見て入りましたけど、あの人とはまた違う個性の人の集まりで、3年生の（広山）晴士さんはもうドリブルとリフティングは天下一品でしたし、リフティングの練習をする時は必ず晴士さんがデモンストレーションを見せて、監督が「これをやれ」と。ある意味では晴士さんがドリブルも含めた自分の持っているテクニックを見せて、それで後輩たちが育っていったのは間違いないです。

でも、晴士さんだけじゃなくて、兄と同じ中学だった水崎さんものちにセレッソに行くぐらいの人なので、本当に上手かったですし、1つ上で言えばフリューゲルスに行った坂本（義行）さんはあだ名が〝バッタ〟で、跳ねるようにドリブルするんですよ。もう身体能力が半端じゃなかったです。もう先輩たちが上手すぎて、「オレはこの中でできるのかな？」と思いました。

ただ、そういうプレーを見ていて、「自分も上手くなりたい」と思って、寮が学校に隣接していたので、夜は体育館でひたすらボールコントロールの練習をしていました。夜の12時ぐらいまで毎日やっていましたね。1年生は〝食当〟という食事当番があるので（笑）、それがある日はできないですけど、それ以外の日はひたすら12時までテクニック練習です。先輩がやっていますから、それを見ながら教えてもらえますし、当時の静学はそういう環境でした。

――もう静学の中では「上手いが正義」なわけですよね。

川口　そうです。「上手いが正義」です。試合で0－5で負けていても、先輩たちは「いや、オレたち負けてねえ。今日はオレたちの方が良かった」と。「いや、0－5で負けてんじゃん」とは思いましたけど（笑）、「オレたちの方が上手いよ。清水のヤツらはタッチが硬いわ」と。負け惜しみですよね。今じゃ全然通用しないような考え方です（笑）。確かに清水の選手たちより静学の先輩たちの方が遥かに上手かったですよ。ただ、試合になると守備をしっかり固められて、カウンターで失点するような形で、決定力の差で負けると。僕らの代まで静学はほとんど清水勢に勝てなかったですからね。

――1年生のインターハイではもうメンバー入りされていたんですよね？

川口　入りました。インターハイのメンバー登録は入学してすぐなんですよね。自分とベルマーレ（平塚）に行った松山大地の2人が登録されたんです。ベンチに入れてもらって、僕はデビューできなかったんですけど、大地はちょっとだけ試合に出たんですよ。「先を越されたな」と。大地は同じポジションで、凄く仲が良かったんですけど、北海道から城内FCにサッカー留学をしにきたヤツなんですよ。

――中学生の時にということですか？

川口　そうなんです。納谷（義郎）さんとつながりがあったみたいで、カズさん（三浦知良）や（三浦）泰年さんにもお世話になっていましたけど、いわゆるサッカー小僧ですよね。中学生で北海道から静岡にサッカー留学ですから。

――1年生でいきなりメンバーに入ったのは嬉しかったですよね？

川口　ビックリしました。僕より上手い先輩なんていくらでもいたので、ちょっとビビっていましたけどね。「オレが入って大丈夫かな」と。とてもじゃないけど先輩たちには敵わないと思っていましたし、いつも大地と「ああいうふうに上手くなりたいな」と12時までボールを蹴っていたわけですから。

――松山さんも体育館仲間なんですね。

川口　もう大地なんて筆頭ですよ。

――当時の記録を見ると、そのインターハイは準決勝で相馬直樹さんや野々村芳和さんのいた清水東に負けています。

川口　僕の2つ上の代は、だいたい県でベスト8かベスト4ぐらいまでは必ず行っていたと思います。悪くはないチームでした。

――1年生の選手権はメンバーに入っていますか？最後は清水商業に負けたようですが。

川口　1年生は誰も入っていなかったような気がします。清商は藤田俊哉さんが3年生の代ですね。1つ下に名波（浩）さんも大岩（剛）さんもいて、もうみんな代表クラスになるようなスーパースター軍団でした。

新チームの最初の紅白戦で大ケガ。高校の2年間はずっとリハビリ期間

――ここが川口さんのサッカーキャリアの重要なターニングポイントになるのだと思うのですが、1年生の時の新チームになったばかりの紅白戦で大きなケガをされたんですね？

川口　そうなんです。3年生が引退して、新チームになるわけですよね。確か選手権に負けた次の日の、一発目の紅白戦です。Aチームに選ばれてプレーしていた中で、同い年の同じポジションの選手に後ろから削られて、ヒザをケガしてしまったんです。新チームでメンバー選考をする段階の紅白戦ですよね。

――しかもAチームの方に入っていたんですね。

川口　入っていました。自分が悪かった部分もあるかもしれないですけど、ケガをして、当時はスポーツドクターもいないので普通の病院に行ったら、「まあ1週間もすれば普通にできるでしょう」と言われたんです。「ああ、良かった」と思って、左のヒザは腫れたんですけど、すぐにそれも引きましたし、痛みもなかったので、10日ぐらい経ってから練習に出たら、またそこでヒザを傷めたん

ですよね。

結局は前十字靱帯が切れかかっている状態だったのだと思うんですけど、走っていてジャンプした時にもうゴムが切れる音のような、バチーンという音がヒザから鳴ったんです。もうそこから歩けなくなってしまって、手術ですよね。しかも半月板も損傷していたので、手術をして、リハビリもしたんですけど、またケガをしてというサイクルを何回も繰り返したんです。

だから、2年生と3年生の2年間はずっとリハビリをしていました。3年生の新人戦はメンバーに入ったんですけど、それこそ凄く大きな、ガンダムみたいなプロテクターをつけて試合に出たりしていましたね。当時は今みたいにスポーツ医学も発達していないので、「前十字をやっちゃったらもうダメだよ」という時代です。今は完全に復帰できますけど、高校の時には2、3回手術を繰り返しました。

これは少し違う話なんですけど、高3の時に『天才・たけしの元気が出るテレビ!!』という番組でサッカーの企画があって、セルジオ越後さんが指導していた元気FCというチームに呼ばれたんです。自分の同級生にアレシャンドレ・アキ（安芸）という選手がいて、今は旗手怜央のエージェントもやっているんですけど、呂比須ワグナーさんとアレシャンドレのお姉さんが結婚されたので、呂比須さんの義理の弟なんですね。そのアレシャンドレが元気FCでプレーしていて、「なんでオマエそこでやってるの?」「オマエも来いよ」みたいな話になって、そこでセルジオさんと出会ったんです。もちろん小学生の時にサッカー教室には参加していましたけど、セルジオさんにヒザのことを説明したら、「千葉に鍋島先生というナンバーワンのお医者さんがいるから、オレが紹介する」と言って、セルジオさん自ら病院まで連れて行ってくれたんです。

――それは凄い話ですね!

川口　そこで「オマエ、これからどうするんだ?」

と言われて、「もうブラジルに行くことが決まっていいます」と。「それなら行く前に手術した方がいい」ということで、ブラジルに行く前に手術をして、ブラジルでリハビリをしたんです。そういう経緯があって、結局2年生と3年生の頃はずっとケガとつき合いながらやっていましたね。

――それこそ清水東のご出身で、エスパルスやACミランでトレーナーをされていた遠藤友則さんも、ヒザの大ケガを鍋島先生に手術してもらったことがきっかけで、トレーナーになったらしいですね。

川口　そうなんですか。僕が好きだった清水東や鍋島先生の話を聞くと、歴史はそうやってつながっていくんだなって思いますね。僕はもう最後までサッカー選手をやりたいと思っていたので、高2からの2年間で何もやっていなかった分、卒業してからはブラジルで自分の納得がいくまでサッカーをやろうと。爆弾を抱えていたので、なかなか難しかったですけどね。

――特にケガをされてから静学で過ごした2年間は、どういう想いを抱えながらサッカーと向き合ってらっしゃったんですか？

川口　「絶対に復帰して試合に出たい」という気持ちはありました。でも、みんながグラウンドでボールを蹴っている中で、自分は寮の隅でひたすら筋トレをやっているような日々だったので、辛いは辛かったですね。サッカーができなかったので、やっぱり高校時代にはあまり良い記憶はないんですよ。もっとサッカーをやりたかったというのが正直な気持ちです。

ユニフォームの横文字は静学が初めて使い始めた！

――あえて今から振り返ると、その2年間が今の川口さんに与えているポジティブな影響はありますか？

川口　やっぱり今も同じケガをする選手がいるん

ですよね。そういう子にはアドバイスしたり、「ケガでプレーできない時こそ何をやるべきか」ということをちゃんと伝えることもできるので、それはポジティブな要素かなと。僕の場合は同級生のライバルたちが活躍していたわけですよ。もちろん大地とか、アントラーズに行った増田忠俊とかがいて、自分としては「アイツらにだって負けてない」と思っていましたし、それはよくありがちな「オレの方が上手い」という勘違いだったかもしれないですけどね（笑）。

当時はそこに対する悔しさもありながら、逆にチームの試合を見て分析して、大地を呼んで「こうした方がいいよ」とか、そういうこともやっていましたね。アドバイスというわけではないですけど、「オレはこう思うよ」みたいなことは言っていましたし、大地もそういう話が好きなので、「オマエのプレーはさあ」ってずっと夜まで話していました。もちろんリハビリの仕方は当時と全然違いますけど、あの頃の経験が今につながっているのは、「サッカーができない時にやるべきこと」のアドバイスができることですね。

そういえば、僕らの世代は井田さんが「オマエらでユニフォーム考えていいぞ」と言ってくれて、当時はマラドーナがいたボカがカッコよかったので、ユニフォームに横帯をあしらって、その真ん中に「MIZUNO」って入れようと。「これはカッコいいな」とみんなで話してアイデアを持っていったら、井田さんが「こんなの入れられねえよ」と言うので、それで「じゃあ、横文字で〝SHIZUGAKU〟って入れるのが良くない？」って。当時の高校でユニフォームにチーム名を横文字で入れていたところはなかったと思うんです。

――ほとんど漢字でしたよね。

川口　そうなんです。だいたい漢字だったので、横文字でチーム名を入れたのはたぶん静学が初めてなんですよ。あのユニフォームのイメージはシャツが（キンゼ・デ・）ジャウーで、横帯はボカなんです。今では横文字が増えていますけど、少なくとも静岡で最初に横文字を使ったのは静学だと思います。それがどんどん全国に広がっていって、今ではみんな横文字を使っていますからね。

17歳のロベカルに遭遇。やっぱり当時から凄かった

——それもまた熱い話ですね！　先ほど2年生の夏にもブラジルに行かれていたとおっしゃっていましたけど、その時はある程度ヒザの状態が良かったんですか？

川口　ケガを持ちながらですね。2年生の時もプレーできている時とできていない時があって、できている時に行ったんですよね。手術して、復帰して、ちょっと良い状態の時だったはずです。

——その時が初めてのブラジルですよね。どこに行かれたんですか？

川口　最初に行ったのはサンパウロのウニオン・サン・ジョアンという田舎のチームで、そこに誰がいたかと言うと、ロベルト・カルロスです。

——えーー!!

川口　ロベカルも17歳で、自分と同い年だったので仲良くなったんです。まだ全然有名ではなかった頃で、本当に馬小屋みたいな寮に住んでいたんですけど、ロベカルが「オレは絶対に世界に行くんだ」と言っていたのは覚えていますね。でも、もう17歳でプロの試合に出ているんです。身長は僕と同じぐらいなのに、足は僕の倍ぐらい太いんですよ。当時から「コイツは凄いな」と思っていたら、本当にブラジル代表になって、あんな選手になっちゃって。その思い出は今でも忘れられないですね。

——最初にテレビでロベカルを見た時は、ビックリされたんじゃないですか？

川口　ビックリしましたよ。ただ、もうそれからちょっとしてビッグクラブに移籍したんですよね。それは知っていて、「やっぱり行ったか」と。

あと、僕がいた時のウニオン・サン・ジョアンにはエデルもいたんです。

――1982年のイタリアW杯に出ていた、ブラジル代表のセンターフォワードですよね？

川口　そうです。左利きのスーパースターが、もう40歳ぐらいだったと思うんですけど、ウニオン・サン・ジョアンでロベカルとプレーしていたんです。「うわ～、エデルがいるよ！」って。でも、全然動かないんです（笑）。もうお腹も出ていて、真ん中でフラフラして。そういうチームでしたね。サンパウロの田舎にある、ブラジルの2部のクラブという感じでした。

――最初に行ったブラジルで、ロベカルとエデルに会うというのは、なかなか強烈な体験ですね（笑）。

川口　本当ですよ（笑）。2部ではあったので、そこまでレベルは高くなかったですけど、本当にブラジル特有の上手さと激しさ、ハングリーさは体感しましたね。

コリンチャンスの衝撃。初めて「サッカーが怖い」

――やっぱり初めて行ったブラジルは楽しかったですか？

川口　楽しかったですよ。実はチームの練習に行く前に、もう向こうに着いてすぐにコリンチャンス対パルメイラスの試合をパカエンブーに見に行ったんです。その試合のコリンチャンスが凄すぎて、サッカーで鳥肌が立ったのは初めてぐらいの感覚を味わったんです。ああ、内藤さんを見た時に鳥肌が立ってましたね（笑）。

でも、サッカーの試合でああなったのは初めてで、正直内藤さんよりも遥かに上手い選手たちがそこにはいるわけじゃないですか。凄くアイデアのあるテクニックを、プロレベルの試合の中で出すんですよね。その試合を見て、本当に衝撃を受けました。だから、僕はいまだに言っているんですけど、一番好きなプロチームはコリンチャンスなんです。

――それは素敵なお話ですね。

川口　とにかく凄かったですから。当時のブラジルは本当にテクニカルにやっていたんです。そこに激しさもあって、「やっぱりブラジルって凄いな。日本はまだ全然だな」と。静学にも上手い選手はたくさんいましたけど、「ブラジルのテクニックは桁違いだな」と。ブラジルには〝クラッキ〟と言って、動かなくてもボールに触ったら何かをやる、みたいな感じの、点は取るし、アシストもする10番がいるんですよ。でも、周りの選手は凄く守備で頑張るし、凄く相手に激しく行くし、ザゲイロはとにかくメチャメチャ強いし、ウインガーはとにかくドリブルするし、サイドバックは絶対にクロスを上げるし、センターフォワードは絶対に点を取るし、と。

――各々の役割がハッキリしているわけですよね。

川口　ハッキリしていますし、個性が凄いんです。逆に静学は個性がありますけど、守備を全然やらなかったり、センターバックが緩かったりしていて(笑)。そこはブラジルと日本で全然違いました。特にピッチに入るとわかるんです。あの対峙した相手の圧力。どこからでも削りに来ますし、ボールになんて来ないですから。アイツらが「ジャパ」と言ったら、もうそれは「あの日本人を削れ」って意味なんです。もうわかるじゃないですか。「コイツら、削りに来るな」と。

カズさんもおっしゃっていましたけど、激しいプレッシャーが来るのはわかっていて、とにかくフェイントを掛けていないと怖いから、それであのシザーズが生まれたと。「ああ、カズさんもそうだったんだな」って。ブラジルに行って、自分も体感しました。ボールを持つのが怖いんですよ。ドリブルをすると削られるわけで、ブラジル人は削られないテクニックも持っているので、静学でやっていたような足先だけの軽いテクニックでは通用しないことが、ブラジルでよくわかりました。

――それは体感しないと絶対にわからないことですね。

川口　わからないんですよ。初めて「サッカーが怖いな」と思ったのは、その時でしたね。日本では「全部オレに出せ」というタイプでしたから（笑）。「見えたら出せばいいじゃん。オレが何とかするんだから」という感じだったのに、真逆ですよね。「本当にフリーじゃないと出さないで」と（笑）。

呼ばれ方は「ヘイ、ジャパ」。パスは来ないし持てば削られる

――少しお話していただきましたが、高校卒業後にブラジルに行かれた流れを改めて教えていただけますか？

川口　大学もいろいろセレクションを受けたり、監督からも勧められたりはしたんですけど、やっぱり一番は内藤さんがブラジルに行っていたので、同じ道を追いかけてみたかったんです。高2と高3でブラジルに2回行っていたことも大きかったですし、あえて親にも頼んで「ブラジルに行きたい」と。その時にアレシャンドレは日体大（日本体育大）に行ったんです。彼とはいまだに親友なんですけど、実はアレシャンドレの面倒を自分の親が見て、自分の面倒はアレシャンドレの親が見てくれたという、そういう関係なんです。

――その関係性もまた素敵ですねえ。

川口　アレシャンドレはいまだに何があっても信頼している親友ですし、本当に「盃を交わした兄弟」みたいな感じですよね。だから、旗手のこともお願いしていますし、海外に強くて選手も50人ぐらい抱えている、今では凄腕のエージェントなんです。それで自分はブラジルに行きたいと思っていた中で、アレシャンドレに相談したら「自分のお父さんがいろいろなクラブを知っているから、紹介してもらうよ」ということで、最初にサンパウロ州のボタフォゴというクラブに行ったん

です。そこはソクラテスとライーが出たクラブなんですけど、当時は高卒なので17歳から20歳までのジュニオールというカテゴリーの中でやっていました。そもそもセルジオさんのおかげで手術したばかりだったので、向こうでリハビリをすることになっていて、コリンチャンスのドクターに診てもらったんです。

――それも凄いですね。高2の時に生で見て、衝撃を受けたコリンチャンスのドクターと出会うんですね。

川口　それはアレシャンドレのお父さんが連れて行ってくれたんですけど、「これはちゃんとリハビリしていけば何とかなるだろう」と言われました。当時のブラジルのスポーツ医学はかなり発達していたので、「もっと早く手術してリハビリをやっていれば治っただろう」と。ただ、状態はわかってもらったのでリハビリを続けたんですよね。ブラジルではヒザの状態はずっと良かったんですよ。1年半ぐらいは問題なかったです。

――実際にブラジルで1年半プレーされていた時の、自分自身への手応えはいかがでしたか？

川口　ブラジル人は日本人なんて全然相手にしてくれないんです。だから、向こうに行って1か月も経たないぐらいで、日本から持っていったものは全部盗まれました。寮の部屋に遊びに来たふりをして、全部持っていってしまうんですよ。もう1か月後には身の回りのものは全部ブラジルで買ったものになっていました。

あとは、名前も覚えてもらえないと。「ヘイ、ジャパ」と。そういう呼ばれ方です。試合になっても、フリーで要求しても全然パスを出してくれないですし、自分がボールを持つと削りに来るわけです。それぐらいナメられていたんですよね。そこはさっきも言いましたけど、本当にボールを持つのが怖かったです。

ただ、月に2、3回は〝クアドラ〟という今のフットサルのような室内でやる練習があって、そこは人数も少ないですし、ボールも小さいんですけど、その舞台に入ると結構やれたんです。やっぱり自分はテクニックが売りだったので、そこではメチャメチャ技術を発揮していたら、そこで初めて名前で呼ばれるようになったんです。「ああ、コイツやれるじゃん」って。それをきっかけに試合の中でもボールが来るようになって、「ああ、こういう世界なんだ」と。自分をちゃんと出さないと、名前も呼んでもらえないし、パスも出てこないと。

ブラジルってやっぱりみんな生活を懸けてサッカーをやっているんです。自分が活躍しないと契約してもらえないですし、上にも行けないわけで、他人なんて関係ないんですよ。いくらこっちがフリーでも、自分でドリブルして点を取れば、それが評価になるので、正直チームワークみたいなものはあまりないんです。少なくとも自分が行ったチームには、チームワークはなかったですね。

サッカーが終われば仲は良いですけど、試合になればみんなが「オレが活躍して、上に這い上がるんだ」と。紅白戦であればチームメイトを削ってでも、オレがレギュラーになるんだと。そういうスタンスなんです。だから、名前を覚えてもらうまでにも時間が掛かりましたし、パスが出てくるまでにも時間が掛かりました。それでもやっぱり重要な試合になると、パスは出てこないんですよ。それなのに自分にパスが来ないことにも凄く怒るんです。

――もう常に上に行くためのアピールの場、ということなんですね。

川口　アピールが凄いんです。凄く厳しさを実感したのは、ジュニオールで仲良くしていたヤツが次の日の練習にいないんです。「アイツ、何で来ないの？」と違うヤツに聞いたら、「アイツはもう来なくていいよと言われたんだ」と。仲が良かったのに、挨拶に来なかったんですよ。でも、それがプライドというか、日本みたいに挨拶になんか来ないですよね。クビになったことが恥ずかしいという想いが強いわけで、「ブラジルって厳しいな」と実感しました。

移籍した初日の紅白戦で狙い撃ちにされて削られる

――名前を呼ばれるようになる、パスが出てくるようになる、というステップを踏んで、ちょっとずつ自信をつけていったようなイメージですかね？

川口　そうですね。ボールを触る回数も増えていきますし、少しずつボールを持った時にもどのタイミングで、どういうところから取りに来るか、ということもだんだんわかってくるわけですよね。それを理解すれば、だんだんプレーに自信もついていくと。それはどこの世界でもそうだと思います。最初はビビってやっていたのが、どんどん「できるじゃん」となっていくんですよ。

僕は最初の1年ぐらいはボタフォゴでやって、そのあとに移籍したんです。そこはミラソールという2部のクラブだったんですけど、それこそ最初の、行った日にやった紅白戦に出て、削られて、足首を骨折です。

――うわあ。それはまた……。

川口　それはヒザじゃなくて足首だったんですけど、185センチぐらいの黒人選手に狙い撃ちされました。もうブラジルに1年ぐらいいて、そこそこできるようになっていたので、ドリブルしたらタックルを食らって、骨折です。

でも、日本人なんて誰もいないですし、誰も助けてくれないんですよ。だから、病院もケンケンしながら1人で行って、ギプスを巻いて、松葉杖を突いて。しかもブラジルの食事はバイキング形式なので、お盆を持って取っていくんですけど、それも誰も助けてくれないんです。友達も誰もいないですし、そういう中で全部1人でやったんです。

言葉もある程度はわかりますけど、細かいことはわからない中で、「リハビリはこれをやれ」と言われながら、リハビリして。しかも監督ともうまくいかなかったんですよね。要は日本人をバカにしているような人で、「オマエ、ブラジルに何しに来たんだ」みたいな感じだったので、アレシャンドレのお父さんに「もう1回戻りたい」とお願いして、ボタフォゴに戻って少しだけプレーして、日本に帰ってきました。

やっぱりブラジルってそういう世界なんですよ。「日本人がドリブルしてんじゃねえ」みたいな。僕が行っていた時代は、日本のレベルも今より全然低い頃ですから、そういう見方をされていましたね。

たった1人の孤独な戦い。親の電話に日本語が出てこない

――もともとブラジルへの強い憧れがあって、実際に行かれたわけじゃないですか。その中でお話を伺うとかなり大変な想いもされたと思うんですけど、それまでご自身の中で抱いていたブラジルと、勝負をしに行った1年半で体感したブラジルでは、そのイメージも変わりましたか?

川口　どうなんだろうなあ。本当に1人で覚悟を持って行きましたから。アレシャンドレのお父さんがいるところから、ボタフォゴも車で4、5時間は掛かる場所にあったクラブで、静岡から大阪ぐらいまでの距離なので、なかなか来れないわけですよ。周りには誰も日本語を話す人もいない中で、本当に1人でやっていましたからね。

サンパウロだったら日本人街もありますし、日系人の方もいるので、日本語も少し使えますけど、本当に誰もいなかったので、日本語も最初の3か月ぐらいは一言も喋らなかったですね。だって、日本からクラブに電話が掛かってきて、出たら心配した親だったんですけど、普段から喋っていないから日本語が出てこないんですよ。「ああ、ええと……」みたいな（笑）。自分でもビックリするぐらい出てこなくて。

サッカーだけに集中して取り組めないというか、まずサッカー選手として認められず、持っているものも全部盗まれるし、日本人だからということで見下されていることもわかっていたので、そこは苦労しました。それでもカズさんはその中で戦っていたことも知っていましたから、「もうやるしかねえ」と。

だから、やっぱりブラジルでの1年半は苦しい時間でした。凄く難しかったですよ。思っていたものとは違いました。もっとサッカーに集中してできると思っていたのに、人間関係にも悩まされましたし、同年代で仲良くなったヤツもいたんですけど、正直うまくはいかなかったですよね。

――ブラジルで1年半プレーするというのは結構な長さの時間だと思うんですけど、もともと向こうに行かれる時に「このぐらいの期間は勝負しよう」みたいなイメージは決めて行ったんですか？

川口　契約してもらえるまで、という気持ちですよね。ブラジルでは基本的に練習生としてずっとやっていて、そこで何とか契約したいとは思っていました。ちょうど日本に帰るぐらいの時期に、ベルマーレ（平塚）から練習生の話が来たんですけど、ブラジルでも契約できるチームがあるかもしれないということで、その2つでどうしようかなと。ただ、その時は自分の足の状態が悪くなかったので、それならこの経験を生かして日本でやってみたいと思って、帰ったんですよね。

それで結局、ベルマーレの練習生の時にケガしてしまったんです。その時のベルマーレには大地がいて、アイツにも「行くから」と言っていたんですけど、そこでケガしてしまって、サッカーキャリアは終わりました。今から思えばブラジルのどこかのクラブでやっていても面白かったのかなとは思いますけど、それは自分の選択だったので、僕は「日本で勝負したい」と思って帰国したんですよね。

――ベルマーレの練習に参加されたのは1994年でしょうか。

川口　ブラジルにいたのが1992年と93年だったので、そのぐらいだと思います。サテライトの方で数週間練習していて、「プレーが良ければ契約します」という話だったんですよね。そこでケガしてしまったんです。自分のサッカー人生は、もう本当にケガに終わったという感じです。思い切りやれたのは小学生と中学生時代だけでしたね。

――ベルマーレの練習でケガされたのは左ヒザですか？

川口　そうです。左足のヒザです。もうそこで自分の中では現役に区切りをつけました。ブラジルにいた時は、ヒザの調子も良かったんですよ。自信もありましたし、何とか日本でと思ったんですけど、ハッスルしすぎたんでしょうね。こんなことを言うと怒られるかもしれないですけど、どちらかと言うとやっぱりブラジルにいた時よりはベルマーレの方が結構できちゃったので、その中で抑えが利かなかったのかもしれないです。

――サッカーをやめるという決断はスパッとできたんですか？

川口　もうヒザを5回ぐらい手術していましたし、それがそのタイミングだったということです。もう次にケガをしたらやめると決めていたので、「ああ、やっちゃったなあ」と。「もうサッカーは終わりだな」と。それぐらいの感じでしたね。

藤枝明誠から声が掛からなければプロゴルファーになっていた！

――いろいろなプロフィールを拝見していると、ベルマーレの練習生から藤枝明誠高校のコーチをされるまでに〝空白の時間〟があるのですが、この時期は何をされていたんですか？

川口　たぶん半年ぐらいだったと思うんですけど、ゴルフ場でキャディーのアルバイトをしていました。そこでゴルフを覚えて、ゴルフにハマっちゃったんです（笑）。そのタイミングで藤枝明誠から声が掛かったんですよね。要は学校がサッカー部を強化すると。それでサンパウロで10番をつけていたビアナというブラジル人がコーチで来るということで、「オマエもヘッドコーチとして一緒にやってくれないか」と誘われたんです。その時の僕はゴルフしかやっていなかったので。

――「ゴルフしかやっていなかった」って言葉自体はカッコいい響きですけどね（笑）。

川口　当時は「本当にプロゴルファーを目指そうかな」ぐらいの感じでしたから（笑）。でも、ブラジル人のコーチが来る上に、その人がサンパウロの10番だったなんて、一緒にやりたくなるじゃないですか。でも、僕はもともと藤枝明誠という高校自体を知らなかったんです。まだ県大会にも出ていなかったんじゃないですかね。「ああ、サッカー部があるんだ」ぐらいの感じでしたけど、イチから強化していくということになって、ビアナは日本語がわからないわけで、一緒に生活もしながら、日常の面倒を見ながら、コーチとして藤枝明誠に入ったんですよね。それが指導者のスタートです。当時はコーチの経験もないので、ビアナの下でサッカー自体を学びながら、通訳もしながら、2年間を過ごしました。

――もともと指導者に興味はあったんですか？

川口　いえ、まったくなかったです。「そんなのは向いてないな」と思っていたんですけど、当時はゴルフしかやっていなかったので、そこはタイミングですよね。明誠から声が掛かっていなかったら、本気でプロゴルファーを目指していたと思います。そのぐらいハマっていましたから。毎日やっていましたし、もうサッカーよりもゴルフという感じで、週末にJリーグとゴルフがテレビでやっていたら、必ずゴルフの方を見ていたぐらいです。何ならゴルフ中継が週末の楽しみでしたから（笑）。

藤枝明誠の強化に邁進。恩師率いる静学との巡り合わせ

——指導すること自体は最初から楽しかったですか？

川口　指導というよりは、「オレはブラジルでこうだった」みたいなサッカーの話をしながら、ビアナと接しているのが楽しかったですね。指導自体はよくわからなかったですし、ビアナも「みんな下手だから、とにかく技術を上げないとダメだ」と、「今からでも何とかなるから技術の練習をやろう」と言っていて、ビアナはブラジル人なのでゲーム形式とシュート練習が多かったですね。

そんな中で自分も静学出身なので、「ビアナ、朝練やっていいか？」と。「朝練で自分の磨いてきたテクニックを選手に教えたい」と。それでビアナも「じゃあ朝はオマエがやれ。午後はオレがやるから」ということになって、お互いに分担して、朝練ではもうひたすらコーンを並べて、ドリブル、ドリブル、ドリブルです。もうそれしか知らなかったですし、自分がそれで上手くなったのもわかっていたので、「絶対に上手くなるから」と言って、毎日徹底して朝練をやりました。

体育館にコーンを並べて、ドリブルとリフティングをやって、午後の練習が終わったあとには主力選手を集めて、まだ灯りのある駐輪場でまたテクニックの練習をしました。もう毎日子どもたちと、ひたすらやりましたね。そうするとやっぱりテクニックが上がるんですよ。それで、2年目のインターハイ予選で明誠が静学と当たるんです。

——その巡り合わせは凄いですね。

川口　坂本（紘司）や倉貫（一毅）もいて、静学がメチャメチャ強い時なので、明誠の選手はビビっているわけですよ。「大丈夫だ。ビビるな」と。「オレたちはテクニックを身につけてきたじゃねえか。自信を持ってやれ！」と言って送り出したら、静学と引き分けたんです。まだ県大会も出たことのないような無名校が、ですよ。

静学からすれば「藤枝明誠？　相手にならないよ」ぐらいだったと思うんですけど、そこで井田さんと出会うんです。「オマエ、何やってるんだ？」

「今は藤枝明誠でコーチをやっています。ブラジル人監督も来ているんです」と。そんな話をしていたんですけど、次の試合で静学が負けちゃったんです。それで静学は予選リーグで敗退したのに、明誠が初の県大会進出ですよ。そのグループを突破したんです。「よっしゃ～」と。

ただ、静学を倒して県大会に出たことで、結構新聞にも注目されてしまって、「明誠が何でこんなに強くなったんだ？」ということで、ブラジル人の指導者が来て、静学のOBの川口も来ていると。それで新聞に〝ミニ静学〟みたいに書かれたんですよね。同じようなスタイルで静学相手に引き分けてしまったので、僕らはガッツポーズですけど、井田さんはカンカンだったと思いますよ。そんな歴史もありましたね。

――メッチャ気持ち良かったですよね（笑）。

川口　もう僕は気持ち良かったですよ。「ビアナ、やってやったな！」と（笑）。選手たちも「オレたち結構できるじゃん」と。本当に長いボールを蹴ったりしないで、テクニカルに勝負したので、やっぱり1年ちょっとで練習の成果が出たんですよね。

ただ、その年の選手権は静学が出ることになって、その時のヘッドコーチの方がエスパルスのスカウトになるのでチームを抜けるということで、コーチの枠が空いたんです。それで、ある日の朝練が終わって帰ってきたら、井田さんから電話があって、すぐに掛け直したら、「オマエ、今からオレの家に来い」とだけ言われて、ガチャンと電話が切れて。

後ろ髪引かれながら覚悟を決めて静学へ

――もう行くしかない状況ですね（笑）。

川口　行くしかないじゃないですか。それで行ったら、「来年コーチがいなくなるから静学に来い」と。でも、僕は明誠と3年契約をしていましたし、今見ている子たちが3年生になるまでは契約が残っているので、「ちょっと考えさせてください」と。もちろん凄く迷って、いろいろな人に相談したんですけど、最後は兄から「人生はタイミングだから、オマエが本当に静学に行きたいと思うんだったら行った方がいい」と言われたんです。

明誠も強くなってきていましたけど、静学のコーチになんてなかなかなるチャンスもないですし、自分もやっぱり静学でやっていきたい気持ちがあったので、ビアナにも相談したら「オマエが行きたいんだったら、行った方がいい」と言ってくれて、それで静学に行く決断を下しました。

そうしたらやっぱり明誠の父母会の方々が「待ってくれ。子どもたちは3年計画で、川口さんを信頼してついてきたので、何とか残ってくれ」と。でも、もう静学に行くと決めたので、結果的には裏切る形になってしまいましたけど、子どもたちに話をしました。

それは後から聞いたんですけど、子どもたちはみんな泣いていたみたいですね。中には裏切られたと思う子もいたでしょうし、そこは本当に申し訳ないなと。その時の中心選手が今は静岡産業大の監督をやっている加藤（知弘）です。アイツはサッカー小僧で、凄く慕ってくれて、朝から晩まで練習したのが加藤の代なんです。みんなが泣いていたという話は加藤から聞きました。

しかも加藤が3年生の時に、静学と選手権予選で当たって、明誠は1－4で負けたんです。僕がそのままやっていたら、もしかしたらもっと良い戦いができていたのかもしれないですけど、そこはもう仕方ないですよね。でも、「本当に申し訳ないな」と。

――その静学のベンチに川口さんがいらっしゃったんですよね。

川口　ベンチにいました。僕はもう何も言わずにいて、最後に「お疲れ様」と言って明誠の全員と握手しました。面白いチームだったんですよ。

――まだその頃の川口さんは20代前半ですし、最初に指導したチームだっただけに、思い入れは相当ありましたよね。

川口　そうですね。本当にサッカー漬けの2年間でしたし、「コイツらを絶対に上手くさせてやる。強くさせてやる」と思ってやっていました。自分も若かったので歳も近かったですし、みんなが兄弟みたいな感じで慕ってくれて、練習が終わったあとにゴハンを食べに行ったり、僕の家に来てサッカーの話をしたり、2年間ずっとそんな感じだったので、本当に楽しかったですね。

　もしかしたらあの時が一番熱さはあったのかもしれないです。自分も初めてのコーチでしたし、初めて子どもたちと接しましたし、指導のやり方はわからないので、「もう自分の持っているものは全部教えよう」と思っていて、ブラジルの経験もあっただけに、メンタル的な部分も含めて全部伝えたつもりではいたので、明誠では2年しか指導できなかったのが心残りでしたね。

当時の静学はみんなロン毛。監督と選手の絶妙な距離感

――静学のコーチになられたタイミングは、どこになるんですか？　その1996年度の選手権が終わったあとですか？

川口　井田さんから「全国に行くから、ここから来い」と言われたので、坂本や倉貫たちが出場した全国大会から帯同したんです。その時はまだヘッドコーチの方がいたので、本当に帯同しただけですけどね。「もう慣れておけ。この大会が終わったらすぐに来てもらうから」と。それで大会用のウェアをもらって、「おお、静学のウェアいいねえ」なんて感じでしたね（笑）。

　大会自体はベスト4まで行って、中村俊輔のいた桐光学園にPK戦で負けました。初戦は2年連続で東山と対戦して、前半に0－2で負けていた試合を、後半に入って引っ繰り返したんですけど、ハーフタイムに「オマエら、静岡代表が何し

に来てるんだ？　これで負けたら全員坊主にして静岡に帰るぞ。よし、行け！」なんて井田さんに送り出されたら、4－3で勝っちゃって、「おお！　静学スゲー！」って。

――特に静学の歴史の中でもかなり長髪の選手が多かった時代ですよね（笑）。

川口　そうなんです。みんなロン毛で、井田さんもロン毛でしたけど、スイッチが入ったんですよね（笑）。「これで勝てるって凄いな」と思いましたし、「やっぱり静学は変わってないな」って。井田さんがそういう言い方をすることも含めて。それこそ国見戦も1点負けていた時に、ハーフウェーラインの後ろからのFKに、井田さんが「シュートだ！　シュート打て！」と言い出して、坂本がキッカーがズドンとシュートを打ったら、坂本がそれを起死回生のバックヘッドで決めたんです。そんなところからシュートなんて打たないでしょう（笑）。でも、今でも井田さんは「シュートを打てば何か起こるから」と言うんですよ。それは井田さんの中の感覚なんでしょうね。あの時もそれで国見に勝ちましたから。

――あのFKはシュートだったんですね（笑）。そのシーンはよく覚えています。

川口　シュートだったんですよ（笑）。それを坂本がうまく合わせたんです。あの大会は自分も初めてチームに入ったタイミングでしたし、面白かったですね。ただ、あの時の静学はちょっとチャラかったです。髪型も話し方も。僕のブラジル基準で考えると、守備はかなり緩かったですけど、やっぱり倉貫や大石鉄也は上手かったですよ。「なるほど。技術はあるな」と思いました。懐かしいですね。

――大宮アルディージャの南雄太選手に川口さんの話をお聞きしたら、「オサムさんは普段から近い関係で接してくれていた」と話していましたが、特に静学での1年目は選手との距離感も近かったですか？

川口　かなり近かったと思います。南はもう有名なヤツでしたけど、世間話も含めていろいろな話をしましたし、仲は良かったです。アイツは今の僕に会っても友達感覚で話しかけてくるんじゃないですかね。それぐらいの関係性です。自分も1年目はまだどんな感じか探りながらやっていましたね。

――南選手が3年生でワールドユースから帰ってきた時に、川口さんが「昌邦さんがどうやって守備を教えていたか知りたいから、話を聞かせてくれ」と言って、一緒にレストランに行ったと話していました（笑）。

川口　覚えています！　アイツも覚えていたんですね。当時のU－20の代表がどうやって3－5－2で戦っていたかを、ブラジル料理店で聞いたんです（笑）。それは凄く覚えていますね。

――それで「オサムさん、サッカーに熱心な人なんだな」って南選手は思ったそうです。

川口　南もそれを覚えているんですね。面白いなあ。

2年目以降は甘さを排除し鬼と言われるコーチに

――その頃はやっぱりいろいろなことを吸収したいと思っていた時期という感じでしょうか？

川口　そうですね。静学での1年目でしたし、昔の自分たちがいた時とはもちろん違う部分もあるので、チームが強かったこともあって、探り探りでやっていて、そんなに前に出ていく感じではなかったと思います。

――井田さんとはそれこそ選手と監督の関係だったところから、今度はコーチと監督の関係になったわけですけど、そもそも選手時代に抱いていた井田さんのイメージと、静学に最初に戻ってきた時のイメージについて、それぞれ教えていただけますか？

川口　高校時代は「コーチ」ですよね。監督だとは誰も思っていなくて、凄く厳しいんですけど、凄く少年の心を持っているような人で、自分たちのような年齢のところまで下りてきて、面白いことを言いますし、かたやメチャメチャ厳しいことも言われました。僕らはいつも「コーチ！　今日練習何やるの？」みたいな感じで、タメ口でしたよ。練習が終わったあとも「コーチ、今日走る？」「当たり前だろ、バカヤロー！」みたいな（笑）。

――ああ、そんな感じだったんですね（笑）。

川口　20本の走りの練習とかも、10本目ぐらいで「コーチ、次の5本はメチャメチャ頑張るから終わりにして！」とこっちが言って、「じゃあ見て決めるわ」と。それで僕らがメチャメチャ頑張って5本走っても、結局は終わらなくて「何だよ！」って（笑）。もう友達みたいな感覚でしたね。だから、僕も静学に帰ってきた1年目は「コーチ」って呼んでいました。でも、やっぱり選手たちも「監督」と呼んでいますし、敬語でちゃんと喋りますし、僕らの頃とはちょっと違っていましたね。井田さんもその頃は以前より勝負にこだわっているというか、厳しさを求めているところもあって、僕が選手と友達みたいな感じで接しているのを見て、「あれじゃダメだ」と。「もっと厳しくしろ。甘さを見せるな」「練習後は必ず30分走らせろ」「負けたら帰ってきて練習しろ」と。2年目ぐらいからは監督がそういうことを求めているので、かなり厳しく指導しました。

2年目以降のコーチ時代は〝鬼〟だと言われていましたよ。南以降の選手たちはそう思っていたはずです。でも、それは監督が「絶対に甘やかすな」と言っていたので、やるしかないですよね。当時はヘッドコーチだったので、監督の下でAチームを指導しつつ、下のカテゴリーも見ていましたし、2人で全部やっていました。

だから、12年間のヘッドコーチ生活で、監督のやり方を見ながら、指導することの厳しさを教わりましたね。あとは、遠征に行くと井田さんと同部屋なんです。それはちょっとね（笑）。「おい、酒飲みに行くぞ」と言われたらついていきますけど、僕はお酒を一滴も飲めないので、ウーロン茶を飲みながらいろいろな話を聞きました。

――もともと選手と近い距離感でやっていたところから、急に厳しくしなくてはいけなくなるのって、結構大変じゃないですか？

川口　そうですね。子どもたちと世間話をすることもなくなりましたし、メチャメチャ厳しいコーチだったと思います。

転換期で受け継いだバトン。〝井田イズム〟を絶やさない

――井田さんが他の高校サッカーの監督と違うのは、教員じゃないプロ監督だったことだと思うんですね。ある意味で型破りな人だと思うんですけど、そういう方にコーチとして接した12年間は、今は監督をされている川口さんにとってどういう経験になっていますか？

川口　貴重な経験でした。まずは他の人がやらないことをやる人なんですよね。「人がやっていることと同じことをやったって面白くないし、世界に追いつかないだろ」と。たとえば「日本代表がヨーロッパと同じことをやっていても、その間に向こうはもっと先に行っちゃうだろ。それなら自分から発信しないとダメだ」と。そういうことは常々言っていたので、僕も「新しいことをやっていかないといけないんだ」と思いましたし、やっぱり一番は「人がやらないことをやれ」という想いが井田さんの中にあるわけですよね。

でも、昔はそれが許されましたけど、今の時代は許されないんです。本当にやりたいことばかりはできないわけで、ある程度の枠の中でやっていくしかないんですよ。だからこそ、井田さんと一緒にやれた時間は貴重な経験で、指導者に必要なのは「情熱」「こだわり」「人がやらないことをやる」ことだと。その姿勢を10年以上も近くで見てきたわけです。

今から思えば井田さんの人間的なパワーは凄いですよ。それこそ小嶺（忠敏）さんや古沼（貞雄）

さんもそうですけど、サッカーに対する情熱は今の我々よりも絶対にあったと思います。我々も負けないようにはやっているんですけど、それ以上にあったんです。ただ、昔はそれを前面に出しても許された時代で、今は夜中の12時まで体育館でボールを蹴っていたら、絶対に怒られますよ。

井田さんはサッカーでうまくいけば、ピッチで表現できれば何でもアリだから、ロン毛も何も言われないですし、そもそも井田さんの髪が長いわけですから(笑)。やっぱり普通の人とは違います。頭は切れますし、記憶力も凄く良くて、もう相当前に卒業した人の名前もちゃんと覚えているんです。勉強熱心で毎年ブラジルに行っていましたし、そこから変な練習を持ってきて、それを選手だった僕らがやるわけです。「今日はサントスの練習やるから」と言われて、始めたらフィジカルトレーニングですよ(笑)。「ひたすら走るのが〝サントス〟かよ」と。そういう練習を覚えてきて、「これはオレが日本で初めて取り入れたトレーニングだ」と言うわけです。

この仕事をしていると、今はなかなか海外に行く時間がないですけど、やっぱりちゃんと外を見て、最先端のものを学ばないといけないんですよね。そこにチームで行ければもっといいですし。そういう経験は大事です。それこそ僕らが選手権で全国優勝した時の3年生は、5人ぐらいが静岡県選抜でヨーロッパ遠征に行っているんです。僕もコーチで帯同して、それまではブラジルにしか行ったことがなかったので、初めてヨーロッパに行ったんですけど、ベルギーとオランダに行って、4試合ぐらいの経験を積んでいるんですよ。

松村(優太)はその中でも十分やれましたし、だからこそあの決勝戦で青森山田とやった時も、5万6千人の中でビビらなかったわけです。その時にやっぱりヨーロッパに行ったことで経験値が上積みされて、それが大事な場面で出るのかなと思ったんですよね。だから、ウチの選手にもヨーロッパの経験を積ませたいと思っていたら、コロナ禍になってしまったんです。そこから4年間は行けなくなってしまいましたけど、今思っているのは、やっぱりそういう海外経験を選手たちにも積ませたいですし、そういう意味では改めてブラジルに行きたいんですよね。向こうに行けばアレシャンドレが全部面倒を見てくれますから（笑）。

――2009年には静学の監督に就任されています。そのポストを井田さんから引き継ぐことになった経緯と、ご自身で就任を決意した際の決め手を教えていただけますか？

川口　学校が新しい体制になるということで、「もう運動部には力を入れない」と公言したんです。それはサッカー部も一緒で、当時の校長が「勉強で東洋一の学校にする」と謳ったんですね。その流れの中で、教員ではないプロ監督だった井田さんがやめることになったんです。

自分も当時はプロコーチだったので、やめることになりそうでした。でも、さすがにOBや父母会が「何でだ？」ということになりますよね。それで僕は続けることになったんですけど、井田さんが監督を続けるのは難しいと。でも、最初は外部から監督を連れてくるという話になったんですよ。プロ監督がダメだと言うから井田さんが続けられないのに、新しい人が来るのはおかしいですよねと。そこで当時の部長だった本間先生が動いてくれて、「川口がやるのはどうだ？」ということになったんです。

でも、一番大きかったのはやっぱり井田さんが「オレの血を絶やしたくない」と言ったことですね。そこが凄く大事なところで、〝井田イズム〟をちゃんと受け継ぐ人がいないと、それ自体がなくなってしまうわけじゃないですか。選手として3年間教わった人はいくらでもいますけど、ヘッドコーチとして12年間も井田さんのサッカーを近くで見ていた人は僕しかいないんですよ。だから、もう覚悟を決めて、引き受けました。

それでも最初の数年間は大変でした。偉大な監督の後任というプレッシャーもありましたし、周囲の目もありますし、来てくれる選手にもそれまでより学校的な制限がありましたから。でも、斎藤（興龍コーチ）と「この枠の中でやるしかないから、何年後かに絶対結果を出そうぜ」と言い合って、コツコツやっていった結果として、松村たちの代でようやく全国優勝できたんです。その間にプロ選手も出して、日本代表選手も出して、本当に地道なことをやりながら、少しずつ形になっていったイメージですね。

徹底的に個性を押し出す！覚悟を決めると常勝の道へ

――僕は2010年の（高円宮杯）全日本ユースの準決勝で、静学がサンフレッチェ広島ユースと対戦した試合を取材していたんですね。前半は広島を圧倒した静学が、最後は負けましたけど、試合後に川口さんが「負けたけどガクエンのサッカーは十分に見せられたから満足だ」とおっしゃっていたんです。まず前半のサッカーのインパクトが凄かったことと、それまでそういうことを言う高校の監督があまりいなかったということで、凄く印象に残っているんですけど、まだこの時は監督に就任されて2年目だったんですね。

川口　大島僚太がいた代ですよね。あの代は1年生の頃から僕がずっと見ていたんです。自分はもともと1年生の担当だったんですけど、大島たちが2年生の時に監督になったんですよ。そんな彼らが3年になった時のベスト4なんです。1年から3年までずっと見てきた代で、選手の性格も全部わかっていましたし、この代は今でいうルーキーリーグで無敗優勝した代なんです。しかも全勝したんですよ。そういう代なので、思い入れもありましたし、自信もあったんですよね。

サッカーも静学らしさがあって、準決勝では負けましたけど、面白いサッカーがやれたのかなと。まさかあそこまで行くとは思わなかったですけど、選手も個性を発揮してくれましたし、良いものを出してくれましたし、納得のいく負けだったんですよね。良いゲームができたという手応えはありました。それこそ3年間ずっと見たのはあの代が唯一で、監督になってから1年生は違うコーチが見ていましたけど、そこまではずっと自分が1年生を見ていましたからね。

――それこそ井田監督があれだけ長くやられていた中で、そういう長期政権の監督が代わると難しくなるチームもあるじゃないですか。でも、何なら以前よりパワーアップしたようなサッカーになっている上に、「監督がメチャメチャ若いな」って思ったのはよく覚えています。

川口　それでも1年目は自分が監督になったことで、周りの目も気になりましたし、勝たないとダメだと思ってしまったんです。ガチガチでした。結果を出して、「川口でも大丈夫だ」と思わせたかったんでしょうね。でも、うまくいかなかったので、その時に吹っ切れたんです。「オレが勝ちたいと思ってもダメなんだな」って。

その1年目を受けた代が、大島の代なんですよ。「もう自由にやっていいし、とにかく個性を出しながらやるぞ」と。ただ、守備の強度は絶対に必要だから、切り替えの部分もちょっとずつ落とし込んだんです。その分、「攻撃のところはテクニカルにやるぞ。ゆっくり歩きながらでもやれ」と。しかも、その代は静学史上で初めて全国総体にも出場したんですよね。

――基本的に「静学は夏は捨ててるんじゃないか」ぐらいのイメージでしたからね（笑）。

川口　要は僕がそういう発想になった瞬間に勝ち出したんです。全国総体初出場、全日本ユース3位で、選手権も獲って、最後は全国のベスト16でＰＫ戦で負けたんですけど、凄く良いサッカーはできたと。そこで初めて「ああ、これでいいんだな」と。大島みたいな良い選手も出てきているし、チームも強いんだからと。そこから自分のカラーみたいなものが出せるようになっていったんですよね。

――だって、そこからインターハイは8回も全国に出ていますからね。

川口　そうなんですよ。今年で監督になって14年で8回でしょ。総体の勝率はメチャメチャいいんです（笑）。ただ、選手権は4回ぐらいしか出ていないので、これが逆だったら素晴らしいんですけどね。僕は総体はお祭りぐらいの感じで捉えていて、経験の場ですよね。行ければラッキーと。それがいいのかなあ（笑）。

やっぱり「選手権までにはチームを作っていこうよ」というスタンスなので、それが結果につながっていないのはちょっとなあ、と。選手権までにチームを仕上げるという発想でやっているんですけど、そこまで出られていないということは、仕上がっていないんでしょうね（笑）。

5万6千人の観衆にブルった。それでも青森山田に勝つ

――2019年度の高校選手権の日本一は、まず初めての単独優勝だったということと、決勝ではあの年の最強チームと言われていた青森山田相手に、2点差を逆転するという凄まじい勝ち方で獲ったタイトルでしたが、あの日本一は今の川口さんにとってどういう影響を及ぼしていますか？

川口　今の自分のスタイルでやれば「勝つ時は勝つな」と思っているので、それがその時でしたし、静学スタイルにプラスして「個性を発揮しなさいよ」というサッカーなので、それがかみ合った時には勝ちますし、かみ合わない時は勝てないんです。それが今の静学のスタイルなんですけど、それをずっと貫いてやってきている中で、あの代はそれがかみ合った代なんです。

やっぱり決勝は5万6千人の観衆がいて、選手も〝ブルった〟し、僕も正直〝ブルった〟んです。前半は何もできなくて、それでも2－1で終われたのは良かったんですけど、ハーフタイムには「もうやられてもいいから、とにかく自分たちのスタ

イルでやれ」と。「青森山田のフィジカルは強いよね。でも、もう慣れただろ。とにかくショートパスとドリブルを徹底しろ。つなぎ倒せ。それをやれば点は取れるから」と。それしか言っていないんですよね。

そうしたら後半はサッカーが引っ繰り返りました。選手の個性が出始めて、やっていくうちに選手も自信を取り戻して、同点ゴールもパスを十何本つないだ形で、点を取った加納（大）は上手かったですけど、ショートパス、サイドチェンジ、縦パス、トラップからシュートと、いろいろなものが詰まったゴールだったんですよね。

あの大会で一番自分が良かったなと思うのは、6試合で19点取ったんですけど、全部ゴールシーンを見直してみると、静学スタイルの集大成というか、たとえばドリブルで割って点を取る、サイドから崩して点を取る、パスワークで点を取る、フリーキックでも点を取る、すべてのものがあの大会のゴールに集約されていて、それが本当にかみ合った大会だったんです。それこそ静学らしからぬミドルシュートまで決まりましたし、凄く静学の良さが出た、凄く選手の個性が発揮された大会だったんです。

だから、「こうやってかみ合えば、こういう結果が出るんだな」とつくづく思いました。あの日本一にはスタッフも勇気をもらいましたし、あのスタイルでフィジカルがあれだけ強い青森山田にも勝てましたし、それこそ小学生のサッカーをやっている子たちにも「静学のサッカーいいな」って思ってもらえたんじゃないかなって。

実際にそれは凄く大きなことで、やっぱり結果が出ると、ああいう舞台でできますし、気持ちもいいですし、評価もされるというふうに思いがちなんですけど、ただ、自分が気をつけているのは、やっぱり結果だけを追い求めると、個性的な選手は絶対に出てこないし、魅力のあるチームにはならないと。

もしあの舞台に立ちたいという想いだけでやる

んだったら、僕だってロングスローをやりますし、もっと時間を掛けてセットプレーをやりますよ。もっと守備を強化します。でも、それをやって自分たちの魅力を消してしまったら意味がないわけで、自分たちの魅力はより攻撃的に、ボールを支配していくことで、そのために何をするかと言ったら、ボールを失った瞬間にすぐ奪い返してマイボールにすれば、また攻撃ができると。発想としてはただそれだけなんです。あとはどんどん個性を出していけばいいんだと。

指導者が勝ちたいと思った瞬間に、戦術が変わるんですよ。僕はもうそれは絶対にやりません。勝つだけのサッカーではなくて、選手たちがより自分の個性を出せるスタイルを追い求めてやっていくと。その中でもう攻撃も守備も一体なので、攻撃的なサッカーをするためには、守備の強度も必要だよと。それをやり続けることで魅力ある選手が育つんだと。

だから、自分の指導の哲学としては、チームが勝つというよりは、世界で戦える選手を育てることなんです。日本一になった時も言ったと思うんですけど、「世界で通用する選手を育てたい」と。「静学から世界へ」と。それは優勝してみたからこそ感じることで、確かに優勝することは素晴らしいことなんですけど、そこがゴールじゃないんです。選手たちが次のステージへ羽ばたいていって、さらに輝く選手になってもらいたいんです。

選手権で勝つことが主たる目的になっていては、まだまだ日本のサッカーは世界のサッカーに追いつかないと思うんですよね。今の自分はやっぱり日本代表になって世界で戦える選手を育てたいですし、ヨーロッパに出て行って、チャンピオンズリーグの決勝に出られる選手を育成すると、そういう発想でやっています。そこだけは絶対にブレないでやっているつもりです。

大事にしているのは「やっぱり静学は面白い」

――静学でサッカーをやっていた選手は、やっぱりサッカーを楽しいものだと捉えている絶対数が多いはずだと思うんですね。もちろんプロサッカー選手を育てることも大事な一方で、ずっとサッカーを好きでい続けて、サッカーに関わり続ける人材を輩出することも同じぐらい大事なのかなと僕は思うんですけど、そのあたりに関して川口さんはどうお考えですか？

川口　僕はやっぱりブラジルが好きなので、ブラジルを基準にしているんですけど、ブラジル人のサッカー選手が何であんなにサッカーが好きなのかと言ったら、やっぱり点を取りたいからなんですよね。点を取って「うお～！」と言いたいのがブラジル人なんです。だから、ブラジルは点を取ることに凄くこだわるので、セットプレー1つとってもメチャメチャこだわるんです。でも、最後は「オレに蹴らしてくれ」とか言い出すんですけど（笑）、そのこだわりが半端じゃなくて、「点を取らなきゃサッカーじゃないでしょ」と。それがブラジルサッカーの原点だと思うんですよ。やっぱり点を取ることがサッカーの醍醐味であって、点を取って、みんなで「よっしゃ～！」と喜んで、それで勝てれば最高なんです。

ある意味で静学は井田さんも僕もブラジルのスタイルですし、自分の思ったことをどんどんやらせると。ただ、現代サッカーでは思ったことだけをやっていると、上のステージに行った時に行き詰まってしまうから、グループの中で自分の個性を生かしていくわけですよね。それができないと生き残れないんです。

でも、基本はやっぱり「自分のストロングを出せ」「オマエのいいところをどんどんやれ」なんです。去年の高橋（隆太）も一昨年の古川（陽介）も「オマエのストロングは何だ？」と聞いたら、どちらも「ドリブルです」と。「じゃあドリブルで全部抜け」と。「ただ、チャンスが来たら味方も使え。シュートも打て。それをやらないと生き残れないぞ」と。それだけなんですよ。

個性を育てることによって、選手はグッと伸びていくんです。もちろんウィークポイントは改善しないといけないし、それも凄く大事なことです。それに気づいて、それに自分で取り組んでいくと。旗手もそうでしたよ。高校の時に守備なんてほとんどやっていなかったですけど、大学やプロに行って本人は「ああ、守備ってこうやるんだ」と思ったらしいですよ。僕は守備の要求はそこまでしないですし、「取られた後の切り替えはやれ。1対1の勝負は負けるな」としか言っていないので。でも、まずはそれを覚えておけば、次のステージに行って、それぞれのチームの戦術があるわけで、それをやればいいんです。

旗手はそれを大学とプロで覚えたと言っていますけど、結局チャンピオンズリーグに出ているんです。自分の個性を伸ばしまくって、気づいたウィークポイントは少しずつ改善していくと。結局僕らは選手にサッカーを好きにさせないといけないですし、好きになるためには試合でストロングをどんどん出していかないと、やっぱり面白くないですからね。

監督がボードを持ってきて、「ここの選手はこう動いて、ここは動きすぎるな」みたいに言って、監督のイメージの中でサッカーをやらせれば、勝ち方を知っている監督であれば、ある程度結果は出せるんです。でも、サイドバックの選手がゴール前に飛び込んできて、点を取ったら「何だ、コイツ」ってなるわけですよね。そこに出てきたサイドバックに対して、「オマエ凄いね。凄い個性じゃん」って褒めてあげると、「ああ、行っていいんだ」と思うわけですよね。自分で点を取りたい気持ちがあるんだったら、ゴール前に行ってもいいじゃないですか。そうなってくると、選手は積極的にやり始めるんです。

だから、決まった枠の中でサッカーをやるのか、選手の持っている個性や発想や感覚をもっと大事にさせてあげるのか、というのは指導者次第ですけど、自分は特に高校年代は個性を出せば出すほど伸びると思っているので。卒業する時に「ああ、静学のサッカーは面白かったな」と。それで後輩たちが活躍したら「応援に行くか」と思って試合に来てくれて、後輩たちのサッカーを見て「やっぱり静学のサッカー面白いな」となってくれればいいですよね。

この間、福岡でプレミアの試合をやった時にウチのOBが見に来てくれて、「やっぱり静学のサッカー面白いですね」って言ってくれたんですよ。それはやっぱり嬉しかったですし、だからこそ、とにかく選手たちにサッカーを好きにさせることは大事だと思いますね。

勝敗以上に大事なのは自分を出して魅せること

――高校サッカーっていろいろな強豪校がありますけど、学校名を聞いてそのサッカーがイメージできる高校ってそんなに多くないと思うんですね。その中で静岡学園に対しては、多くの人の中に一定の確たるイメージがあると思うんですけど、実際に選手としても、コーチとしても、監督としてもこのチームに関わってきた川口さんが考える「静岡学園のサッカー」って何ですか？

川口　現役の時は「サッカーはテクニックだ。相手の股を抜け」と。そういう発想って日本人にないじゃないですか。井田さんは今でも「股抜け！股！」と言っていますから。でも、ベンチから大声で言うから、相手もわかるじゃないですか。それでウチの選手が股抜きをやって取られたら、井田さんがベンチで「オレの声がフェイントなんだから、股抜くふりして縦突破すればいいのに」って（笑）。

でも、井田さんは本気で「股を抜け」って言っているんです。大島や旗手なんて平気で1試合に1回は相手の股を抜いていましたから。そういうふうに相手を動かして、股を抜く技術が備わっていると。そういう発想は面白いですよね。僕がブ

〝井田イズム〟をちゃんと
受け継ぐ人がいないと、
それ自体がなくなってしまう
わけじゃないですか。

ラジルにいた時に、ブラジル代表とアルゼンチン代表の試合があって、ロマーリオがマラドーナの股を抜いたんです。そうしたらもう勝敗なんて関係なく、観衆が「おお！　ロマーリオの方が上だ！」と。次の日のテレビはもうマラドーナが股を抜かれたシーンしか放送していないんです（笑）。

――本当に勝敗なんて関係ないんですね。

川口　そうなんです。そんな国ですよ。井田さんはああ言いますけど、僕も「フェイントでパパンと動かせば股を抜けるからね」と言いますよ。そういうことがサッカーの面白さでもあるわけです。現役の時の静学はまさにそういう感じでしたけど、僕はブラジルに行ってサッカー観が変わったところがあって、やっぱり自分を出さないと評価されないと。

今は風間（八宏）さんが「〝止める、蹴る〟をしっかりやらないといけない」と言われていますけど、ブラジルではそんなのは当たり前の当たり前で、わざわざ言わないんです。ボールが止まらない選手は、上のカテゴリーに上がれないだけなので。そんなことはできていて当たり前で、基本技術はストリートで叩き込まれていると。だから、ブラジルに行ったらテクニックはもちろん、球際で戦わないと生き残れないわけで、そのハングリーさを学んできたわけです。

それから指導者になって、藤枝明誠ではテクニカルな部分と、1対1の部分を落とし込んできましたし、静学でコーチになってからは、井田さんのサッカーに対する情熱を学びました。指導者はそういう部分がなければできないと。さらに、「個性を出しながら勝たないと意味がないだろ」というところですよね。

それと昔の静学と違うところは、ドリブル主体だったのが、もっとシンプルにパスをつないでいく中で、「〝考えが見えている選手〟がドリブルしたらもっと脅威になるだろう」と。そこは大きく変わったところです。それは上のステージでやるために凄く大事で、静学のサッカーも進化しているし、アップデートされてきたところですよね。その中で自分が監督になってからは、攻撃的にやるための守備をやろうと。僕が一番言っているのは「1対1の勝負に負けるな」ということです。でも、1対1で負けるんだったら、2人で取りに行くしかないと。ドイツやオランダは1対1を凄く大事にしているので、そこで負けたらダメだと。ヨーロッパはそういう傾向が強いですよね。ただ、僕が監督になって落とし込んでいるのは、フィジカルもそこまでない、アスリート能力の低い選手でも、1対1でボールは奪えなくても、ここはやられるなと。

やっぱり1対1でボールを奪い切れる技術を、この高校年代で身につけてほしいんです。それはどの学年にも言っていることですけど、もし1枚でダメなら2枚で行けばいいいし、という発想も持っていてほしいんです。とにかくマイボールの時間を長くするんだったら、取られたボールをチームで取り返せばいいでしょと。引いて守るとか、組織的に守るような発想はないです。ボールを奪いに行って、まずマイボールにすると。そのボールを大事にして、攻めていこうよと。今はそういうスタイルでやっていますね。

個人で言うと今の時代はアスリート能力が凄く大事です。技術と発想のある選手が90分間ファイトすると。僕らの時はテクニックだけで終わっていて、守備もそこまでしないし、最後まで走れなかったですけど、技術とアイデアのある選手がブラジルみたいにハングリー精神を持って戦うと。そういう意味では静学のサッカーも、どんどんアップデートされていると思います。

CLやW杯で活躍するような日本を沸かせる選手を育てたい

――川口さん個人としての、ここからの展望はいかがですか?

川口　ウチの選手たちもある程度技術を身につけて、ハングリーに戦うことはできているんです。でも、日本代表になってW杯で活躍するために、チャンピオンズリーグでベスト8に入って、さらに上のリーグで戦うために、何が足りないかと考えた時に、自分は選手のアスリート能力だと思うんですよね。

やっぱりヨーロッパや南米の選手に比べると、日本人選手のアスリート能力は低いんです。でも、日本人の多くの選手がヨーロッパに出ていく中で、三笘（薫）選手はスピードで負けない、冨安（健洋）選手は1対1で負けない、遠藤（航）選手はデュエルで負けないと。「日本人、やれるじゃん」と。であれば、ウチにもアスリート能力の高い選手に来てもらって、その選手にテクニカルな部分を身につけさせて、ハングリー精神を教えて、タフな選手に育てていくと。これをやらないと先ほど話した自分の目標に届かないかなと。そこをやっていきたいと思っています。

静学らしいテクニカルさは継承しながら、アスリート能力もメチャメチャ高いと。それこそ長谷川竜也、渡井理己、古川陽介、高橋隆太とみんな小柄で、フィジカルもそこまでないけど、テクニックで勝負する選手がプロに行ったと。そういうタイプで、フィジカル面も十分に備えているような選手を育てたいなと思っています。

今の日本代表がそれを証明しているんですよね。世界に出て行って、経験を積む中で、アスリート能力が追いついてきているんですよ。もともとフィジカルが強かったところにテクニックを落とし込んで、ファイトできるようになったのが旗手で、彼がヨーロッパで活躍しているわけです。だからこそ、旗手よりアスリート能力の高いような選手がウチに来た時に、どんな選手に成長していくのかなと。今はそういうイメージです。

今年から中学もスポーツ推薦で選手が獲れるようになったので、これから中高の6年計画が始まるんです。今の中1にもアスリート能力の高い選手がいるので、そういう選手を6年間でテクニカルに育てたいですし、高校でも技術があることは大前提ですけど、アスリート能力の高い選手がもっと来るようになったら面白いかなと思っていますね。どうなっていくかはわからないですよ。「静学、フィジカルに変わっちゃったじゃん」というふうになるかもしれないですけど、それでは意味がないので、今の良いところをもっと伸ばしながら、世界に出ていくだけではなくて、世界のトップランクで活躍できる選手を育成したいと思っています。チャンピオンズリーグやW杯で日本中を沸かせるような選手を育てていきたいですね。

――これはなかなかブラジルに移住して、のんびり過ごされるような時間はなさそうですね（笑）。

川口　でも、将来はブラジルに住んでもいいかなと思っていますよ。アレシャンドレに家も探してもらって、時々サッカーを見に行きながら、毎日ゴルフをやると。それはちょっとだけ考えていきます（笑）。

川口修
1973年、静岡県沼津市出まれ。静岡学園在籍時はヒザの手術を繰り返すなど活躍できず、卒業後にブラジル留学を決意。1年半揉まれたあとに帰国し、ベルマーレ平塚（現湘南ベルマーレ）に練習生で参加したがまたもケガに泣かされ契約には至らなかった。95年4月から藤枝明誠高校でコーチになり、96年12月に母校の静岡学園のコーチに。09年から井田勝通前監督のあとを継いで監督に就任。19年度の第98回全国高校サッカー選手権大会で全国制覇を成し遂げた。

明秀日立高校
萬場努 監督
TSUTOMU MANBA

言葉を思考する

INTRODUCTION

明晰に話す姿を見て、早々に悟った。「この人は言葉を大事にしている人だろうな」と。今年のインターハイで初の日本一に輝いた明秀日立高校で、15年近く指揮官を務めているのが萬場努監督だ。

印象的だったのは「日本一」と「全国制覇」という言葉に異なる意味を持たせているというエピソード。詳しくは本項に譲るが、多くの人がほとんど同じ意味で用いるであろうフレーズを、それぞれ違う観点から捉えているだけでも、その独特の感性が垣間見える。高校サッカーの指導者に足を踏み入れたのは23歳の時。縁もゆかりもなかった土地でいきなり監督を任されたのだが、その経緯は驚くようなタイミングとスピード感で訪れたという。萬場監督のキャリアを振り返る上で、重要なキーワードは「安定志向」と「挑戦」だ。この2つの狭間で揺れ続けてきたことが、現在の指導の根幹になっていることは今回のインタビュー取材でよくわかった。「思考する人」が歩んできた過去と今に耳を傾けよう。

実家は日立台の目の前。最初は水泳少年だった

――サッカーを始めたきっかけをお伺いしたいのですが、千葉の柏のご出身なんですね。

萬場　そうです。本当に実家は日立台の目の前なんですけど、だからと言ってサッカーの文化が近くにあったわけではなくて、当時の男の子はサッカーか野球かというところで、友人が多くサッカーをやっていたのがきっかけですね。あとは小さい頃から水泳をやっていたんですけど、そっちの期待が凄く高いのはわかっていたんです。3歳頃からやらされていて、小学校2年生で6年生と一緒に泳がされていて……。

――「やらされて」「泳がされて」というところにご自身の気持ちが滲んでいますね（笑）。

萬場　はい（笑）。それが嫌で、「大会でメダルが取れたらやめたい」と親に言って、運よくメダルが取れたタイミングで、晴れて友達の多いサッカーに行けたんです。父が高校時代は剣道をやっていて、姉2人もその影響で剣道をやっていました。僕も家の前で竹刀は振っていたみたいですけどね。母も高校までバレーボールをやっていたらしく、スポーツが好きな家ではあるけれど、そこに特別影響を受けたわけではなくて、自分でやりたいと思ってサッカーを始めたのが小学校2年生の11月ぐらいだったと思います。

――2年生で6年生と泳ぐぐらいだと、あるいは水泳でオリンピックに出ていた可能性もあったんじゃないですか？

萬場　親はそういうことを言われていたみたいです。そういう期待を受けて、厳しく指導を受けていた印象は凄くあって、とにかく練習に行くのが嫌だったんです。やめる時も親はかなり話をされたみたいですけど、今となっては良かったと思っています。やっぱりサイズも大きくはないですし、水泳では限界があったんじゃないかなと。

――ちなみに一番得意な種目は何だったんです

か？

萬場　個人メドレー系だったと思います。なので、よりしんどいじゃないですか（笑）。50メートル自由形とかが突出していれば良かったかもしれないですけど、たぶん小さい頃から２００メートルの個人メドレーしかやっていなかったと思うので、速いとか遅いというよりも、とにかくしんどかったです。

――最初に入ったサッカーチームは柏市のチームですよね。

萬場　はい。いわゆる小学校の少年団ではないんですけど、通っている小学校の子がかなり来ているチームでした。3年生もそこでやっていた中で、当時は柏市のいろいろなクラブから選手を集めて全日本少年サッカー大会に出るという流れがあって、僕はその柏ＦＣというチームに呼んでもらえたので、４年生以降の週末はそこで活動する機会がかなり多かったです。

――平日は地元のチームで練習をして、週末は柏ＦＣで活動して、というイメージですか？

萬場　地元のチームも基本的には土日だけの活動だったので、平日は家に帰ってからボールを持って学校に戻ったり、家の前の壁でボールを蹴っているような感じで、週末の試合を楽しみにしている子どもでした。なので、あの地域の人からすれば、完全なサッカー小僧ですよね。

――その頃に憧れていた選手はいましたか？

萬場　Ｊリーグが開幕した時が3年生ぐらいだったので、僕はフリューゲルスが好きだったんですけど、日立があとからJリーグに加入するということで、カレカは見たことがありましたし、僕はストイチコフを生で見た時の「こんな凄い選手がいるんだ」というインパクトが、今でも頭の中に残っています。選手としてレイソルとの関わりはなかったですけど、プロの選手は意識して見ていた気がします。

――萬場さんはレフティですよね。それでストイチコフを意識した部分もあるんですか？

萬場　僕は漫画の『シュート！』で、主人公が実は右足より左足の方がシュートが強いということを知ったというエピソードの影響も大きかったですね(笑)。基礎練習ってまずは右足からやるじゃないですか。そこで右足が使える前提で練習が始まるのがストレスになっていて、今となればそういうふうに練習していたことで、比較的左右差なく蹴れることが財産になったのかなと。僕は左利きでもそんなに左足のパンチがある方だとは自覚していないですし、当時は左足に特異性があることもよくわかっていなかったですけど、あとから凄く得をしたキャリアにはなりました。

――周囲もそこまで萬場さんの左足のスペシャリティに着目していなかった感じですか？

萬場　僕は足が速かったのと左利きだということで、ある程度自由にやれていたのだと思うんですけど、当時の指導者の方が「左足が蹴れるだけではダメだ」と言ってくれていたのは記憶にありますし、自分も真ん中にいたり、攻撃的なことをやりたい意識がありながらも、5年生ぐらいからサイドバックをやった中で、「ここでやればかなり良くなるんじゃないか」ということも言われていて、僕自身は「なんでサイドバックなのかな」と考えることは多かったですけど、将来につながる指導をいただいていたなとは思いますね。

中学生の時からシステムや戦略を考えるのが大好きだった

――取材させていただくと、萬場さんがいろいろなことを考えるタイプの方なのはよくわかるんですけど、もう小学生の頃から「なんで自分はサイドバックなんだ？」みたいなことを考えるタイプの少年だったんですね？

萬場　良くも悪くも、かなりいろいろなことを考えていたとは思っています。それが小さい頃は安定志向に傾く理由だったのかなと。それこそ身近にレイソルがあったわけで、「レイソルを受けたら？」と言っていただく機会は多かったですけど、そういう時には落ちた時の自分の方を考えていたんじゃないかなと。なので、もっともらしい理由をつけながら、いろいろなことを考えた上で、受けなかったのだと思います。今でも他の人よりグッと考えることが習慣化されているような気はします。

――他の子が無謀に飛び込んでいくようなところも、自分はちょっとブレーキを掛けるような。

萬場　今は明秀日立で「挑戦」という言葉を掲げているんですけど、それこそ大学の時もJFLに行くか、プロにチャレンジするか、という分岐点で、もうちょっと粘れば違う世界はあったと思っているんですけど、その時も引退したあとのことも考えて選択した感じだったので、そういう部分は特に現役の頃はかなりあったと思います。

――柏FCが市の選抜チームだということは、試合は柏以外のチームとやるわけですか？

萬場　ほとんどそうでした。全日本少年サッカー大会もそのチームで出て、6年生の時は東日本の大会でカシマスタジアムにも行きました。自チームよりはかなりレベルが高かったですけど、それでもレイソルのジュニアの方が強かったですね。県でベスト8ぐらいまで行けて、大喜びしていたぐらいだったので、個人としても県の選抜なんてところには届いていなかったです。

――この頃の千葉の同年代で、ずば抜けていたのは誰でしたか？

萬場　小学生の頃はその認知すらなかったです。全少の決勝で1つ年下の（吉田）慶三がゴールを決めたので、「小5に凄いヤツがいる」というのを知っていたぐらいで、あとは自分が知っている凄い選手はいなかったです。中学校に入って山岸（智）と対峙したぐらいから、「凄い選手っているんだな」と認識し始めた感じですね。

――〝慶三〟というのは吉田達磨さんの弟さんですよね。

萬場　そうなんです。吉田家があんな近所に住んでいるとは思わなかったです（笑）。あとから振り返ったら、メチャメチャ近くに住んでいた選手だったと。

――中学時代のチームは柏ラッセルＦＣですね。

萬場　はい。でも、そもそもラッセルでプレーしようとは思っていなくて、普通に進学した中学校のサッカー部に入ったんですけど、全然練習する環境が整っていなくて、グラウンドの周りを走ったり、ボールもちょっとだけしか触れないような状況下で、このままでは好きなサッカーをあまりできないなと思っていたんです。そんな頃に、ラッセルも僕の１つ上の先輩の代からできたチームで、正直僕が入ってからも11人では試合ができないこともいっぱいあったんですけど、それでもサッカーが存分にやれる環境だと。それこそ柏ＦＣにいた子たちが通っている中学に、サッカー部がないから作ったようなクラブだったんです。なので、そういう中学校に通っている子たちはみんなラッセルに入っていて、僕も自転車で30分ぐらいかけて練習に行っていたんですけど、凄く楽しかったんです。

それで「サッカー部をやめたい」と顧問の先生に言ったら、「とりあえず部活を続けて、クラブの活動がある時はそっちに行ったらいいんじゃないか？」と言ってくれたのが、クラブに行くきっかけでした。実は小学校の終わりの頃に、親から「いつから勉強するの？」と問いを掛けられたんです。小学校の頃は全然勉強していなくて、「中学に行ったらやる」と言っていたのを自分でも覚えていたので、平日はクラブに行くか、塾に行くかで、毎日が習い事のサイクルに入っていきました。

それで成績も上がりましたし、サッカー選手としても存分にできるようになっていきましたし、中２ぐらいからはどちらの試合にも出させてもらって、中３の時は登録はクラブの方でしていたんですけど、中学校の先生が「試合には出なくても、練習はやろうよ」と言う中で、さらに「部長もやったら？」ということになって、部長にもしてもらいました。その先生は「練習もキャプテンが決めていいよ」というタイプの方だったので、クラブでやっていた練習をサッカー部に持ち帰ってきて、「こんな練習をしよう」と話したりしていました。

当時の僕はシステムを考えるのが凄く好きで、「こういうフォーメーションでやってみたいんですけど」みたいなことを先生に相談して、それを実際に試合でやっていたのが凄く楽しかった思い出です。一応部活はやっているからということで、中体連の選抜にも入れてもらいましたし、中学の時はかなりトップレベルの方に行けるようなステップアップができたなと思います。

――ラッセルはそれこそレイソルのジュニアユースと試合することもあったんですか？

萬場　そんなことはなかったです。僕たちが中3の時に、石川直樹や横浜FCでプレーしていた森戸壮介という後輩たちが入ってきて、やっとラッセルもチームらしくなった感じでした。僕たちは彼らの力がないと本当に11人で戦えない感じだったので、一度何かの大会でジェフと当たった時に、そもそも10人で戦わなくてはいけない状況で10点以上取られたりしていて、その時の僕はセンターバックをやっていたんですけど、その時に初めて対峙したのが山岸で、彼が凄い選手だということが少しずつわかっていきました。なので、ラッセルはそこまで強くなかったですね。後輩で言うと桐畑（和繁）も、僕がジュニアユースにいた時に小学生でラッセルにいて、「あの子はかなり凄い選手だ」ということを聞いていました。

――そこで気の合う仲間とやれるチームが2つあったというのは、良い環境ですよね。

萬場　普通はクラブに行くことになったら、部活は在籍していてもあまり活動しないパターンが多いと思うので、平日は4時間ぐらい練習できていたのも、かなり充実していましたね。登録の文化もたぶん今よりはかなり緩かったと思います。中

3の総体も「市の総体は出ていいよ」と言われましたから（笑）。市のベスト8で負けてしまったので、そのあとの県大会でどうこうということはなかったですけど、当時は今よりルーズだったことが良かったなと感じます。

――システムを考えることがお好きだったという話がありましたが、そうすると指導するまではいかないまでも、やっぱりチームの意思決定をするようなことは面白かったんですか？

萬場　それはありますね。誰がどこに行けばもっと面白いサッカーができそうかとか、そういうことを考えるのが凄く好きで、家のベッドでノートに名前をいっぱい書いて、システムを考えると。僕はゲームではなくて、そういうことに明け暮れていましたね。今でも覚えているので凄く楽しかったです。それを部室で偉そうに「こんなのやろうよ」と言って。今でいうミーティングですよね。みんなも嫌な顔はせずについてきてくれましたけど、「コイツはどんなペースでこれを考えているんだろう……」とは思っていたんじゃないですかね（笑）。

――授業中にノートの端っこにフォーメーション、書いてましたよね？（笑）

萬場　はい。そういう感じだと思います。塾に行っていなかったら、本当に勉強はヤバかったと思います。「今いる選手でどうやったらこういうサッカーができるんだろう」ということはずっと考えていました。楽しかったですね。

よくわからない舞台に放り込まれ「なんで試合に出ているんだろう？」

――高校は東海大浦安高校に進学されています。当時の千葉の高体連は市立船橋と習志野が強かったですし、レイソルやジェフのようなJリーグの下部組織という選択肢もあったのではないかと思うんですけど、その中で東海大浦安高校を選んだ理由を教えてください。

萬場　市船からはそれとなく声を掛けてもらえていたと思います。ただ、先ほども言ったような安定志向があって、「市船に行ってもちょっと厳しいな」というのは感じていました。習志野も地理的に遠いのであまり行くイメージはなくて、親には「付属の高校に行ったらどうか」と言われていました。その頃の僕は「高卒でプロになりたい」という夢はそれなりに持っていたんですけど、親はやっぱりせっかく成績も上がってきたのに、高校に行ったらきっと勉強しなくなるので、大学は苦労しなくても行けるところに、というイメージだったのかなと。それで「東海大浦安か、専修大松戸に行ったらどうか」という提案をされました。最初は専修大松戸の方が家からも近いですし、良いかなと思っていたんですけど、当時の東海大浦安は校風も厳しくて、短髪で、靴もかばんもきちんと並んでいるような学校だったので、親としてはそこに預けたい気持ちがあったと思います。実際に行ってみたら感じも良くて、監督も「是非どうだ？」と言ってくれたので、凄く良い印象を持って、進学を決めた形です。

――練習会にも行きましたか？

萬場　2回行きました。手応えはありましたし、もともと地元でサッカーをやっていた友達とは少し温度差があったので、「誰も知らない環境に行きたいな」ということは考えていました。そこだけは安定志向なりにも「チャレンジしたい」という想いがあって、結果としては専修大松戸より距離的に遠い浦安へ行くことになったんですけど（笑）、東海大浦安にチャレンジしました。

――東海大浦安に入学したばかりの頃に感じた周囲のレベルと、チームの中での立ち位置はいかがでしたか？

萬場　入ってすぐに同級生のレベルが凄く高いと思いました。40人ぐらいいたんですけど、「これは自分は上の方にはいないな」と。最初にトップのサブみたいなチームと、1年生が試合をすることになって、僕はそれに出させてもらったんですけど、何もできずに終わったんですね。それでゴールデンウィークに帝京と練習試合をやったんです。矢野隼人や田中達也が来ていて、「うわ、テレビで見た人たちだ！」と思いながらボール拾いをしていたら、ゲームの終わり頃にベンチから呼ばれて、ユニフォームを渡されて、試合に出されたんです。「これはどういう状況なんだろう？」って（笑）。

そのあとにインターハイ予選で1年生は4人ぐらいユニフォームをもらったんですけど、僕はその中に入っていたんです。2人ぐらいの1年生はすぐにスタメンになって、「ああ、凄いな」と思っていたら、インターハイの1回戦でも試合に出してもらえて。もう頭は真っ白ですよね。出場は10分ぐらいだったんですけど、ほぼ記憶はないです。その時も「なんで試合に出ているんだろう？」と思っていたら、今度は県の1年生のトレセンに呼ばれたんです。そこで初めて県トレセンというものと遭遇して、ここでも僕はよくわからない状態で行きましたし、とにかく意味のわからないステージに突然放り込まれた感覚でした。

自分としては「全然レベルが違うな」と思いながらも、ずっとトップチームに置かれていて、何かあると呼ばれて出されてというので、なぜこういうところにいられるのかを夏ぐらいに考えていたところ、やっぱり左利きであるということと、スピードが武器になるということを理解して、そこから少しずつ「そういうところが人より長けているんだな」ということを自覚していきました。

1年生の選手権の2次リーグで、大量得点すればもしかしたら上に勝ち上がれるかもしれないという試合の時に、先輩が「大量得点するなら、アイツを左で使ってくれ」と監督に言いに行ってくれたみたいで、その時に初めて先発で出て、初めてチームに凄く必要としてもらえることを意識したんです。結局10－1で勝ちながらも、大会はそれで終わってしまったんですけど、その時に3年生に温かい言葉をたくさん掛けてもらって、「自分のサッカー観を変えなきゃいけないな」ということを感じてから、本当に良いサッカー選手になりたいと思うようになりましたし、そこは大きなポイントでした。

のちのＪリーガーたちと交わりながら徐々に積み重ねていく自信

――先ほど高卒プロが頭にあったとおっしゃっていましたが、それは1年生の頃は現実味を伴っていたんですか？

萬場　まったくの夢でしたね。小さい子が言う「プロサッカー選手になりたい」というものと性質は一緒だと思います。本気で目指したいなと思ったのは、その選手権の試合のあとからでした。

――ちなみに1年時のインターハイは八千代高校に負けていますけど、その八千代が日本一になっているんですね。

萬場　僕はベンチから見ていましたけど、今回の僕らと同じように「ああ、あんな感じで日本一になれるんだ」とは思いました（笑）。たぶんその次の年も八千代はインターハイで3位になっているんですけど、僕らは春の関東大会予選は延長まで行って、負けたんです。その時も「やれないことはないんだな」と。2年生の時には1つ上の県トレセンに呼んでもらって、兵働（昭弘）さんや栗澤（僚一）くんとか、そういう人たちとやれたのも大きかったですね。そこでステージが上がった印象もありました。

栗澤くんと中央学院の澤（昌克）くんと一緒に電車で帰る機会もあって、「オマエ、1個下なのにスゲーな」「いや、先輩たちの方が凄いっす」みたいなことを話しながら帰ったのは覚えています（笑）。自信もちょっとずつつかみ始めていましたし、自覚も出始めて、そこで選手権予選で全国3位の八千代と対戦することが決まった時が、「ここは倒したい」と初めて全国区を意識して戦った試合でした。

――澤さんは面白い人ですよね。かなりの天然で(笑)。

萬場　先輩と思えなかったです(笑)。「世の中にはいろいろな人がいるんだな」と。当時から栗澤くんは真面目でしたよ。電車が同じ方面だということだけで、かわいがってもらいましたね。

――それこそ萬場さんの1つ上の世代に当たる千葉県の選手はのちのJリーガーも非常に多いですよね。

萬場　スーパースターばかりでした。西(望実)の兄貴(西紀寛)あたりから、「千葉の高校サッカーって凄いんだな」ということはいろいろなところで感じました。僕は朝岡(隆蔵)先生がいた時の市船が全国優勝した大会の映像もメチャメチャ見ていたので、その凄い舞台に入っていきたいなとは漠然と思っていましたし、1つ上のトレセンでそういう人たちの中に入ってやれたことだけで、自己認知のレベルはもう少し上げてもいいのかなと思えたので、凄く自信になりました。

――1つ上の世代の県トレセンに中澤聡太、永井俊太、本橋卓巳の市船トリオはいたんですか?

萬場　そういう〝確定組〟はいなかったんです。でも、同世代だと山岸や八千代のナカジ(中島崇典)、(鈴木)規郎もいて、彼らは強豪校なのでそういう場所にも慣れていましたし、そもそも僕は「アイツら、同い年だったんだ！」と(笑)。ただ、そういうステージでやれるようになった頃に、僕は2年生の選手権の準決勝でPKを外すんです。

――ああ、習志野に負けた試合ですね。

萬場　そこでもう本当に「サッカー選手になりたい」と強く思いました。自分が先輩の高校サッカーを終わらせてしまったことに報いるためには、先輩たちに誇ってもらえるようなサッカー選手になるしかないな、と。結構1つ上の先輩にはわがままも言っていたと思いますし、それも受け入れてもらって、かわいがってもらっていたので、そこでプロサッカー選手への現実的な距離感がつかめた気がしました。

実際に肌を合わせた時の王者・市船の凄み

――結果的に高校3年間で一番全国に近づいたのが、この選手権予選の準決勝だったと思うんですね。しかも、試合も3－3からのPK戦という激闘でしたが、この試合は3年間の中でもかなり印象に残っている一戦なんですね。

萬場　フルタイムで出ましたし、アシストもできましたし、相手の脅威になれたことは自分でも感じていたんですけど、最後は精神力で向こうの方が上回ったのかなと。2－0から引っ繰り返されて、追いついたんですよ。PK戦は向こうの方が上手でした。

――萬場さんは何人目のキッカーだったんですか？

萬場　6人目です。僕が外して、決められて、PK戦が終わりました。回ってくるとは思っていなかったですね。準々決勝もPK戦で、その時は4人目で蹴って勝ったんですけど、正面の上に強いボールを蹴ったんです。当時はデータ云々なんてことは考えていなかったので、準決勝も同じコースに蹴ったら、止められました。いい勉強になりましたね。自分があの時に外しているがゆえに、「PKは練習じゃない」ということは教訓にしています。今回のインターハイでも、決勝の桐光学園でPKを外した子は2年生だったんですよね。「来年は頑張れよ」と思っちゃいました。

――3年生のインターハイでは市船に負けていますが、この市船も結果的に日本一になっています。この試合はいかがでしたか？

萬場　僕のところにかなり厳しくマークが来ているのはわかりました。仲の良い選手がいっぱいいたので、試合後に「オマエは潰せと言われていたから、かなり行ったよ」とも言われましたね（笑）。市船はそういう戦術的な指示に対する遂行力はもの凄かったですし、僕は何もできなかったです。ある程度フリーで持たせてもらったら、1人や2

人は剥がせる自信はあったんですけど、2人や3人が同時に来るような強度の守備だったので、自分の良さは何も出せなかったです。

それぐらい彼らの試合に対するこだわりは凄かったですし、だからこそああやって日本一になるんだなということは感じましたね。トレセンでも一緒にやったことで、そこまで個が凄まじいとは思っていなかったですけど、ああいうヤツらがああいうふうに徹すると強いんだと知ったことは、またサッカー観を変えられた凄く良い試合でした。

八千代の今泉（守正）先生は「市船に勝てるのは浦安しかないんじゃないか」と言ってくださっていたみたいで、僕らも「もしかしたら」なんて思っていたんですけど、戦う土俵が違いましたね。1試合を勝ち切るシビアさは本当に凄かったです。自分がちょっとステージが上がったがゆえに感じたものだと思いますし、僕はプロになれるかなれないかの瀬戸際にいた選手だと思っているんですけど、「何かが足りないな」というのはそのあたりから凄く感じ始めました。

もっとも身近に感じたプロ選手は吉田達磨さん

――以前お聞きした、工藤浩平選手に衝撃を受けたお話も印象的でした。

萬場　2年生の3月にちばぎんカップの前座試合があって、それが雨で流れたことで、代替の試合をグラスポでやったんです。それは千葉県のクラブ選抜対高校選抜で、その時に浩平はいなかったんですけど、僕はそこで初めて山岸に勝ったんです。「ああ、こんな日が来たのか」と。でも、それはほぼほぼ市船のヤツらのおかげですけどね（笑）。

レイソルの宇野沢（祐次）や近藤（直也）もいた中で高体連が勝って、結果的に国体にも高体連の選手が多く入っていくんですけど、県トレセン

ずっと一緒に生徒たちと関われて、
サッカーを一緒にやれるというのは
教育の醍醐味だと思っていた。

が順天堂大とやった練習試合に先発で出させてもらった時に、僕はミッドフィルダーをやっていたんです。その試合に浩平が出ていて、大学生をものともせずにいなしていたので、「まだ世の中にはこんなヤツがいるのか」と。その浩平の活躍でシステムも変わって、僕もサブに回る機会が多くなって、悔しいのと同時に「自分には何ができて、何ができないのか」ということを模索し始めたのが、3年生の4月ぐらいでした。

その頃はわがままだったと思います。そこには凄くジレンマがあって、プロにはなりたいけれど、自チームの練習はやっぱりトレセンとは違うので、チームメイトにも「何でできないんだ」と思ってしまいましたし、トレセンで刺激は受けるのだけれど、何かをつかめるわけではなく、それで（吉田）達磨さんが時々練習に来てくれる時に、捕まえるようにいろいろ聞きに行っていましたね。

そこで実際にプロになっている人からいろいろ教えてもらえたのも大きかったです。「ストロングポイントはプロでも通用するだろう」と言ってもらえましたし、一方でボールを受ける前の動きとか、どう周囲を見ておくかは全然足りていないこともわかってきたので、プロへの現実的な距離感がより細かく見えてきたんじゃないかなと思います。

――吉田達磨さんは東海大浦安のOBですけど、練習に来ていたのはもう現役を引退されていた頃ですか？

萬場　いえ、まだモンテディオ山形でプレーしていました。そのあとにシンガポールに行くか行かないかぐらいの時期でしたね。その頃には家でもJ SPORTSを見始めていたので、達磨さんが出ているJ2の試合は結構かじりつく感じで見ていましたね。それが高3の時です。

――あら、J SPORTSを見てくれていたんですね（笑）。

萬場　はい。サッカーが見たいから、親に契約してもらったんです。達磨さんはオフシーズンに身体を動かしに来たりしていて、1つ下には慶三もいたので、その様子も見ながらですよね。でも、慶三は達磨さんの車に乗っていかないんですよ。だから、僕が乗せてもらって一緒に帰っていました（笑）。

――そうか。家が近いんでしたね（笑）。

萬場　はい。一緒に帰らせてもらっていました。

――そう考えると、達磨さんが人生で初めて身近に感じたプロサッカー選手という感じですか？

萬場　そうですね。何の気なしに喋れるプロサッカー選手という感じです（笑）。当時も今も何も変わらない雰囲気なので、「うわあ！　Jリーガーが来た！」というよりは、「ああ、達磨さんが来た」というような感じでしたね。吉田家の兄弟はみんなあんな感じですよ。達磨さんのお兄さんも東海大浦安のOBです。

大久保裕樹ら後輩たちがズケズケと言って来る！

――3年生の時に出場された国体の千葉県選抜は、15人のメンバーの中で9人がJリーガーになっていて、萬場さんも含めて3人がJFLでもプレーしていると。これは凄いメンバー構成ですね。

萬場　凄かったです。国体の前の1か月ぐらいは、ほぼ毎日ぐらい練習があって、それこそアントラーズやFC東京のトップとも練習試合をやっていましたけど、いわゆるサテライトの選手相手にも山岸や規郎は普通にやっていましたね。「プロだからって負けないよな」みたいなことを言っていました。僕も横にいて「おお、そんな感じかよ」と（笑）。

彼らは基準が高かったです。年代別の代表にも入っていましたし、Jリーガーとやり合うのが普通という感覚で、僕はちょっと気後れするところがあったので、「そういう感覚にならないといけないんだな」とは思いました。1つ下の青木良太にも「プロになりたいんでしょ？」と聞かれて、

「いや、なりたいけど……」と言った時に、「ストロングとウィークの開きが大きいよね」と。

――それを1つ下の後輩が言ってくるんですか？（笑）。

萬場　アイツらは生意気ですから（笑）。一番しっかりしていたのは大久保裕樹で、浩平はあまり喋らないタイプでしたけど、彼らは代表にも行っているわけで、「ストロングは代表でもやれるよ。でも、ボールを動かす時にテンポが遅いかな」とか言われていたので、「やっぱりそうだよな」と。でも、アイツらは全然勉強はしないので、そっちの話は僕が常に主導権を握っていました（笑）。「いくらプロになったって、そのあとの人生が長いんだぞ」って。

当時は習志野と市船がバチバチしていたので、僕は良い感じの中和剤になっていたとは思いますよ。習志野の柴小屋（雄一）と市船勢のディフェンスラインでは連携なんて存在しないので、「それはわかるけど、今は頑張って一緒にやってよ」と僕が言って（笑）。それで彼らもサッカー中は話すようになりましたね。

――このチームは「コイツらについていかないとプロになれないんだ」という基準を教えてくれたチームでもありますか？

萬場　はい。毎日プロのスカウトが来ていましたから。いつもナカジを見に来ていた湘南のスカウトの方と話すようになって、「プロに行きたいんですけど」みたいな話もしましたね。その中で「プロに行きそうな彼らと何が違うんだろう？」とはいつも考えていました。

――県トレセンでのポジションはどこだったんですか？

萬場　左利きは規郎、ナカジ、アベショー（阿部翔平）と僕の4人で、つまりはプロに行く選手たちの〝次点〟なので、言われたところはどこでもやらなきゃと思っていましたけど、フォワードで出ることが多かったですね。練習試合はサイドバックもサイドハーフもやりました。アベショーは体も動いて球際も強かったですし、ナカジはキックが正確で、規郎はキックのパンチ力に関してはお手本にならないと（笑）。ただ、僕は彼らより右足が上手に使えるとは思っていたので、その中でユーティリティに使ってもらえることはポジティブに捉えていました。

実は僕もレッズに少し興味を持ってもらっていた中で、長谷部（誠）が行くことになったので、「これはもうトップ下やサイドハーフではそのステージに行かないとプロになれないんだ」と。インターハイで優勝した市船が、「決勝でやった藤枝東の長谷部はとんでもない」と話していたので、そのあたりからオファーがなければちゃんと大学に行こうということは踏ん切りをつけていました。国体が終わった頃には大学進学を決めていましたね。

――でも、レッズがちょっと興味を持っているなんて聞いたら、心が浮き立ちませんか？（笑）

萬場　当時は「興味を持ってもらえるぐらいじゃないと、プロになんてなれないでしょ」と思えていました。他の選手は実際にスカウトから声を掛けられているわけで、「ああ、良かったな」という感覚ですよね。それも国体の前にレッズと練習試合をやったことで、高校の監督に「ちょっと興味を持たれているみたいだぞ」と言われたんですけど、レッズはエメルソンが出てきたんです。まだその頃は有名じゃなかったのに「なんかとんでもないのがいるぞ」と（笑）。

――へえ。エメルソンとやっているんですね。

萬場　はい。福田（正博）選手もいましたね。エメルソンは絶頂期だったんじゃないですか。

――そう考えると、田中達也さんともエメルソンとも一緒に試合をやっているんですね。

萬場　そうなりますね。エメルソンは凄かったです。

最後の選手権直前にケガ。頑張りすぎたことを後悔

――国体の本大会は萬場さんにとってどういう経験でしたか？

萬場　自分にとって初めての全国大会だったので、未知との遭遇ばかりでした。国体は民宿っぽい場所に泊まりますし、練習場も小学校の校庭だったり、小学生が応援に来るとか、国体ならではの雰囲気がありました。２試合ぐらい出させてもらったんですけど、自分のやるべきことはやれたので、アピールができたというよりは、「全国大会ってこんな感じなんだ」ということを知ることができた大会でした。ただ、その段階でプロになることが決まっている選手の注目度はちょっと違っていて、そこでプロではなく大学に行く腹を括ったのが国体でしたね。そのことを自分で親に言った覚えがあります。

――準々決勝で広島に０－１で負けて敗退しています。想像していたような結果ではなかったと思いますが。

萬場　気の緩みだったと思います。大会に入ってから、もうちょっと圧勝できるような内容でも結果はそうではなくて、あまり良い流れではなかったんですよね。「先制されたらキツそうだな」と話していた記憶があって、広島戦も先に一発やられて、焦ってしまったような感じでした。

――このメンバーだったら日本一にならないといけないような感じですよね。

萬場　はい。静岡、神奈川、千葉は良いと言われていたはずです。静岡には永田充がいて、神奈川には藤本淳吾や加藤大志も、栗原勇蔵もいました。

――おそらく個人としてはそれまでより注目を集める形で臨んだであろう、最後の選手権にはどういう思い出がありますか？

萬場　頑張りすぎたと思います。準々決勝で負けたんですけど、その直前に順天堂大と練習試合をやった時にケガをしたんです。打撲で動けないいまま準々決勝を迎えないといけなくて、テーピングを巻いてやりましたけど、国体から戻ってきて高い強度のプレッシャーもできるようになっていたので、結構大学生相手に追い回して、球際も行ったがゆえに接触して傷めたんです。ちょっと空回りしました。自分への期待も凄く高かったんだと思います。それが一番の後悔ですね。ＰＫを外したことより、そっちの方が未熟だったなと。

――千葉敬愛に３－３からのＰＫ戦負けと。これは2年生の選手権で負けた試合と、まったく同じスコアですね！

萬場　そうなんです。その試合は前半25分ぐらいで慶三が退場したんです。アイツのせいですね（笑）。

――この試合の萬場さんはＰＫを蹴ったんですか？

萬場　もう途中で交代しました。足が痛くて動けなくなったので。

――高校最後の試合としては心残りしかなさそうですね。

萬場　満足感もなければ、モヤモヤだけが残りました。もう「大学に行ってプロになりたい」という気持ちが強くて、そういう意味ではすぐに切り替えていたと思います。

すでに将来のビジョンは明確。プロになったあとは教員に

――東海大学のサッカー部には、基本的に東海大浦安の生徒は希望すれば入れるんですか？

萬場　入れるんですけど、大学側からみんなが「いいよ」と言われるわけではないので、僕ともう1人が体育会に入ってやることになりました。もうプロになりたいので、他の大学の話はすべて断りましたね。付属の中にもスポーツ枠と、自分の学業で成績順に入れる枠があるんですけど、僕は後者の枠で入ったので、そこはちょっと勉強しておいて良かったなと思いました（笑）。

――大学に入学する頃に、もう教員や指導者という将来の選択肢はあったんですか？

萬場　もう中学生ぐらいからは、サッカー選手に

なって、そのあとはちょっと田舎の方で全国大会に出た時に街中が騒ぎになるような、僕のイメージだと千葉の九十九里や勝浦の方の街で指導者をやりたいなとはずっと思っていました。それがあったので、体育学部に行けば指導者ライセンスを取れるのはわかっていましたし、それは絶対に取ろうと。もうプロになったあとは教員になりたいと思っていました。

――教員という職業に魅力を感じていたんですね。

萬場　そうですね。サッカーの指導者というよりは教員という括りでした。ずっと一緒に生徒たちと関われて、なおかつサッカーを一緒にやれるというのは教育の醍醐味だと思っていたので、それはずっと変わらないですね。

――しかもどういう場所で教員をやるかまで、明確にイメージされていたと（笑）。

萬場　はい。僕は中村俊輔さんを見ていたこともあって、桐光学園のような、ああいう都会の学校に憧れがあるんですけど、自分が指導するイメージは全然なかったですね。いろいろな人が喜んでくれている映像だけはずっと頭の中でイメージしていたので、日立を田舎と言っては失礼ですけど、今は願ったり叶ったりの状況です。

――「アイツらはおらが町の代表だ」みたいなイメージですよね。

萬場　はい。ちょっと漫画の影響かもしれないですけど、漁師の方が大漁旗を振ってくれているような（笑）。そんなイメージは持っていましたね。

――そして、憧れていた桐光学園と日本一を争うというストーリーはもうちょっとあとに取っておいて（笑）、大学在学中はもうすぐにゲームに出ていましたか？

萬場　そんなことはないです。その時はポジションが定まっていなくて、サイドハーフ、トップ下、ボランチ、サイドバックと本当にいろいろなところをやらせてもらっていて、関東リーグに初めて出たのは2年なんですけど、その時はボランチで出ました。ちょっと〝売り〟がない感じだったのかなと。

ただ、2年の夏ぐらいの韓国遠征で向こうのプロのチームとやらせてもらって、サイドバックをやった時にスプリントだけは明らかにその試合の中でずば抜けていたように宇野(勝)先生には映っていたみたいで、「そこをどんどん出していくのがオマエにとっての武器なんじゃないのか」と言ってもらって、サイドバックに固定されてからはコンスタントに試合に出られるようになっていきました。3年の時はずっとサイドバックで出させてもらって、そこで関東選抜の候補に入ったんです。

――当時の萬場さんの中には「サイドバックか……」みたいな想いはあったんですか?

萬場　宇野先生には韓国の空港でそれを言われたんですけど、飛行機の中で「サイドバックかあ」と考えていた時に、そう言えば小学校の頃の指導者に、「最終的にはサイドバックがいいんじゃないか」と言われたことをふと思い出して、自分の中で腑に落ちた点もあったので、納得感は結構ありましたね。そこで嫌だというのはなかったですし、「そういうタイミングなのかな」とは思ったので、すんなり受け入れられました。

ベンチーニョという衝撃。アビスパ福岡に0対7の大敗

――2年生の時に天皇杯でアビスパ福岡と対戦していますね。これが在学中にJクラブとやった唯一の公式戦だと思うのですが、0－7の大敗でした。これはどういう思い出ですか?

萬場　ベンチーニョ、とんでもなかったですね。市船の時より衝撃的でした。「プロサッカー選手ってこういうものなんだ」って。本当にプロの選手が研ぎ澄ませた状態になると、隙を与えたらこんなにやりたい放題やられてしまうんだと、そこで学びました。だから、真剣勝負というよりは、7

点取られても勉強させてもらっている感じでした。

――市船より衝撃だったんですね。

萬場　大人になってきていたがゆえに、それこそ同世代の選手もそのステージでやっているわけで、焦りと、それでも学ばないと置いていかれてしまうという感覚でしたね。

――先ほどおっしゃっていただいたように、3年から4年に進級する時のデンソーカップで、関東選抜Bに選ばれていて、優勝していると。この時のチームメイトにものちのJリーガーがかなりいたと思うんですけど、この経験は大学生活の中でどういう位置づけですか？

萬場　自分のサッカーのキャリアを考えていく上では、かなり大きなポイントだったと思っています。たぶん120人ぐらいがデンソーカップに参加するんですけど、全員が集められて、大学サッカーの関係者から「この中から本当にW杯に行って活躍するとか、日本を背負う選手になってもらわないと困る」みたいな話を生で聞いて、初めて〝当事者〟になった感じがあったんです。まずそういう話を聞いたことで、自分がその対象者であるなら、もっと頑張らなきゃと思いました。

しかもその時の選抜には2年生以下が多くて、僕はキャプテンだったんです。チームに3年生が僕と岡本勇輝、来栖（由基）、田中淳とか5、6人ぐらいしかいなくて、東海大学のコーチが関東選抜のコーチにも入っていたので、3年生みんなで話した時に「一番スムーズに行くのはオマエがやることだよな」ということになりました（笑）。僕も少し内面の変化もあって、以前よりはそういうところで「前に出てみたいな」と思うようになっていましたし、結果的にそのチームは1回も負けないで終わっていますよ。当時は甘い考えですけど、「関東選抜に入れば最低でもJFLには入れるだろう」と考えていたので、Jリーグに行く権利を少しずつつかめそうかなということが現実的になってきて、というきっかけの大会でした。

――4年生の時は実際にプロの練習には参加されたんですか？

萬場　参加しました。セレッソ大阪、横浜FC、湘南ベルマーレには個別で練習に行かせてもらいました。当時のセレッソは強くて、たぶん入れていれば香川真司が同期だったんですけど、J1で優勝争いをしていたんですね。それでゼ・カルロスという左のアタッカーがいて、「プロになるならそこを超えないとダメだよ」と。森島（寛晃）さんとか西澤（明訓）さんも練習から凄く上手で、マークしていた選手が消えるとか、そういうことを体験して、正直「J1の上位はオレのステージじゃないな」という衝撃を受けて帰りました。

それで横浜FCに行ったらナカジがいて、それこそ城（彰二）さんとカズさんもいたんですけど、まだ横浜国際競技場の横で練習をやっている時代だったので、「これはちょっとプロサッカー選手の環境かな……」と思っていた中で、同い年の内田（智也）が活躍しているのを知って、「こういうプロの在り方もあるんだな」って実感しました。

あとは湘南がコンスタントに練習へ呼んでくれていて、「湘南に縁があれば嬉しいな。行ければいいな」と思っていたら、FC東京から尾亦（弘友希）が移籍することになったので、「ああ、これはないな」と。それでJはないかなと思って、声を掛けてもらったJFLのチームに行こうということになりました。

だから、僕は本当にギリギリでJリーガーになれなかった側の人間で、そういう悔しい想いをしたヤツはいっぱいいる中で、今関わっている子たちには自分の教訓も話はできるので、今となればJリーガーになれないならなれないなりに、豊かな人生はちゃんとあるんだなとは感じていますけど、当時は悔しかったですね。

ただ、今でこそ若い選手がJ2でキャリアを積んでということはありますけど、大卒ぐらいの選手がJ2の中位ぐらいからスタートしてもというう、その立ち位置の意味はわかっていましたし、もちろんＪＦＬに行っても「プロになりたい」とは思っていましたけど、そのあたりからかなりサッカー観の整理は始まってきていましたね。初めて自分のためにサッカーノートをつけ始めたのも、大学の終わり頃でした。

プロへの想いと同時に沸き立つ指導者への想い

――まずオファーがあることが大前提だとは思いますが、佐川印刷ＳＣに入ることを決断した決め手は何だったんですか？

萬場　当時の強化部長に熱心に誘っていただけたからです。プロになりたいという想いはありながら、いわゆる〝ゼロ円契約〟でもプロサッカー選手になれることもわかっていたので、のちのち親には「なりふり構わずサッカー選手にこだわってみたら良かったのに」と言われたのは今でも心に残っているんですよね。

当時は仕事して、サッカーもさせてもらってというのは、いわゆる安定志向的な思想で言えば悪い人生ではないと思って、そっちの道に行くことにしたのは大きな決断でした。契約金が少なくてもとか、Ｊリーグを目指すチームでやるということではなくて、企業のチームでやるというのは完全に安定志向の部分が働いたということです。当時を後悔はしていないですけど、それが人生における課題という感じは今でもあります。

――「一歩踏み出してみる」みたいなところですかね。

萬場　そうですね。なにかプライドがあるわけではないんですけど、〝なりふり構わず〟というところまではどうしてもいかないですね。高校の時にナカジやアベショーのことを見ていた親がボソッと「なりふり構わずって凄いよね」と言っていて、「確かにオレにああいうことはできないよな」と思った印象もあったので、自分の中でちょっとスマートな部分があるのかなとは思っていますね。

――もし当時、J3があったら行っていた可能性はありますか？

萬場　そうですね。確かにJFLでやっている時に、カターレ富山やロッソ熊本がJリーグに上がったりするのを目の当たりにしていたので、遠い世界の話ではないと感じてはいましたけど、その頃には当然サッカー選手として向上したいということと同時に、やっぱり「指導者としてもちゃんとしておかなきゃな」という想いも凄く強かったですね。

――佐川印刷に入社された当時、名刺に書かれているような肩書は何だったんですか？

萬場　僕は内勤だったので、〝原価管理課〟という経理に近い部署に入れてもらって、そこでも思考力で戦わせてもらう感じでしたね（笑）。中森（大介）さんや伊藤健一さんと近い部署で働かせてもらっていました。今は関西国際大学の監督をされている松岡真吾さんがずっと隣にいて、毎日車に一緒に乗せてもらって帰っていました。セレクションで入ってきた人と、スカウトで入ってきた人もちょっと働き方は違ったと思います。

――当時の1日の過ごし方を、業務内容も含めて教えていただけますか？

萬場　朝9時から11時ぐらいまでが練習で、お昼ごはんを自分の好きなところで食べて、昼の1時から5時までが勤務です。僕は原価の管理をするので、受注票からどういう原価でいくらのものを仕入れて、という入力をしている状況でした。

――仕事は面白かったですか？

萬場　えーと……、思考はしなかったんですよ。入力なので。それで1年目が終わった段階で、もうちょっとスキルが必要なことをやりたいと思って、わがままを言って経理課に移してもらいました。

――異動願い、みたいなことですか？

萬場　そうですね。強化部長に言って、経理に行かせてもらったんですけど、工場勤務の人たちにしてみれば内勤は身体的に楽なので、ブーブー言っていましたけどね（笑）。自分の仕事次第で残業はないですし、5時に仕事が終わったらジムに行って鍛えて、みたいな感じだったので、そんな日常を過ごしていました。

人生最大の転機を迎え親との電話で号泣

――サッカー面で言うと、JFLのレベルに対する手応えも含めて、1年目に当たる2006年シーズンはどういう時間でしたか？

萬場　ちょっとケガで開幕は出遅れていたのと、旧体制の時にスカウトされたんですけど、新しいシーズンになったら松永英機さんが監督に就任されて、チームにとって初めてのプロフェッショナルコーチが来た中で、僕は高校時代に体感した市船の戦術行動みたいな部分を求められることに、あまり慣れていなかったんです。

正直、それを理解して実践するまでにかなり苦労した印象があって、7月末ぐらいで松永監督が退任して、既存の体制に戻ってからはコンディションも良くなったので、そこから17試合ぐらい出させてもらえるようになったんです。最初はちょっと手探りの部分もありましたけど、シーズンの終わりにはかなり定位置はつかみつつ、良い感じにはなってきた感覚もあったので、2年目はもうちょっと勝率が上がればいいなと思うような感じになってきて、秋頃からは凄く充実していた印象があります。

――その頃はまだプロサッカー選手は念頭にあったんですよね？

萬場　次のシーズンも試合に出続けて、それで声が掛からなかったら厳しいかなと思っていました。なので、2シーズン目に入る時に、大学の恩師に「今シーズンで一区切りつけようと思っています」ということは連絡していたんですね。それで「2シーズン目が終わって、もし現役を退くことになったら指導者をやりたいので、少し気に掛けていただいていいですか?」という電話をして、それで2シーズン目が始まった3月末に大きな転機を迎えることになりました（笑）。

——そういうことですか！　じゃあ2007年は区切りの年にしようとは思っていたんですね。

萬場　はい。とにかく試合にいっぱい出たかったですし、当時はHonda FCで活躍した古橋（達弥）さんがJリーグでも主力でプレーされていたので、そのチームで中心で活躍していればチャンスはあるかなって思ったのと、もしこれでダメなら指導者にきちっと切り替えるタイミングかなと。だから、2シーズン目を思い切って過ごそうという感じでいたんですけどね。

——そして、おそらく人生で最大の転機になるであろう……。

萬場　大きかったですね（笑）。

——2007年の3月に起きたことを教えていただけますか？

萬場　今でも覚えている、2007年3月28日です。大学の恩師から電話が掛かってきて、「今シーズンで区切りをつけると話していたよね。実は茨城県の明秀日立という高校で急に監督が退任することになって、困っている中で人を探している」と。「もしシーズンが終わって指導者になると考えているんだったら、こういう話は滅多にあることではないから、このタイミングで選手をやめて、指導者になったらどうだ?」と言われたんです。

監督も代わって、シーズンもまだ3試合目が終わったぐらいで、「さあ、ここからだ」と思っていたばかりのタイミングで、「んん……?」となったんですけど、その日に凄く親しくしている先輩とレストランに行って話をして、親にも相談した中で、一番は親の一言が大きくて、「現役選手はどこまで行けるかわからないけど、ずっとサッカーに携わって仕事ができるというのは素晴らしいことなんじゃないか」と。僕は親の前でメチャメチャ泣いたんですよ。電話越しだったんですけど、自分の中ではそれで整理をつけたんでしょうね。次の日にはまず強化部長のところに行って、「こういうことだからやめようと思うんですけど」と言いました。

――たった1日でそこまでの決断を下されたんですね。

萬場　そうです。向こうに連絡するのは、こっちの整理がついてからだと思っていたんですけど、もちろん強化部長は「ちょっと待て」と。

――そうなるでしょうね（笑）。

萬場　電話があった次の日にまずは練習に行って、仕事終わりに強化部長に相談して、「ちょっと待て。また明日もう1回来い」と言われて、その翌日は練習には行かずにそっちに行って、また3時間ぐらい強化部長と話をして、31日に「お話を正式に受けようと思います」という電話を大学の恩師にして、4月4日に日立に面接に来させてもらって、採用はその場で決まるので、その日のうちにどこに住むかを決めて、7日ぐらいにあったJFLの試合を最後に応援して、挨拶して、11日ぐらいからはこっちで勤務が始まるという、激動の1週間ぐらいを過ごして、人生がガタガタッと一変しました（笑）。大きな転機を迎えましたね。自分でも衝撃的でした。

心も身体も準備もしないまま23歳で突如教員に

――それこそ2007年に入る時は、まだプロサッカー選手に対する未練だってあったわけじゃないですか。それでも1日でそんな決断を下せるものなんですか？

萬場　何だろう……。メチャクチャ考えましたし、もう「右に行くか、左に行くか」という選択を完全に迫られたので、そうなった時にいろいろなことを総合して、プロになることは確かに素晴らしいことだし、目指してきたことだけど、最後の最後で一生自分の好きなサッカーと携わっていく価値の方が大きいと、たぶんその時に判断できたんでしょうね。でも、強化部長と話した時にグラつきはしましたよ。

——それはそうでしょうね。

萬場　「何のためにこっちに来てもらったのか？」と言われたり、佐川印刷側が考えていた将来のビジョンとか、そういう話はしてもらっていたので、まだ23歳ぐらいでしたし、ブレるにはブレたんですけど、その次の日までいろいろ考えて、「気持ちは変わらないか？」と聞かれて、「はい」と。心の準備とか、気持ちの切り替えとか、何もしない状態で教員になったので、それは他の人とはちょっと違う人生なのかなとは感じています。

——親に電話した時に泣いたとおっしゃったじゃないですか。その涙はどういう感情だったんですか？

萬場　ウチの親は結構試合を見に来てくれていたんです。サッカーは知らないですけど、凄く応援してくれていることは伝わっていましたし、「試合に出ていなくても、応援している息子の様子を見に行くだけでもいいんだ」とか言ってくれたりしていたのも覚えていたので、「監督になったらどんなチームを作るか楽しみだ」と言ってくれたのは大きかったです。今でも試合を見に来てくれるので、「自分たちも楽しませてもらっているから」と言われていることは嬉しいですよね。

——だって当時の萬場さんは23歳ですからね。

萬場　23歳でした。心も身体も準備しないままに、教員になりました（笑）。

——先ほどおっしゃっていた〝大漁旗〟でみんなに応援される田舎の高校のイメージと、明秀日立高校という新たな職場のイメージは、少し結びつくところがあったんですか？

萬場　実はＪＦＬの1年目のシーズンに、日立市民グラウンドで流通経済大と試合をやっていたんです。それでこっちに来た時に「ああ、ついこの間来た場所だ」と感じたのは強烈に覚えていて、少し調べてみたら凄くサッカーが強かった時代がある土地柄で、「サッカー熱が少し収まって、元気がない状態なんだ」という話をこっちに来た時にしてもらったので、そこはちょっと自分のイメージしていたものとは違ったんですけど、「ということは、盛り返せば元気が出てくるということなのかな」と思ったのが、日立の最初の印象でしたね。そもそも鈴木隆行さんや吉原慎也さんもこのあたりのご出身ですから。

――萬場さんがいらっしゃる前年の明秀日立の大会の結果を調べたら、選手権予選で結果的に準優勝する水戸商業高校にＰＫ戦で負けているんですね。そう考えるとそれなりにベースはあるサッカー部だったのかなと推測したんですけど、実際に監督に就任された時のチームのレベル感はいかがでしたか？

萬場　一生懸命やることに関しては凄いなと思いました。当時からベンチプレスで１００キロを上げる子がいたり、サッカーの技術が上手かどうかには課題があるなとは感じましたけど、頑張ることに関しては凄いなと。まだ選手を終えたばかりの僕は、選手としての感覚があった中でも、「こんなに頑張れるんだ」という印象は受けたので、そこは凄かったんだと思います。そのあとに夏ぐらいに中学校の総体を見に行った時にも、「これが地域の文化なんだな」ということは感じ取れました。今でもウチが持っている「全員で頑張る」というベースは当時からあったと思います。

最初はグラウンドがなく新入部員が５人のときも

――指導で言うとゼロからのスタートじゃないですか。準備する間もなかったのに、すぐ指導を求められる現場がもう目の前にあるわけですよね。最初っていかがでしたか？

萬場　まず笛を持っていなくて（笑）。

――そういう世界ですよね（笑）。

萬場　笛は持っていなかったですし、学校のグラウンドを借りていたんですけど、あとから知ったのは、ここの校庭はハーフコートしかないので、毎日バスで練習場所を探していかないといけない状況だったんですね。最初に入ってからの2か月は、体育の授業は1回もやっていなくて、とにかくまず大型バスの免許を取ってきてくれと。

なので、保健の授業だけはちょっとやっていたんですけど、日中は毎日免許を取りに教習所へ行っていました。あとはそもそも誰がどういう選手なのかも全然知らない状態だったので、最初はとにかく一緒にやりました。基礎練習も何でも一緒にやると。これは今でも若いコーチには、「動ける時は一緒に動きなさい」とずっと言っているんですけど、あとは変に〝監督づら〟してもちょっとイメージと違うので、とにかく自分がやれることを見せて、納得させてしまおうと。「ロングキックは右足でも左足でもこうやって蹴れよ」って見せて、文句は言わせないという状況を作りました（笑）。

ただ、当時は学校の中でもサッカー部の子たちはあまり応援してもらっている感覚がなかったんですね。もちろん慕ってきた監督がやめてしまって、後任によくわからない人が来たことで不安もあったと思いますし、そういう意味では「まず勝つよりも、良い部活を作ってほしい」と学校からも言われていたので、じゃあ自分にとって良い指導ってなんだと考えた時には、とにかくいっぱい関わることかなと思っていました。

ここに来て最初の土日は雨が降っていたんですけど、僕らが使わせてもらっていたのはソフトボール部の練習場なんですね。そのソフト部の先生がとにかくグラウンドを大事にしている方だと知らなくて、生徒たちと一緒にヘッドスライディングとかしていたんですよ。それは凄く楽しかったんですけど、そのあとでソフト部の先生にメチャクチャ怒られました（笑）。それで選手と一緒にグラウンド全面にトンボを掛けましたね。

――割と早い段階で「ああ、指導って楽しいな」

と思えたんですか?

萬場　いえ、全然思えなかったです。まず学校の先生という仕事に慣れることも大変でしたし、バスの免許を取ってからも、グラウンドを自分で探して取らないといけなくて、それが6年間続いたんですけど、それが教員をやりながらという意味では本当にしんどかったですね。学校から10キロぐらい離れた、山を1個越えたところにあるグラウンドがメインだったんですけど、そこに毎日電話して、予約を取って。それでも天気が悪いと借りられないですし、学校のグラウンドも借りにくくなりましたし……(笑)。

――ヘッドスライディングのせいですね(笑)。

萬場　グラウンドに関しては「どうしよう」という感じが毎日続いていました。僕も指導力がなかったですし、もちろん選手が反発することもありましたし、1年目でスカウトして、2年目に入ってきてくれた子たちが今のコーチの伊藤(真輝)先生たちなんですけど、その次の年は5人しか入ってこなくて、県大会にも出られない状況がありましたね。

――新入生の部員が5人しかいなかったということですか?

萬場　そうなんです。伊藤先生の代は20人近く入ってきてくれたんですけど、その次の年は周りの噂も良くなかったのか、5人しか入ってこなかったですね。伊藤先生たちは3年生の時に県でベスト4に入ってくれたんですけど、翌年は県大会に1回も出られなかったです。

　もともと女子高だった学校を共学にして、サッカーと野球を強化しようということだったんですけど、どっちも不甲斐なかったので、理事会にどうしてこうなっているかの報告を求められて、その時に「グラウンドを作ってほしい」「寮を整備してほしい」「選手を県外からも獲らせてほしい」ということを要望したら、「じゃあまずは選手を獲ってきてみようか」ということで、2012年に初めて県外から選手を獲らせてもらったんです。その選手たちが入学直後から上級生とうまく融合して、先発で4人ぐらい出場したこともあって、その年のインターハイ予選で優勝したんです。それが初めて指導者として全国大会に出たタイミングですね。

信頼関係があって初めて教育が成り立つ

――もともと中学生の頃からなんとなくイメージされていた指導者像と、実際になってみた指導者の一番のギャップは何でしたか？

萬場　信頼関係がないと、あまり言うことも聞いてくれないんだなということは、当時凄く感じましたね。先生と生徒ってある意味で絶対的な上下関係に見えるんですけど、信頼関係があってこそ、初めて教育という行為が成り立つというのは、最初の3年ぐらいでもの凄く学びました。

――なかなか信頼してもらえなかったということですか？

萬場　そうですね。「これはダメだ」とか、こっち側からの意思表示が圧倒的に多かった気がします。今から振り返れば、彼らのうまくいっていないところをもっと聞いてあげれば良かったなと思いました。こっちが求めるものにあまりにも強く線を引きすぎたなと。自分の指導力が未熟だったことに反省していますし、勉強させてもらったことも感じています。

――でも、その頃ってまだ20代ですよね。

萬場　27歳ぐらいです（笑）。

――社会に出てまだ数年ですからね。２０１２年にインターハイで初めて全国大会に出て、就任9年目の２０１５年に選手権でも初めての全国出場を決めていますが、「全国に出られるかも」という手応えを感じたのは、どれぐらいの頃からですか？

萬場　出られそうかなと思ったのは２０１３年ぐらいです。２０１２年は「あ、出ちゃった」みたいな感じでしたから（笑）。もっと力がついてきて「これはいいかな」と思えたのは次の年でしたね。「これは全国大会に行っても戦えるかな」と思った中で、関東大会でオナイウ阿道がいた正智深谷と当たって、ＰＫ戦まで行ったんですよ。そのあたりから手応えは感じられるようになってきましたね。全国レベルを少し意識して語れるようになってきた気がします。

――その頃からいわゆる「応援されるサッカー部」になってきた感じですか？　そこは萬場さんが凄く大事にされているポイントなんじゃないかと思うのですが。

萬場　形になってきたのは、伊藤先生が3年生の時に全校応援っぽい形で、応援団が県の準決勝に来てくれたことで、初めて「学校を挙げて応援してくれている」というふうに受け取れましたし、次の年は県大会に行けなかったですけど、少しずつそういうことを意識してくれるようになってきて、サッカー部の少し真面目なヤツが生徒会に興味を持ってくれたりもしたので、そのあたりが応援してもらえるようになってきたタイミングかなと思います。

四中工との初戦の前夜にカニ酢で緊急搬送

――2015年に初めて選手権で全国に出た時は、やっぱりメチャメチャ感慨深かったですか？

萬場　全国出場が決まった瞬間は感慨がありましたけど、会場が駒沢で、相手が四中工（四日市中央工業高校）だったので、正直「え〜……」と思っていました（笑）。「初めて出たんだからもう少し甘やかしてよ」という想いはありましたね。県で優勝した時の高揚感は凄かったですけど、その次の日に組み合わせに行って、冷や汗をかいて帰ってきたので、翌日には「四中工じゃん。代表2人もいるらしいよ」という感じになっていました。喜んだのは県で優勝した日だけでした（笑）。

――でも、初戦でその四中工に逆転で勝ってしまうと。

萬場　はい。ただ、あの試合には緊張感を失うようなことがいっぱいあったんです。前の日に〝カニ酢〟を食べて、緊急搬送されたヤツが点を取ったんですよ（笑）。だから、もう僕も「明日が試合だ。寝れないな」じゃなくて、「やっと選手もスタッフも病院から帰ってこれた……」だったので、バタバタしながら臨んだ試合でした。逆に考える暇もなかったので、それが良かったのかもしれないですけどね。忙しかったですねえ（笑）。

――それは想定外すぎますね！

萬場　当事者は本田（光）ってヤツなんですけど、「本田がホテルで吐いてます」「どういうこと？」「たぶん原因はカニだと思うんですけど、病院に連れていってほしいって言ってます」みたいなやり取りがあって、それは大変でした（笑）。

――いろいろな思い出の詰まった全国初勝利ということでよろしいですか？（笑）

萬場　そうですね。1月1日をあんなに忙しく過ごしたことも初めての経験でしたし、それは嬉しかったですね。スタッフみんなで神社に行ってお参りして、12月31日の試合後は選手は家に帰ったんですけど、1月1日は練習するのに全員集まって、保護者とも新年の挨拶をして、メンバーだけまたホテルに行くみたいな感じで、「うわ～、高校サッカーやってる！」という感じですよね。「年賀状とか何もやってないな」というのと同時に（笑）。アレで高校選手権の魅力に、よりハマりましたよね。「やっぱりいいな」って。

自分への戒めも込めたチームの合言葉は「挑戦」

――ちなみに萬場さんが先ほどおっしゃっていた「挑戦」というのは、チームの合言葉的なものですか？

萬場　そうですね。今では合言葉として使っているんですけど、保護者会が横断幕を作ってくれるという時に、「どんな言葉がいいですか?」と聞かれて、「監督ってそんなことも決めるんだ」って(笑)。それでこれは迂闊に決められないと思いながら、結構考えたんです。

それで当時の国語の先生に相談したら、「なんだかんだ言ってもトライしていくようなことがいいんじゃないの?」と言われて、そこに自分の人生を重ねた時に「オレは挑戦してこなかったな」という想いがあって、自分自身を戒める意味もあって「挑戦」という言葉にしたいなと。自分の安定志向からの脱却というか、生徒に挑戦を求める上では、自分もいろいろなことにチャレンジする人であろうと思ったことがきっかけですね。

――ちょっと自分に言い聞かせているような部分もあるんですね。

萬場　それはあります。やっぱり人って根っこからそんなに変われるわけではないので、何かを問われた時に基本的には安定路線に行きがちなんですけど、「それって挑戦しているかな?」といったん立ち止まることができるので、それは自分にとって、明秀日立にとってどうなの、ということを考える基準になっていると思いますね。

――選手たちはその「挑戦」するマインドを、継続して持ってきてくれているなという実感はありますか?

萬場　ちゃんと自分の可能性にトライしているかどうか、みたいな基準は凄く浸透しているので、できないこともできないなりに頑張って、できることはよりブラッシュアップして、ということは凄くいろいろな場面でやってくれていますね。僕よりも彼らの方があっさりそっちに染まっているような印象はあります(笑)。彼らのそういう姿勢は凄いと思いますよ。「右向け、右」って言ったら、あっさり右に行っちゃうような。「オレがこれだけ右に行くかどうかためらってきたのに、オマエら凄いな」みたいな(笑)。若さってやっぱり凄いんです。

――今回お話を伺うきっかけになったのは、今年のインターハイの日本一だったわけですけど、もともと今の3年生の学年はいろいろなことがあったんですよね？

萬場　はい。今でこそ1つの目標や勝利というものに向かっていますけど、本当に様々なパーソナリティを持っている子が、自分の価値観で動いていることが多かったです。そこからみんなで同じ方向を向こうとすることに、試合の勝ち負けよりも時間が掛かる学年でした。特に1年生の時は大変でしたね。もともと50人ぐらいいる学年で、ウチの通常からしても人数の多い学年なんですけど、なかなか難しかったです。

特に去年みたいにリーダーに依存するということをやっていては、崩壊してしまってまとまらないと思ったので、危険なところにきちっとつなぎ止められる何かを常に残すという意味で、リーダーを決めないという形にしたんです。だから、最初はむしろネガティブな要素から、キャプテンを決めないという形になっていたんですけど、徐々に思ったより多くの数の子たちがこちらの期待を超えるようなアクションを取れるようになってきたことで、少しずつ良い方向に向かってくれているというような感じです。

覚悟をもって、1か月の間選手への技術指導を辞退

――今年の5月にも、1か月ぐらい萬場さんが技術指導のピッチに立たない時期があったんですね。

萬場　はい。たとえば結果からすれば取り違えだったりするんですけど、一時的に物がなくなったりとか、あるべきところにあるべきものがないというようなことが続いていて、正直公式戦を戦っていても、応援している子たちが「オレは出ていないから関係ない」とか、試合に負けたあともヘラヘラしているとか、そもそもこの一戦に懸

ける気持ちを1つにして、みんなで頑張ろうとはなっていなかったなと。その上に新人戦を圧倒的に優勝したことで、その溝が深くなったように感じていました。

それで関東大会予選で早期敗退した時に、技術は例年のウチに比べれば高い方だと思っていたので、「これはもう〝心〟以外にないと思う」というふうにスタッフとも話して、「これは環境にフォーカスして指導しないと、仮に彼らが練習しても結果は一緒だから、そこで本当に変われるかどうかがチームの命運を分けていくし、今大会はこれだったということで済ませたら、ウチの骨組み全体がブレるよ」ということで、練習をいったんやめたんです。

僕が本当に1か月も技術指導をやめるなんて誰も考えていなかったと思います。でも、僕はウチに来たいと思ってくれる子にサッカーを教えたいので、100人でも200人でも来たいと思ってくれる子はみんな来ればいいと思っているんですけど、その子たちのニーズにちゃんと応えられる監督でいたいんです。だから、預かっている全員は上手でも下手でも、ちゃんと平等に扱いたいということで、「それが整っていないから、オレは環境整備をするよ」と。

そのあとに選手とコーチたちが話し合う機会もあったんですけど、それは僕が2週間ぐらい指導をしていないタイミングで、そっちはそっちで彼らはやってくれているので、僕は寮の周りの草を刈ったりとか、自分でトイレ清掃をして、そのチェックリストを掲示したりとか、本当にいろいろなところを整理整頓したりということをやっていました。その中で徐々に彼らも気配りしてくれるようになってきて、徐々に保護者の方々も理解を示してくれるようになったんです。

最初は関東予選で負けた時に「このままでいいのか？」みたいに疑心暗鬼になっていた中で、もともとインターハイ予選の準々決勝の日には、県の指導者養成の研修が入っていて、自分はいないとわかっていましたし、ならば技術指導は伊藤先生が頑張ってやろうと。でも、それ以外の環境作りは自分の責任だから、それは自分がやろうと。

正直学校側も僕が訴えたいことを、最初はそこまで真剣に取り合ってくれていたわけではなかったので、「負けた1つの原因をそこに置いてるの？」ぐらいだったと思うんですけど、「関東予選で負けてからサッカー部が2週間ぐらい練習していないらしい」「萬場先生がひとりでいろいろやっているらしい」という情報が学校側に入って、そこから徐々に学校とも話をして、「じゃあこういうところはお金を掛けてもやろう」と言ってもらえて、インターハイが始まる直前に副校長がサッカー部に来て、「環境整備の面は学校側も申し訳なかった。これからも継続してやっていくから、今日から萬場先生を技術指導の場に戻したい」ということを全部員の前で話してくれたんです。

それで僕も「選手たちの大会は戻ってこないので、学校としてそういう判断をしてくれるなら頑張ります」ということで、技術指導をやめてから1か月ぐらい経って復帰させてもらったのが、インターハイ予選の直前でした。そこから部員みんなが応援も一生懸命やって、このチームを何とか立て直そうとしてくれたのが、まず全国大会に行けた要因だった気がしています。

それに自分自身もそういう想いで選手たちに接してこられたので、やっぱり自分が最高責任者としての役割をきちっと担うことは今でも凄く大事だなと思ってはいます。たとえば選手権予選で3連覇していた頃は、監督がトップチームしか見ない良さもあるというようなことを、コーチも僕自身も思っているような部分があったんですよね。でも、「本当の自分らしさってなんだ？」と思った時に、今回の1か月間で自分が最初に指導者になった時に、どういうチームにしたかったのかということも考え直して、やっぱり預かっている子全員を少しでも成長させたり、サッカーを楽しいと思ってもらいたいということは大事にしたいなと舵を切れたのが、結果としてみんなに良い形で跳ね返ってくれたなと。

今は伊藤先生が頑張ってトップチームを見てくれていて、「トップを勝たせる」という仕事は、部活を運営するという観点では、本当に大事な1つのパートではありますけど、彼らの進路を考えることや、彼らを日常的にどう指導するのかということの1つでしかないので、僕の中では今回日本一になったことは、成果としてはもの凄くあったと思いますけど、その周りにあった取り組みが大事で、何もなく順風満帆にサッカーだけをやってきても、それは教育の成果ではないので、そういうものも含めてこのタイミングで選手と保護者と一緒に向き合ってこられたのは、大きな財産だったなと思っています。

それこそ134人がいるチームと、20人のチームの重みを考えると、世間一般の見方としては20人を手塩にかけて育てる方が良く思われがちで、130人以上も部員がいると、ちょっと雑な扱われ方をするという印象を持たれがちだと思うんですけど、134人を指導することに、20人を指導することと同じような効果を与えていきたいなと考えたら、ひとりでは絶対にできないので、みんなの目線を合わせながら、より多くの協力者がいないといけないということを、今回は理解してもらう必要があったと思います。

人間としてどうあるべきか自分が示さないと響かない

――でも、それをひとりでやるのは勇気の要ることですよね。

萬場　覚悟は必要でした。一番考えたのは「コーチからどうやって思われるかな?」って。僕からすればサッカー部の指導を投げたつもりはまったくなくて、でも、本当に草刈りとか一生懸命やったんですよ（笑）。ゴミを拾ったり、トイレ清掃をしたり。ですけど、見られ方によっては「部員を捨てたな」と見られることもあるでしょうし、「いろいろな見方をする人はいるんだな」とも思っていたので、そういう意味ではちょっとずつ理解はされていきましたけど、1か月間毎日いろいろなことをやるのは結構大変でした（笑）。それこそバスに生徒を乗せて練習には行くけど、みんなが練習している中で、僕は長靴を履いて草刈りをしたりしたので。

――だって、「萬場先生、何やってるの？」って思われる可能性の方が高いわけじゃないですか。

萬場　はい。それは僕の覚悟でした。ある程度彼らのサッカーのスキルがあるからこそ、「本当に人間としてどうあるべきかを、自分がしっかり示さない限り響かないな」と感じていたので、しっかりしている選手はすぐに共感してくれますけど、いわゆるトップ層の選手の部分だけに理解してもらうのは本来の目的ではないので、みんなに浸透させるのにはこっちも絶対に覚悟が必要で、それは大変でしたし、もうやりたくないです（笑）。

――それを伺うと、萬場さんがインターハイの全国大会で「僕はトップチームの監督だけではなくて、チーム全員の監督でありたい」とおっしゃっていた言葉の意味が、より沁みてきますね。

萬場　なので、3回戦の青森山田戦のキックオフ時間が遅れたことで、帰りの時間に間に合わないことになって、応援に来てくれた選手を試合を見られずに茨城に帰す時も、スタッフも僕の意図をわかってくれているので、本当にギリギリまで「前半だけでも見られるかな」とか考えてくれていたんですけど、そういうこともメンバーの選手たちは見てくれていたので、「ここはいつも以上に頑張らないといけないぞ」というふうに感じ取ってくれましたし、いろいろなことがあったからこそ、今回のインターハイで彼らにいろいろなものがついてきてくれたんだと思っています。僕がサッカーだけで生計を立てていたらまた違ったんでしょうけど、教員をやらせてもらっている今の自分の役割からすると、彼らにとっては凄く価値のあることでしたし、僕にとっても非常に勉強になりました。

――そんな大変なことがあった上に、それこそインターハイ予選の準々決勝は萬場さんが不在で、伊藤さんが指揮を執った試合で鹿島学園に勝って、そこから日本一になるなんて凄いつながり方ですよね。

萬場　凄かったですよね。この間ある先輩に「これは映画レベルのストーリーだよな」なんて言われましたけど（笑）、巡り合わせもありましたし、本当にみんなで頑張って勝ち獲ってくれたもので、僕にスポットライトを当ててもらえる機会は多いですけど、僕はその中でちょっとだけ責任の重いところにいさせてもらっているだけなので、凄く幸せに仕事をさせてもらっているなと思っています。

"あとちょっと"の部分は日頃の成果が顕著に出る

――改めてですが、日本一を獲った今年のインターハイはどういう大会でしたか？

萬場　まず優勝できたことより、6試合を勝ち切ったことの喜びの方が圧倒的に大きかったです。日本一ということに対して、メチャクチャ思い入れが強いということではなくて、ちゃんと6試合勝てたことの喜びの方が大きいことはよくわかりました。その要因はやっぱりああいうレベルになると、自分たちの強みと相手の強みを掛け合わせて、何に気をつけないといけないのかが毎試合微妙に変わってくることを、我々がちゃんと選手に示せないといけないということと、示したところでそれを実行する力がなければ、それを表現することができないので、チーム一丸というのはそれぞれ違う役割を、それぞれがまっとうしてこそだということが改めてわかりました。

本当に〝あとちょっと〟という部分には、日頃から積み上げてきたものの成果が顕著に現れることも身をもって感じたので、「できないな」と思っていたことは、基本的に全国大会でもできないですし、「強みだな」と思う部分でいかに相手を上回れるかというのは、今大会で特に学ばせてもらいました。だから、ウチが優勝できた要因は、小さなところでちょっとずつ相手を上回って、結果的に白か黒かのマルがついたというところで、ラッキーな方に転がったのかなと。ほんのちょっとの差をどうやって作っていくかということで、優勝までにはいろいろな分岐点があったなと思っています。

――やはり世間的に見れば、静岡学園と青森山田を両方倒したインパクトが凄まじかったわけですが、あの2つの勝利に関しては今から振り返ってどういうふうに思ってらっしゃいますか？

萬場　僕たちは初戦の静岡学園戦が決勝戦だと思っていたので、そこで「自分たちの強みを出して負けるのはＯＫ」と思えていたのは、結構リラックスもできていたので大きかったなと。あの試合は最初に肌と肌をぶつけ合わせて得る感覚が、僕たちにとっては心地良いものとして捉えられて、試合の中盤で相手が同点に追いついたところで、ちゃんと僕らもリセットして、そのあとでどうするかというところで、僕たちにとっては強気に、自分たちのスタイルに踏み込もうと思えたことに大きな自信を持っていましたし、全部員を試合の応援に連れていくことってなかなかないことで、あの試合で全部員が勝利の喜びを分かち合えたということが、僕たちの部活にとっては凄く大きなことだったんです。

なので、彼らがいなくなってしまうという3回戦の青森山田戦で、残った選手たちの気合と根性、スピリットがしっかり出せて、全員の想いを本当に1つにしたことが、ああいう勝ち方につながってくれたのかなと思うので、もちろん相手は強敵でしたし、実際にメチャクチャ強かったですけど、でも、僕たちの想いやメンタリティは負けていないというのは、あの〝1か月〟があったからこそ、みんなで勝ち得たんじゃないかと思っているので、インターハイではそれでも押し通してやろうと思えていたことが大きな勝因だと思いますけどね。もうあの組み合わせではやりたくないです（笑）。

――外から見ていると、今回のインターハイは「明秀日立の大会だな」と思わせるような、チームがいわゆるゾーンに入っていたように感じたんですけど、その渦中にいた人としては感覚として「これは負けないいんじゃないか」という雰囲気はありましたか？

萬場　絶対に優勝できるとは全然思わなかったですけど、少なくとも毎試合ある程度の力は発揮できるだろうというのは、良い方での楽しみとしてはあったので、負ける時はやっぱり不安があるんですけど、しんどいのはわかっていながら、それも含めてゲームが楽しいという感じは凄くありました。あとは毎試合戦い方を学んでいました。「これはいい」「これはダメだぞ」と。僕は準決勝の日大藤沢とのゲームの勝ち方で、優勝できるかどうかが決まったなと思っているので、青森山田に勝ったあとは、「もしかしたら……」なんて思っていなかったです。

実は本当に運があったと感じたことがあって、1回戦の会場で神村学園が目の前で負けたんですよ。僕は「こんなこともあるんだ」と凄く勇気をもらっていて、「こんなことが次も起きたら……」なんて思ったんです。それで実際に静学との試合が始まってからも、「アレ？　静学もウチを嫌がっているよな？」と感じましたし、青森山田との試合の時は「そろそろキツいな」と思っていたタイミングで大雨が降ってくれたので、「これでロングスローも投げられないぞ」と（笑）。

巡り合わせも本当にあったなと思いますけど、あの勝ち上がりだけ見ると本当にとんでもないことをしたなと。もう二度と起きないと思います

（笑）。もう次はちゃんと実力をつけるしかないんだろうなって。次にチャンピオンになるには、「実力で押し切ったぞ」と言わせせないとダメだなとは凄く意識し始めました。

――これも先ほどおっしゃっていましたけど、決勝の相手がもともと憧れていた桐光学園だったというのも、不思議な巡り合わせですよね。

萬場　そうなんです。僕は青が好きなんですけど、桐光学園は学校の色も校風もイメージも凄くいいわけですよ。大会前にこっちに試合をしに来てくれたんですけど、まさか桐光学園が明秀日立のグラウンドに来てくれるなんて考えられないことで、スタッフもそれを聞いた時にポカンとしていたぐらいで、僕からすればあんな伝統校がわざわざこっちに来てくれるなんて、というだけでも恐縮していたんです。

しかも、インターハイでも夕飯のレストランでほぼ毎日一緒だったので、ステージが上がるにつれて「本当に対戦できたらいいよね」なんて言ってもらっていたことがだんだん現実味を帯びてきて、鈴木（勝大）先生も決勝の前ぐらいだと笑顔が消えていって（笑）。あそこで桐光学園とやれたことは、僕の教員人生の中でもかなり華やかな場面ですよね。

〝日本一〟と〝全国制覇〟

――僕がインターハイで萬場さんから伺った話の中で一番印象に残っているのが、「僕たちは〝日本一〟にはなれるかもしれないけど、〝全国制覇する力はない」というお話で、要は〝日本一〟と〝全国制覇〟という言葉にそれぞれ違う意味づけをされていたのが面白いなと思ったんですね。その2つは同じ意味で言う人の方が多いと思うんですけど、あえてそこに違う意味を持たせた理由と、普段から言葉が持つニュアンスをかなり気にされているのかどうかを教えていただけますか？

萬場　まず日常的な部分で、僕が教員になった時に「思想は形に現れる」という言葉を先輩から聞いたことがあって、若いコーチにはよく言うんですけど、たとえば練習メニューを決める時に「これでいい」と「これがいい」では、それで360回練習したら劇的に違うチームになると思っていて、「これでいい」練習はしないようにしてほしいと。やっぱりどんな状況でも「これがいい」という練習をしてほしいとは思っていますし、特に大人になっていろいろな場面で話すと、その言葉のニュアンスによる憶測が難しさを生む場面があると思っているんですね。

自分の指導の方針としては、ホワイトボードを使わなくても、選手たちが頭の中に図面を描けるように話をすると。それが小学生でもできるように話をすることで、聞き取り手からするとかなり受け取りやすい言語になるんじゃないかなと思っているので、自分の伝えたいことをわかってもらうための言葉を選ぶようにしています。

〝全国制覇〟と〝日本一〟の使い分けは、言葉の解釈で〝自由〟に対する訳語として、英語では〝FREE〟と〝LIBERAL〟を使うということを校則を考える授業の時間で扱ったことがありました。その時にたまたま近くにあったサッカー部のサッカーノートに、〝日本一〟と〝全国制覇〟と書いてあるノートがうまく重なっていて、その授業をしている最中にそれが見えたんです。

その2つをよく考えた時に、「これは同じように受け取られがちだけど、どっちかと言うと〝全国制覇〟という言葉の方が格が高いな」と思ったんです。それはロングホームルームの時間だったんですけど（笑）、その時に「まず我々が達成すべきなのは日本一だな」って思ったのを鮮明に覚えていて、選手たちにも「まず選手権かインターハイで日本一になろう」と。

それは全国に4000チームあるうちの一番ではなくても、できる可能性があることだなと。でも、4000チームあるうちの本当の一番というのが〝全国制覇〟することなので、そこは正直僕たちも一生を懸けて目指していくところだけど、もしかしたらどこかで〝日本一〟になるチャンスは来るかもしれないということは考えていたんです。なので、たまたまロングホームルームで自由について考える時に見たノートに書いてあったことがきっかけで、そういうところから少し話す言葉を意識しているところはあるんですけど、あまり皆さんは分けて使わないですよね。

——はい。だから面白いなと思ったんですよね。いろいろなことを考えている人なんだろうなって。

萬場　本当に偶然ですし、たまたまでしたね。僕も〝自由〟は〝FREE〟という認識しかなくて、〝LIBERAL〟の方がある程度規律のある中で自由が与えられている状態で、〝FREE〟は何でもいいよという話の中で、ノートを見て「おやおや」と。その瞬間がなければ、そんなことは絶対に考えていないので、小さい頃からの積み重ねで、もしかしたらその時にそれを疑問視できたことが、こうやって拾えてもらえたことにつながっているのかなとは思います。

——そうすると実際に〝日本一〟になった今からは、〝全国制覇〟を極める道に入っていくというイメージですか？

萬場　うーん……。ちょっと回りくどいかもしれないですけど、自分の中での〝全国制覇〟は単純に「走・攻・守」みたいなものをレーダーチャートにした時に、全部相手を上回っている状態だと認識しています。ただ、勝負に関しては相手を全部が上回っていなくても勝てるのは、戦国武将的な話も含めてそうだろうなと。

そこを語るようになるには、相当な歳月が掛かっていくものだと思っているので、今回こうやって取り上げていただいたことで、自分の中での最終的な目的地みたいなものの位置づけに、〝全国制覇〟を据えたいなとは思っていますし、それがどうやってもできるなと思った時には、「全国制覇しよう」と強く押し出したいなと思うんですけど、今はまだまだそれを探しに、みんなでちょっとずつレーダーチャートを大きくしていける組織にしていきたいです。

それは部の目標として、結果としての〝日本一〟もそうですし、組織としても〝日本一〟に見合った組織になりたいということを掲げていて、そっちも含めて本当に「ウチの部って凄いですよね」と自負できるレベルに近づいてきたなと思ってきた時に、明確な変化を加えたいなと思っているので、もし次にどこかで日本一になれても、「全国制覇できました」なんてことは言わないでしょうし、それを探す人生の楽しみにサッカーがなっていくと嬉しいなとは思いながら、指導に携われればと考えています。

――最後にお聞きしたいんですけど、教員になって、高校サッカーの監督になって、良かったですか？

萬場　今のところは良かったですよ（笑）。今のところは。プロのサッカー指導者というものが想像できていないので、経験もないですし、それがいいのかどうかはわからないですけど、今の自分が通ってきた道というのは、いろいろな人に支えてもらって、幸せにやってこれているなという想いがあるので、今のところは良かったと思っています。これから先はわからないですけどね（笑）。

萬場努
1984年、千葉県生まれ。東海大学付属浦安高校、東海大学を卒業したあと、当時JFLの佐川印刷SCでプレー。07年に23歳の若さで明秀学園日立高校サッカー部の監督に就任。12年にインターハイの茨城県予選を制して初めて全国の舞台へ。15年には監督就任9年目にして初めて全国高校サッカー選手権大会の舞台に立った。23年にはインターハイで静岡学園や青森山田といった全国屈指の強豪を次々と撃破し、初めて日本一に輝いた。

帝京長岡高校
谷口哲朗
TETSURO TANIGUCHI
総監督

文化を創る

INTRODUCTION

基本的なマインドは〝教員〟のそれではない。何をおいてもサッカーがベース。しかも勝利することが大前提のど真ん中に据えられている人だと思う。帝京長岡高校を全国有数の強豪校へと成長させた谷口哲朗総監督のことだ。ゆえに足りない自分には有能な〝片腕〟が必要だとわかっていたからこそ、親友を長岡へと呼び寄せた。

その人とは帝京高校時代のチームメイトであり、長岡JYFCの設立者でもある西田勝彦。谷口と西田が二人三脚で歩んできた道は、そのまま長岡のサッカーが発展してきた歴史と過不足なく重なる。中学卒業後に大阪から単身で乗り込んだ名門校では、選手権の日本一こそ経験したものの、試合には出場していない。大学時代に一度は離れかけたサッカーには、母の死をきっかけに再び戻ってきた。もともとは街の存在すら知らなかった雪深き長岡に辿り着いてからも苦闘の連続だったが、その地を一生の住処と定めた「明確な人」の周囲には、いつだって素敵な仲間が集ってくる。

きっかけは『キャプテン翼』。好きだったのは日向小次郎

——まずサッカーを始めたきっかけから教えていただけますか？

谷口　僕は大阪の堺市出身なんですけど、泉北ニュータウンの中にある若松台小学校というところに通っていて、たまたま3、4年の時の担任がサッカー少年団のコーチをしている方だったんですよね。その頃はちょうど『キャプテン翼』の流行り始めで、みんなサッカーに飛びついていたわけです。でも、僕はちょっと変わり者だったので、みんなと一緒に飛びつくのは嫌だったんですよ。

——わかる気がします（笑）。

谷口　1年生から水泳を、2年生から剣道をやっていた中で、休み時間はサッカーをしていたんですけど、サッカークラブには入っていなかったんです。ただ、当時も身体が大きかったので、4年の終わりごろには半強制的にサッカーを始めた感じですね。僕らの年代はみんな『キャプテン翼』がきっかけじゃないですか。

——ちなみに『キャプテン翼』で好きだったキャラクターはいますか？

谷口　日向小次郎でしょうね。

——じゃあ当時からポジションはフォワードだったんですね。

谷口　フォワードをやりたかったんですけど、5年生の時に監督から「来年のセンターハーフはオマエだ」みたいなことを言われたんです。要するに翼くんのポジションですよね。僕はちょっとサッカーを始めるのが遅かったので、周りには僕より上手い子が結構いたんですよ。でも、結果的には身体が大きくて動けるという理由で、センターハーフを任されたことが凄く自信になって、もう水泳や剣道をないがしろにするぐらい、サッカーに勤しむようになったんです。

そこは結局指導者の一言ですよね。監督からのその言葉があって、中学以降もサッカー1本で行

こうと思えたんです。当時はボランチなんて概念もなかった頃で、センターハーフをやっていましたけど、比重は前の方にあった感じでした。

――そう考えるとセンターハーフへのコンバートがサッカーにのめり込む要因だったと。

谷口　その時はセンターハーフがどういう仕事をするかはよくわかっていないんですけど、やっぱり「チームで一番の人がやる」みたいなイメージがある中で、4年生の終わりぐらいからサッカーを始めて、まだ1年ぐらいしか経っていない自分がそこをやることを、監督がみんなの前で言ってくれたので、それが自信になったんです。

小学校の頃のチームは、それこそ強豪の高槻松原FCに全少の予選で15点差ぐらいつけられて負けたりしましたし、堺市の中でちょっと勝つぐらいでした。その頃の大阪は府選抜もほとんど高槻の子で、南大阪の子が選考会に行くこともなかったので、全少に出るなんてことは夢のまた夢で、それこそ西田(勝彦)がその大会で優秀選手になっていることを考えると、出会うはずのない人間同士が高校で出会って、一生つき合うことになるなんて、という感じですよね。同じサッカーをやっている小学生でも、遥かに違うレベルでやっていて、この狭い日本の中でも絶対に出会うはずのない人と出会ったわけだから、それは凄いなと思いますよ。

中学時代から抜きん出た指導者気質。先輩にもズケズケと言えるタイプ

――当時の大阪で同い年の凄かった選手はいたんですか?

谷口　当時はあまりよくわかっていなかったですね。高校生の時に顔見知りになったのは、今は愛媛FCの監督をやっている石丸(清隆)です。アイツは高校のサッカー部に行かないで、枚方SCのユースに行っていた中で、ジュニアユースの代表に呼ばれていたので西田は知っていたみたいで

すけど、帝京で「新潟フェスティバル」という大会に出た時に、大阪選抜と同じ宿舎だったんです。

高校3年生の時には同い年の選手もその選抜で来ていて、僕の仲間は初芝高校に進学したヤツが多くて、その中にいた泉北ニュータウン出身のヤツが、ガンバ大阪で左サイドバックをやっていた平岡直起なんです。それで彼から石丸を紹介されて、進路の話をしていたら「オレは阪南大学に決まっているから」と。その時は平岡も含めてみんなで体大（大阪体育大）でやろうと話していて、結果的に平岡は松下電器に引き抜かれて、体大には来なかったんですけど、その頃は「阪南大？どこ？」みたいな感じだったんです。

要は石丸の代は阪南大の強化1年目の年なんですよ。それでちゃんと4年の時には関西学生リーグで優勝するんですけど、小中の頃は自分がまず無名だったので、有名な知り合いは平岡ぐらいですよね。僕は高校で帝京に行ったので、「帝京に行ったヤツ」として多少は認知されていましたけど、大阪選抜のスタッフには「裏切り者！」とか言われたりしていました（笑）。

――そうすると中学時代にプレーしていたのも若松台中学校のサッカー部ですね。

谷口　そうです。普通の中体連です。サッカー部の顧問の先生には体大を出た牛尾先生という方がいたんですけど、結局最初の1年間しかいらっしゃらなかったんですよね。当時は3年生が練習しているのを球拾いしながら見ていた中で、1年生ながらに練習にも混ぜてもらって、3年生の引退が懸かった総体につながる試合にも出させてもらった記憶はあります。全然上手くはなかったですけど、周囲に恵まれて、間違った自信を持ちながら、サッカーと向き合うような年代だったと思います。

2年生からはサッカーを知らない先生が顧問をやっていたので、それこそサッカーの入門書を買って、自分で練習メニューを考えたりして、人にサッカーを教えることを中学生ながらやり始めたんです。でも、今から考えるとそういうことをするには、ある程度自信がないとできないはずですし、運動自体は人よりできたと思いますけど、別にサッカーが上手かったわけではなかったのに不思議ですよね。まあ「自分が中心になるのは当たり前だ」みたいな感覚も当時はあったので、先輩にもズケズケとものを言っていました。生徒会長もやっていましたし（笑）。

――生徒会長！　それは自分からやりたいって言ったんですか？

谷口　要は仲間内で学校を仕切ってしまおうと。副会長も書記も会計も、みんな仲間でやろうぜと。実は中学1年生の時にも選挙に出たことがあって、それは担任に強制的に出されたんですけど、入学したばかりの1年生が生徒会に立候補することと自体が稀で、学校の歴史的にも当選したことがないという中で、結果的に落選するんですけど、次点まで行ったんです。そういうこともあって、「3年生になったら自分がやるんだろうな」という気持ちはあったのかもしれないですね。小学生の時も「どうしてもやってくれ」と頼まれて、生徒会の副会長をやったこともありました。

――結構そういうこともやってらっしゃるんですね。

谷口　結構やっているんです（笑）。中学時代はキャプテンもやっていて、たとえば雨の日にはグラウンドがぐちゃぐちゃになってしまうので、顧問の先生に「雨の日は練習しないで帰れ」とか言われても、勝手に練習をやって、グラウンドをぐちゃぐちゃにしてしまって、それで先生に怒られても、歯向かって胸ぐらをつかむぐらいの勢いで行っちゃうぐらいの学生でした。

でも、小学校の監督の一言と、中学1年生の時に1試合だけ試合に出してもらったことは、今につながっているような気がしますね。ちなみに1回インターハイで全国に出たことのある大阪の清明学院の監督をやっているのは、泉北選抜のチームメイトだった同級生の片山万です。それこそ牛尾先生はその中学に転任したんです。

帝京の2次セレクションで衝撃。「あのメンバーと一緒にやりたい」

――そこから帝京高校という高校サッカー界最大の名門に進学するわけですが、その経緯を教えていただけますか？

谷口　まず進学を考えた時に、当時の大阪だと北陽高校がダントツで強かったんですけど、家から通うとなると南から北に行くことになるので、かなり遠かったんです。僕はそれなりに学力はあったので、高校にサッカーだけをやりには行きたくなくて、いくつか声を掛けてもらっていた学校はあったんですけど、体操の池谷幸雄選手や西川大輔選手が出ていた清風高校が良いなと思って、その時にコーチをされていた方に誘ってもらったので、何回か練習にも行きました。

ただ、そこで普通にやれてしまったので、「本当にここでいいのかな？」と思って兄に相談した時に、「今後強くなりそうなのは滝川第二と奈良育英かな。ちょっと調べてやるよ」と言われたんですけど、僕の中ではあまりピンと来なかったんです。「やっぱりサッカーやるなら静岡でしょ」ぐらいの感じで（笑）、それこそ膳亀（信行）先生に話を通してもらって清水東という選択肢や、親に望月（保次）さんに話をしてもらって東海大一という選択肢もあった中で、静岡に行こうともしていたんです。

でも、結果的には住む場所や越境入学の条件の問題もあって、なかなか話が前に進まない時に、母が兄に「どうせあなたは東京に住んでいるんだから、一緒に住みながら通えるところがいいんじゃない？」と言って、帝京と暁星、修徳の話を聞きに回ってくれたんです。兄は大学で東京に出てきていましたから。

――お母さんとお兄さんのバイタリティが凄いですね。

谷口　そうなんですよ。兄は剣道で全国大会にも出ているんですけど、やっぱりサッカーや野球が好きで、自分がいわゆるメジャースポーツに行かなかったから、弟にはそれをやらせてあげたいと思ってくれていたみたいです。

それで進路に四苦八苦している時に、父が「それなら高校までは大阪で頑張って、大学で好きなところに行って思い切りサッカーすればいいいんじゃないか？」と言い出したので、本当にやめる気はなかったですけど「ああ、じゃあもうサッカーはいいや」とへそを曲げたことがあったんです（笑）。

それでたぶん母が兄に相談して、そこから兄が動き出してくれたんですよね。その中で帝京は1次セレクションが終わっていたんですけど、僕の身長や体重のサイズの話をしたところ、古沼（貞雄）先生は大きい選手が好きなので、「じゃあ2次セレクションから来ても構わない」と言ってもらったと。

――そんなことがあるんですね。

谷口　その2次セレクションで西田と初めて会うんですけど、そうそうたるメンバーがいる別格のチームがもうあるわけですよ。つまり声を掛けてもらえた選手たちのチームがあって、僕はその他の人たちのチームに入るわけです。そこで何を書いたかは覚えていないですけど、アンケートみたいな用紙に記入していたら、古沼先生に「キミ、良い字書くね」と言われたんですよ（笑）。

――良い字！　それは言われて嬉しかったんですか？（笑）

谷口　いや、「サッカーをしに来たんだけどな」って（笑）。古沼先生には「僕はサッカーで褒められたことはなかったですけど、字では褒められましたよ」って今でも言うんですけど、字が上手かったからかセレクションの最後の10分か15分だけ、エリートが揃う〝ドリームチーム〟の方に入れてもらったんです。

大阪の時は平岡もそうですし、何人か本当に上手いヤツも見てきましたけど、それより遥かに上手い清野兄弟（公彦、乙彦）とか、日比（威）や西田がいたんです。それを体感してしまったので、セレクションに受からなくても頑張って勉強してこの学校に入って、アイツらと一緒にやりたいというモードになってしまったんですね。なので、大阪に帰って「もう帝京しか行きたくないから、頑張って勉強するわ」と親に言ったのは覚えています。

実はもともと僕は泥臭い感じのスタイルが好きだったので、帝京のあの雰囲気には惹かれなかったんですよ。それならサッカーのメッカの静岡で一生懸命やりたいなと思っていたのに、実際に帝京に行ったことで「この学校でやりたい」というよりは「あのメンバーと一緒にやりたい」と。日本の中に同年代でこんなヤツらがいるのかという想いですよね。自分が通用する感覚はなかったですけど、どうしてもあの中でやりたかったんです。そこからは一生懸命勉強して、ちゃんと受験して合格しました。

――ああ、帝京には普通受験で合格したんですね。

谷口　一応セレクションの合格はもらえていたみたいですけど、受験しましたね。

インターハイ予選では1年生ながら“スパイクを忘れても”出場

――当時も体格は良かったんですね。

谷口　中学の頃は175センチ、68キロぐらいあって、高1の終わりには180センチ、75キロぐらいになっているので、結局サッカーは下手でしたけど、1年生の頃からAチームに入れてもらえることもあって、公式戦にも1試合出させてもらったんです。

――当時の帝京で1年生が試合に出るのは凄いですよね。

谷口　インターハイ予選でした。でも、僕はスパイクを持っていっていなかったので、西田のスパイクを借りて出たんです（笑）。それでゴールまで1メートルぐらいのヘディングをクロスバーにぶつけて、跳ね返りを西田が詰めて点を取ったんですよね。その時に「ああ、スパイクを忘れたヤツは点を取れないんだな」って（笑）。

――それはもう試合に出ないと勝手に思って、スパイクを持っていかなかったということですか？

谷口　そうです。当時は11人がスタートで、サブも5人で、その中から2人しか交代できないですからね。一応Aチームで練習はさせてもらっていましたけど、下っ端の下っ端なので、「荷物を持っていくのが仕事だな」と思っていたのに、いざ会場に行ってみたらメンバーに入っていて、「え？スパイク持ってきてないんだけど……」って（笑）。

――ちょっと意識低くないですか？（笑）

谷口　だって一応Aチームにはいましたけど、試合前日のフォーメーション練習も周りで声を出しているような感じでしたから。その試合は僕と西田が途中から出たんです。

――帝京の公式戦デビューで西田さんと一緒に出ているというのも、のちのちの関係性を考えると面白いですね。

谷口　そうなんです。そのあとは1年生の終わりからアルゼンチンとウルグアイに1か月半ぐらい遠征に行って、帰ってきたのはゴールデンウイークぐらいでした。だから関東予選は新入生が出ていて、1つ下は黄金世代だったので、地球の裏側で大会の結果を聞きながら「松波スゲーな」とか言っていました（笑）。でも、帰国したら〝アルゼンチン組〟が試合に抜擢されていきましたね。

アルゼンチンではマリアーニさんというアルゼンチン代表のコーチをやっていた人が指導してくれたんですけど、当時のアルゼンチンはもの凄く深い位置にスイーパーを置くんですよ。僕はそこをやらされたんです。一緒に行った松原（忍）先生は「コイツはいいかげんなヤツだからディフェンスなんてできないよ」と（笑）。でも、マリアーニさんは「性格的な問題じゃない。強くて大きいヤツじゃないとダメなんだ」と。

1つ上の先輩で2年からレギュラーだったリベロの人がいたんですけど、その人はサイズが大きくなかったので、サイドバックに回されていましたね。だから、それこそ帰国してからも2、3試合はスイーパーで使ってもらったんですけど、だんだんボロが出ていきましたし、その頃は股関節も痛めていたのでプレーもダメで、2年生の後半は〝お呼びじゃない〟感じになってしまいました。

3年生のときはエース松波正信が出たあとの交代要員

――ちょっと話は戻りますけど、入学してすぐに感じた帝京高校サッカー部のレベルはいかがでしたか？

谷口　最初は1年生だけの練習をやっていましたけど、それこそ人数が半分になるまではずっと走るんです。何人か特待の選手はサッカーをしていましたけど、グラウンドが狭くて一緒には練習できないので、僕らはAチームの練習が終わったあとにちょっとシュートゲームをやっていたぐらいで、ほぼ走ることでふるいに掛けられていくので、同級生にも「もうオマエ、明日から来るなよ」みたいなことも言い合うような、シビアな感じでした。

そういう中で入学から1か月半ぐらいした時に、たまたま上級生の練習に入れてもらったのは覚えています。ただ、古沼先生は結構下級生を使うんですよ。たとえばフォワードで「コイツは2年後のエースだな」と思うような選手は、無理してでもサイドバックとかで使うんです。

米原（隆幸）さんとか森山（泰行）さんとかはまさにそうで、良くなるなと思う選手は引っ張り上げられていくので、多少可能性のありそうな選手は下級生でも使われますし、それでダメだったらまた落ちていくだけで、そこの循環のスピードは早いんですよ。だから、ずっとAチームにいることは難しいですけど、ポッとスポット的に入ることは結構な人数が経験していると思います。

――とはいえ帝京で1年生から試合に出られるなんてメッチャ嬉しくないですか？

谷口　嬉しいですよ。そんなことは想像もしていなかったですからね。1年生の時はフォワードで、2年生はさっきも話したディフェンスで、3年生の時はどこでもやっていましたけど、結局潰れ役のオフェンスみたいな感じの選手でした。

3年の選手権の前は松波（正信）が右足でボールを蹴れないぐらいのケガをしていたので、松波が出た後の交代要員みたいな感じでした。だから、最後の選手権も自分は出るものだと思っていましたから。松波は1試合持たないはずなので、そのあとは自分がと思っていたんですけど、結局松波の足が持ってしまったので、僕は出られなかったんです。

――あとは高校生がアルゼンチンとウルグアイにそんな長期で行くなんて、なかなかないことですよね。

谷口　今は円安だと言われていますけど、当時で80万円ぐらい掛かったんじゃないですか。1つ上の人たちは主要メンバーが行っていて……。

――ああ、Aチームのメンバーが関東大会予選の時期にアルゼンチンへ行ったんですか？

谷口　そうですよ。

――だから関東大会予選に1年生が出ていたんですね。やっとわかりました。

谷口　古沼先生は選手権が最大のターゲットなので、僕が1年生の時も2年生の時も、関東大会もインターハイも出ていないですから。3年生になって関東大会は出ましたけど、初戦で佐野日大に負けて、インターハイも全国には出たものの、（齊藤）俊秀がいた清水東に準々決勝で1－4で惨敗しました。

大量失点後に〝体育座り〟で泣いていたゴイコチェア

――そしてアルゼンチン遠征中に、W杯で準優勝したアルゼンチン代表GKのゴイコチェアと一緒にサッカーをしていたと（笑）。

谷口　そうなんです。僕の1つ上のキーパーには神根中（埼玉県）で全国優勝した人がいたんですけど、その人はアルゼンチンに来ていなくて、理由は忘れちゃいましたけど、2番手と3番手のキーパーもいなかったので、普段はグラウンド整備だけやっていたようなキーパーしか来ていなかったんです。

向こうに着いた日に、時差ボケ解消も兼ねて紅白戦をやることになって、キーパーが1人しかいなかった中で、使わせてもらっていた施設がアルゼンチン代表の施設で、その日はキーパーだけが練習していたんです。それで1人の代表キーパーに混じってもらって紅白戦をやったんですけど、まあバンバン点が入るんですよ。そうしたらそのキーパーが日本の高校生にメッチャャ点を取られたことで、〝体育座り〟しながら泣いているわけです。こっちからすれば「サッカーでこんなに泣く人がいるんだ」と思っていたら、そのキーパーがゴイコチェアだったんです。

――そんなことあります？（笑）

谷口　そのあともしばらくその施設で練習していたので、結構一緒に練習させてもらいました。要はマリアーニさんが指導してくれていたので、協会のトレーニング施設を使わせてもらえたんですよね。マリアーニさんはそのあとのイタリアW杯でも代表のベンチに入っていましたし、それこそそのW杯は初戦でプンピードがケガしてしまったので、そこからゴイコチェアが出てきたんですよね。

――イタリアW杯のゴイコチェアは主役級の活躍でしたからね。

谷口　僕らは盛り上がりまくりましたよ。「あの時に泣いていたキーパーがW杯出てるよ！」って（笑）。あれから僕らの同年代の帝京のヤツらはみんなアルゼンチンファンですよね。

――それこそイタリアW杯が帝京の南米遠征があった2か月後ぐらいということは、その紅白戦に出ていた時のゴイコチェアも、バリバリのフル代表選手だったわけで、そう考えるとよく帝京の紅白戦に入ってくれましたね（笑）。

谷口　まあ3番手ですし、若いキーパーだったので、マリアーニさんに「オマエ、ちょっと入れ」って言われたんでしょうね（笑）。本人もまさか高校生にそんな点を取られるとは思っていなくて、落ち込んでいたという。

――谷口さんはゴイコチェアから点を取ったんですか？

谷口　いや、取った覚えはないです（笑）。

――そう考えると残念ですね。W杯の準優勝キーパーから点を取るチャンスだったのに。

谷口　1個上の先輩で凄くパンチのあるシュートを打つ先輩がいて、全然レギュラーでもなかった人なんですけど、その人がゴイコチェアからメチャメチャ点を取っていたような記憶はあります（笑）。その時期がサッカーをやっていて一番楽しい時期だったかもしれないですね。1年生の頃は走らされてばかりで、サッカーが楽しいなんて1回も思ったことがなかったような時期から、急に1か月半もサッカーをさせてもらえる環境に行けたので、そこでかなり上手くなった気もしますし、楽しかった覚えはあります。

その経験があるので、選手として海外のサッカーに触れる機会を得ることは凄く大事だなと。一生サッカーに携わるきっかけになると思うので、僕は凄く推奨していて、コロナ禍もあってここ数年は行けていないですけど、今後はウチの子たちもブラジルに行かせたいなとは思っていますよ。スペインやドイツにも連れて行ったことがあるんですけど、ブラジルは日本人にも優しい国なので、3週間か1か月ぐらい行かせたいなとは考えています。

――それを子供たちに経験させたいと思われるということは、やっぱりご自身の南米遠征がよっぽど楽しかったんですね。

谷口　そうですね。サッカーをしている感じがしました。毎日の練習が楽しみでしたから。朝起きて、パンとコーヒーしか出ないような朝ゴハンでしたけど、炭酸飲料なんてもってのほかだった時代なのに、〝セブンアップ（7up）〟が飲み放題でしたし（笑）、昼も夜も肉がボーンと出てきて、そういう生活も合っていましたしね。

朝から練習して、必ず「昼寝しろ」と言われて、昼寝から起きたらマクドナルドに行ってハンバーガーを買ってきて、それを食べたりしましたし、「コーチが見ている時にやれば十分だから、勝手に自主練するな」とも言われて、「凄いな。サッカーってそういうものなんだ」って（笑）。

――帝京長岡ってみんな楽しそうにサッカーをしている印象がありますけど、そう考えるとその時の南米遠征は谷口さんにとって指導をする上での原風景みたいなところもあるんですか？

谷口　それはあるかもしれないです。日本の部活動的な文化と、サッカーが生まれた国ではないけれど、サッカーが盛んな国の文化の〝いいとこ取り〟というか、融合性はもしかしたら目指しているかもしれないですね。

もちろん日本人らしい部分も失ってほしくはないですし、日本でプレーする限りは日本人が評価することになるわけで、あまり海外色を前面に出しすぎても評価されにくい選手になってしまうので、日本人らしさも持ちながら、サッカーの要素としてちょっと異国のエッセンスが入っているぐらいの方がいいのかなという感覚はありますね。

未遂に終わった上野良治のマンマーク役

――先ほどお話しされた3年生のインターハイは、大会の登録メンバーの17人に入っているわけですよね。

谷口　僕は古沼先生には期待されていたみたいな

んです。でも、当時は頸椎ヘルニアで長期の入院もされていて、その間にトップチームを指導されていた松原先生には、あまり認めてもらっていなかったんじゃないかなと。教育実習で帝京に戻った時は、松原先生のクラスでだいぶかわいがってもらったんですけどね。インターハイは自分が試合に出て活躍するイメージはなかったです。

——でも、帝京の精鋭の中から17人に入ること自体が大変なことですよね。

谷口　1つ下が優秀でしたからね。だって、最終的に選手権で試合に出ていた3年生は3人だけでしたよ。西田と日比と清野兄弟の弟の乙彦だけがレギュラーで、あとは6人が2年生で、2人が1年生ですから。

——ちなみに3年のインターハイの記録を見ると、谷口さんは背番号16でDF登録になっていました（笑）。

谷口　本当に？　ああ、そうだ。関東大会の予選で組み合わせが決まった時に、初戦が佐野日大で、次が武南と当たるヤマだったんですけど、僕は上野良治のマンマーク要員だったんです。つまりは「相手を1人消せ」というパトロール系の選手ですよね。

　それこそ当時のDFには小峯（隆幸）と丸山（良明）がいて、どっちもプロになりましたけど、サイズは僕の方がありましたし、上野もテクニシャンにしては大柄だったので、そのマンマークを僕がやるはずだったみたいです。その流れからのDF登録だったんじゃないかなと。その頃はあまり試合に出た記憶もないですし、自分のポジションがどこだったのかも定かじゃないぐらいでした（笑）。

　結局関東大会予選は佐野日大に負けて、武南とは対戦できなかったんですけど、大会が終わったあとに古沼先生から「イエローの1枚や2枚もらうぐらいの覚悟で上野をマークしてほしかったんだよなあ」と言われて、「2枚もらったら退場じゃねえか」と思ったのは覚えています（笑）。

インターハイ予選は駒沢第二（球技場）でやった試合で、途中からフォワードで出たんですけど、雨の中を途中出場で出て、相手の選手を2、3枚なぎ倒すような感じでドリブルした時に、スタンドがどよめいたらしいんです。でも、ベンチでは「アイツは帝京にそぐわないプレーヤーだから、やっぱり下げよう」と言っていたみたいで（笑）。

――今でいう〝インアウト〟ってやつですね。

谷口　そうそう。でも、一応そのあとに僕がPKを獲得して、自分で蹴ろうとしたんですけど、松原先生が「池浦（悟）、オマエが蹴れ！」と1年生の名前を呼んで、僕は蹴らせてもらえなかったんです。

――そのPKを決めていたら、帝京の3年間で唯一の公式戦のゴールだったんじゃないですか？

谷口　そうなんですよ。蹴る気満々だったのに、それをコーチが遮るという。まあ決める自信はなかったですね。土のグラウンドでドロドロだったので、「こんな中で蹴れるか？」というぐらいのピッチだったのに、池浦は綺麗にスポーンと決めて、「ああ、やっぱりさすがだな」って（笑）。

奇跡の逆転劇を呼び込んだ市船戦の〝決死〟のアクション

――最後の選手権は日本一になるわけですけど、谷口さんの全国大会での試合出場はなかったわけですよね。ただ、準決勝の市立船橋高校戦で1点負けている時に、猛烈に出場をアピールしたという話は非常に印象深いです。

谷口　実は先日、U－15日本代表の監督になった平田礼次がウチに来たんですけど、彼は僕らの2つ下の帝京のキャプテンなんです。

――へえ！　そうなんですか！

谷口　平田は高校を卒業して、本気でサッカーをするためにフランスに行ったんです。フランスの下部リーグでプロサッカー選手を2、3年やって、岐阜に帰ってきてJUVEN FCというチームの指導を手伝っていたんですけど、実は帝京長岡に県外生を初めて送ってくれたのが平田なんです。その子は古沢（徹・帝京長岡高校監督）と同期なんですけどね。

――それは凄い話ですね！

谷口　その平田がちょっと現場の指導をやりたいからということで、ウチのトレーニングをしに来ていたんです。平田と同期のGKで、阿久津というヤツが平田の指導を見にきたんですけど、実は西田もあまりそういうことを言うタイプではないのに、長岡JYのコーチとして平田を呼びたいと言って、ずっとオファーを出していたんです。

そういうつながりもあって、トレーニングをしてもらったんですけど、夜は昔話に花が咲くわけじゃないですか。僕も全然覚えていないようなことを阿久津と平田が言うわけですよ。そこで知ったんですけど、僕が取った行動を結構コーチ陣が語り継いでくれていたらしく、市船戦のこともその中の1つではあったわけです。

僕ももう必死だったので、試合中にコーチの前を歩いて通ることなんてありえないんですけど、もう古沼先生のところに行くことしか頭になかったので、荒谷（守）先生と松原先生が座っている前を通っていって、2人に〝二度見〟されていたらしいんです。「え？　オレらの前を通る？」って（笑）。

それでも僕はだいぶ考えたはずなんですよ。怖かったですし、迷ったんですけど、この試合で負けてしまえば、もう帝京で練習することもなければ、一緒に何かをすることもないですし、本当は点を取られた直後に行きたかったんですけど、なかなか行けなくて、失点から15分ぐらいした時に思い切って古沼先生のところに行ったら、「ああ？何だよ？」みたいに言われたんですけど、「絶対に点を取ってくるから出してください」と言ったんです。

でも、古沼先生には「は？　オマエ、試合中に何言ってんだ？　後ろでアップしておけ」みたいな感じで返されて、刻一刻と試合時間がなくなっていく中で「さすがに残り5分じゃオレでも無理だぞ。もう出られないのかな……」と思い始めた頃に、あの劇的な逆転劇が起こると。

――2点が入る間に松波さんも幻のゴールを決めていますよね。

谷口　あれはハンドを見抜いた主審の高田静夫さんがさすがだったなと。松波はあのハンドが上手いんですよ。アレが初めてではなくて、胸でコントロールするような感じで、手で持っていくのがとにかく上手で。

――じゃあ帝京の選手たちはみんなハンドだとわかっていたんですね。

谷口　そうです。あとでテレビの中継を見返すと、実況の人は「オフサイドです」と言っているんですけど、全然オフサイドなんかじゃなくて、あれはハンドを取ったんです。でも、あのハンドの判定の時はベンチ裏でアップしていたんですけど、スタンドから物がメチャメチャ飛んできて、逃げましたから。「これは応援されているのか?」って(笑)。残り3プレーで、3回ゴールネットを揺らしたんですよね。時岡(宏昌)、ハンドの松波、沼口(淳哉)と。

ピッチへつながる階段を上がると地面が揺れていた

――自分で交代をアピールしたものの結局試合には出られず、それでもチームは大逆転した時の谷口さんの心境はどういうものだったんですか?

谷口　メチャメチャ嬉しかったですよ。それはもう今から映像を見てもアドレナリンが出てくるぐらいで、その現場にいたことに対しての気持ちの昂ぶり方は、もしかしたら98回大会と99回大会の選手権で指導者として埼スタにいた時でも超えられないぐらい、あの市船戦の方があったかもしれないですね。

サッカーで何かをやれる自信はなかったですけ

ど、何かのカンフル剤になるような、周りのヤツに行くぞと思わせるようなリーダーシップを取れる自信はあったので、良いプレーができるかどうかは別として、チームの不甲斐なさに喝を入れるような意味合いで出たかったんですよ。そういう意味ではあの状況から急激に相手に襲いかかるような感じになったことが感動的でしたし、それが結果的に勝ちにつながったので、あの瞬間は忘れられないですね。

実は古沼先生が出された著書の中にその時の話が載っていて、「谷口の熱い想いが奇跡を呼んだ」と書かれていたんです。それを読ませていただいた時は感動しました。今の指導者という立場になった僕も、もちろん能力の高さは必要だとは思いながらも、あの時の自分のような「熱いものを表現できる選手」がチームを高みへ押し上げてくれると、チームを支えてくれると信じていますし、大切にしていることはお伝えしておきたいです。

翌日の決勝は試合内容よりも、国立に入った瞬間の震える感覚が一番印象に残っていますね。準決勝の観客は3万5千人ぐらいでしたし、少し空席もあるぐらいで、しかも雨のナイターだったので、そんなに明るいイメージの試合ではなかったんですけど、決勝は快晴でしたし、スタンドも全部埋まっていて、ピッチにつながる階段を上がっていったら、地面が揺れているんですよ。青空は確かに見えているんですけど、もう頭のてっぺんから包み込まれているというか、上から何かが降り注いでくるように感じて、前の日にああいう勝ち方をした喜びと同じぐらい震えましたね。「国立って凄いところだな」って。

決勝は確か延長の前に2人交代してしまったので、そこで自分の出る可能性はなくなりましたし、常に先行して追いつかれたので、試合が終わってみんな勝てなかったことに落ち込んでいましたけど、乙彦が「優勝なんだから喜ぼうぜ」と言って、四中工の選手たちと一緒になって記念撮影したりして。なんか無理やり喜んだような記憶はありま

あの時の自分のような
「熱いものを表現できる選手」が
チームを高みへ押し上げてくれる。

すけどね。

　でも、あの国立の階段を上がっていく時の震える感覚がなかったら、自分は高校サッカーの指導者をやっていなかったかもしれません。選手に言うのは「勝ったチームや選手にしか見えない景色があるのは間違いない」と。そこでどういう感情や感覚になるのかは人それぞれですけど、勝てなかったヤツには感じられないことや、語れないこともあると。

　もちろん良い選手になることは大事ですし、プロになることにも価値はあると思いますけど、高校サッカーで日本一になるとか、多くの人の記憶に残る試合をすることが、どれだけ人生を豊かにするかということは自分が一番感じているので、たぶん僕よりサッカーを好きな人はたくさんいますし、僕より才能のある人なんて山のようにいるんですけど、その経験をさせてもらったがゆえに、伝えられることがあるという事実は自分の中で消えないんですよ。

　だから、もし帝京長岡が選手権で優勝することがあるならば、あの時の想いを超えられるかどうかを感じてみたいんです。もう30年以上経っていますけど、あの日の国立の震える感覚は何とも言えないんですよね。まず試合に出る選手が2列になってピッチに入っていって、ベンチメンバーの僕たちはその後ろから何の緊張もすることなく、ただベンチに向かっていこうとして階段を上がった瞬間に、「おい！　スタジアムが揺れてるぞ！　満員じゃん！」って。あの身震いする感じは、それこそW杯を戦う日本代表の選手が、そういうものを感じながらやるという、そっちの感覚に近いんでしょうね。高校サッカーってそういう歴史があるんだなって。

帝京での3年間は「味方にパスした覚えがない」

――今から振り返ると、帝京での3年間はどういう時間でしたか？

谷口　二度と戻りたくない、メチャメチャ苦しい時間でしたけど、それがすべての支えとなっている3年間でもありました。それは人とのつながりもそうですしね。サッカーをやっている感覚は本当になかったです。サッカーを学びに行ったはずなのに、サッカーを教えてもらったことはなかったですし、蹴って、走って、ぶつかって、と。

　当時の映像を見ると意外とボールをつないだりしているんですけど、そんな感覚はまったくなくて、平田たちとも「味方にパスした覚えなんてないよな。前に蹴っていただけだよな」とか話していたんですけど（笑）、サッカーと語れないぐらいの部分も全部見せてもらったので、たぶんその経験がないと何も語れないというか、今の子たちに経験談を話す必要もないですけど、あの3年間がなかったら学ぼうという意欲も出てこなかったかもしれないですね。中学生の時に誰にも教えてもらえない中で、サッカーの本を読んで、練習メニューを考えたりしていたところから、「サッカーとはこうだ」と押しつけられたものがとにかく苦しいものだったという。

　それもあって大学を選ぶ時も、「練習が楽なところに行く」ということしか考えていなかったですからね（笑）。僕は古沼先生に「大商大（大阪商業大学）に行け」と言われていたんですけど、当時の大商大は大学サッカー界の中でも1、2を争う練習のキツさだと言われていたので、「それだけは勘弁してください。大体大（大阪体育大学）に行かせてください」と古沼先生に言ったら、「おお、坂本（康博監督）のところか。じゃあ洋酒の1本でもちゃんと持っていけよ」ということで、〝ヘネシー〟を買って練習会に行ったら合格したので、僕は大体大に入れたのは〝ヘネシー〟のおかげだと思っています（笑）。

――高校生が〝ヘネシー〟を持っていったんですか？（笑）

谷口　父に「古沼先生が洋酒の一番いいヤツを

持っていけと言っているから買っておいて」とお願いしたら、買っておいてくれたのが〝ヘネシー〟だったと（笑）。それぐらいキツいのが嫌だったんです。高校では1年生の時もやめようとしましたし、2年生の時は合宿から逃げましたし、3年生の選手権の時も最初は「早く負けないかな」と思っていましたから。

――そう思っていたのに、日本の高校生で一番最後までサッカーをやっていたわけですね。

谷口　本当ですよ。だって、決勝の日から大阪で教習所の予約が入っていましたから（笑）。どんどん勝ち上がっていくから、「おいおい、教習所始まっちゃうよ」って。だから、優勝のパレードも20人の登録選手の中で、僕だけ参加していないんです。もうその足で大阪に帰りましたから。当時の帝京の3年生は3学期の授業がなかったので、もう選手権前の合宿に行く時に住んでいたアパートも引き払っていたんです。だから、選手権が終わって祝勝会をやって、そのまま次の日ぐらいに大阪に帰っているはずです。

そのあとで日本一になったので東京都から表彰されたらしく、みんなトロフィーをもらったのに、僕だけそれを受け取っていなかったんです。でも、大学4年の教育実習で帝京に戻った時に、古沼先生がちゃんとそれを取っておいてくれていて、ちょっと埃をかぶっていましたけど「オマエのこれ、残ってるぞ」と渡されて、「ありがとうございます！」って（笑）。そのトロフィーは今でも持っていますよ。

大体大では途中に堕落するも母の日記を見て一念発起

――大学の選択肢が大商大か大体大だったということは、どっちにしても大阪に戻ろうと思っていたということでしょうか？

谷口　3年のインターハイはベスト8で終わって、結局僕は試合に出ていなかったので、関東だと2部のチームしか行けなかったんです。有名どころの1部のチームにはレギュラーじゃないといけないという、帝京の中での線引きがあって、サブの選手は2部なら可能性があるよと。それならもともと大阪出身ですし、「関西の1部リーグのチームに行った方がいいな」と思って、古沼先生に「同志社か立命館に行きたいです」と言ったら軽くあしらわれて、次に呼ばれた時に「オマエ、大商大はどうだ?」と。

「これはヤバい」と思って、それでさっきの話の流れで大体大に決めました。当時の大体大はまず練習時間が2時間だけで、上下関係があまりないということは聞いていましたし、昔の仲間に連絡したら「じゃあみんなで体大行こう」みたいになっていたんですけど、入ってみたらみんな来ていなかったと(笑)。全国に名を馳せていたようなヤツも何人かはいましたけど、いわゆる一線級の選手はいなかったですね。

――それでもサッカーは大学で続けようと思っていたということですよね。

谷口　そうですね。やっぱりサッカーでしか大学には行けなかったですし、当時の大学サッカーは今より緩い感じで、生真面目にやる場所というよりは遊びながらやるような感覚だったので、あまりガチッと固められるイメージはなかったんですよね。

実際に大学に行ってみて、親に迷惑を掛けてきた感じはあったので、「せめて教職ぐらいは取っておこう」と。でも、そもそも教員には絶対になりたくなかったですからね。父は僕が高校を卒業する時に「体育大に行くので、教育実習ではお世話になります」と古沼先生に言っていたみたいですけど、それこそ他のヤツらは中学校で教育実習をやったりしていた中で、結局帝京で一緒に教育実習をやったのは順天堂大に行った日比だけでした。

――大阪体育大の在学時は途中から練習に行かなくなったんですよね。

谷口　そうです。さすがに帝京の看板もあったので、「そこそこできるだろう」と思っていたんですけど、春のリーグ戦は一番期待されている1年生に10番をつけさせる伝統があったのに、僕は22番だったんです。そのスタートの扱いにちょっと不満もありましたね。

それでも一生懸命はやっていたつもりなんですけど、新人戦のメンバーには入っていたものの、チームにサブキーパーがいなかったこともあって、そこで「オマエ、サブキーパーやれ」って言われて、「は？　ウソでしょ？」って。もちろん試合に出ない前提なのでサブキーパーなんですけど、そのへんからもう「心ここにあらず」みたいな状態で、バイトをしたり、パチンコに行ったりして、「ここにいる意味はないな」みたいになっちゃったんです。

昼休みに1年生はグラウンド整備をするんですけど、そういうのにも面倒だから行かなくなって、授業に出ていたらそこには行かなきゃいけなくなるので、授業にも出なくなるという感じで、1年が終わる頃には一番下のチームに落とされました。それでなおさら練習にも行かなくなって、2年が終わろうとしていたタイミングで母が亡くなったんです。

その時に遺品を整理していたら、母の日記が出てきて「あの子はいつになったら真面目にサッカーをやるんだろう……」ということが書いてあったんですよね。それを見て「申し訳ないことをしたな」と思って、それが2年の2月ぐらいだったので、「心を入れ替えて、もう1回頑張ろう」と思って、3月から翌シーズンのチーム編成を決めるトレーニングに真剣に向き合ったんです。

ただ、さすがに1年半近くも真面目にやっていないヤツがすぐにAチームに入れてもらえるわけもないですよね。当時の体大はAチームが関西学生リーグに所属していて、Bチームは〝体大蹴鞠団〟というチームで、僕が入学する頃にはＪＳＬへ昇格する権利を一度取っていて、結局ホームスタジアムやスポンサーの関係で実現はしなかったんですけど、関西の社会人リーグには参加していたんです。

その時はシーズンの中でチームを移動させられなかったので、僕は3年生のスタートからBチームの蹴鞠団に行きました。今は綾羽の監督をやっている岸本(幸二)さんという人が1つ上にいらっしゃって、それこそオシムさんをジェフに連れてきた祖母井(秀隆)さんからサッカーを習ったその人が4年生で学生監督みたいな役割をしていたんですけど、もうその時は自分の好き勝手にできるような状況でもなかったですし、「試合に出られればいいな」ぐらいの感じだったので、サイドバックをやっていました。

それで1年間はBチームでやっていた中で、4年になる時に監督のところに行って、「もう環境を変えないとダメだと思うので、申し訳ないですけど寮に入れてください」とお願いして、1年生と同部屋の寮に入れてもらったんです。当時は急に真面目にやり始めたので、捻挫ばかりしていて、それこそ足首をふくらはぎぐらいの太さにテーピングをしないとできないような状況だったので、最後は何試合か出してもらって、ゴールも何点かは取ったんですけど、フルシーズン戦えるような状況ではなかったですし、最後のインカレはもう足が持たなくて、1回戦で早稲田に負けた試合も帯同はしなかったですね。

ただ、一応4年間をやり切った感はありつつ、それでも「ちゃんとケガを治してサッカーをやりたいな」という想いはあって、「社会人である程度大きな会社で続けられればな」と思っていました。それで当時Jリーグに行かないことを表明していた社会人の強いチームは、今のアルディージャのNTT関東と、そのあとでフロンターレになる富士通ぐらいだったので、その2つを受けに行ったんです。

それこそNTT関東は帝京の先輩の(佐々木)則夫さんが引退したばかりで、コネも使えたので、最後に福島FCのテストを受けて、それでダメだったらNTT関東にお願いしようと思っていたんですけど、ちょうど福島FCの練習に行く前に、古沼先生から坂本先生のところに〝帝京長岡行き〟の連絡が来たんですよね。

それを教えてくれた坂本先生に「じゃあ福島FCの練習参加が終わったら考えます」と言ったら、「何を言っているんだ。こんないい話、2つ返事で『はい』だろ」と言われて、「え?」って。それで直接古沼先生に連絡をしたら、「国語か社会の教員免許を取ってもらわないとダメみたいなんだけど、悪い話じゃないからどうだ?」と。

僕はもともと教員にはなりたくなかったですし、「国語か社会の先生だったら、ちょっと勘弁してもらっていいですか」と断ったんです。そうしたら翌日にまた古沼先生から電話があって、「なんか体育の先生でもいいみたいだぞ」って。「何だよ、それ」と思いながらも(笑)、「面接ぐらいは行ってきます」と話したら、「じゃあ学校に寄ってから行けよ」と。

「なんで京都の長岡京に行くのに、東京まで行って顔を出さなきゃいけないんだ……」と思って帝京に行ったら、古沼先生が「上越新幹線に乗ってだな」とか言い出して、「上越新幹線? 何の話だ?」と思っていたところで、初めて長岡が京都の長岡京じゃなくて、新潟にもあることを知ったんです(笑)。

だから、最初に長岡駅に降り立った時には大雪が降っている中、僕は革底のローファーにスーツを着ていましたから。初めて学校に来た時は3年生が卒業試験をやっていたんですけど、1、2年生は休校になっていて、学校には先生方しかいない中で、「まあこんなところだけど」と雪に埋まったグラウンドを見せられて、そのあとに料亭みたいなところに連れていかれて、昼間からビールを飲ませてもらいました(笑)。当時は先生方から「茶髪にピアスが来たぞ」と言われていたみたいですけどね。

――え？　茶髪にピアスで行ったんですか？(笑)

谷口　いや、まあピアスの穴は開いていましたけど、髪はその時だけ黒く染めていましたよ（笑）。結果的にはここに来ることになったんですけど、何回も言っているように僕はもともと教員にはなりたくなかったんです。親への感謝の意味を込めて、「資格だけは取ろう」と思って帝京高校に教育実習に行ったんですけど、サッカー部と野球部がいっぱいいるクラスだったので、最後に教育実習の先生を感動して泣かせてやろうみたいな感じがあって、その筆頭が今は福島ユナイテッドの監督をやっている依田（光正）ですよ。アイツが3年の時で、松波の弟（和幸）がいたり、ぺーちゃんとルーちゃんがいて……。

――ぺーちゃんとルーちゃんって誰ですか？

谷口　ほら、ペルーから来ていた吉成（大）と江田(広)ですよ。アイツらはぺーちゃんとルーちゃんって呼ばれていましたから。どっちがどっちだったか忘れましたけどね（笑）。最後の研究授業もサッカーの指導案しか作っていない中で、土砂降りの雨が降ったんですけど、「悪い。室内でやる選択肢ないわ」と言ったら、野球部とサッカー部のヤツが雨の中で盛り上がってくれちゃって。

その時に「教員って仕事もまんざら悪いものでもないんだな」とは思ったんですけど、自分には縁がないものだと思っていた時に古沼先生から来た話だったので、導かれたかのように長岡に来たんですよね。僕は性格的にも身なり的にも教員らしからぬ感じなんですけど、こっちに来てからもいろいろな人に出会いましたし、高校の時にさんざん説教されたような人と家族ぐるみのつき合いになったりとか、新しく出会った人や高校時代から知っている人との再会だったりが重なっていく中で、「ああ、この仕事を一生やることになるのかもな」と思ったんです。

でも、最初の頃の僕の目標は、40歳までにサッカーで日本一になって、次は別の競技でも日本一になることでしたからね（笑）。「古沼先生は9回日本一になったけど、2種目では日本一になっていないからな」とか、ふざけたことを考えていました。

今はもう自分が生きているうちではなくても、ずっと全国のベスト8やベスト4を窺いつつ、もし日本一になっても、そのあともずっと全国優勝を狙えるような、末永く強いチームの方がいいんじゃないかなって。それこそスペインのアスレティック・ビルバオがずっと1部リーグにいるように、そういう歴史を築けるチームの方がいいのかなって思っています。そう考えても、本当に導かれるように長岡に来たとしか言いようがないんですよね。

目指すは明確に日本一　だが選手がどんどんやめる

――ちなみに、何でもともと教員にはなりたくなかったんですか？

谷口　偉くもないのに偉そうだから（笑）。

――教員の方がそれを言いますかね（笑）。

谷口　僕が言うのもなんですけどね（笑）。教員と警官には絶対になりたくなかったんです。

――人生はわからないものですね。まず帝京長岡に来た時の、サッカー部の校内における立ち位置はどういうものだったんですか？

谷口　もともとサッカー部にいらっしゃった佐藤（健一郎）先生が、「こういう人が鳴り物入りで来るから」ということで、新1年生だけは頑張ってこのあたりでまあまあできる子を集めてくれたんです。自分も高校時代はサッカーを教えてもらったわけではなかったですし、大学時代は学ぶ姿勢がまったくなかったので、自分ができることは自分がやってきたことしかないわけで、「苦しい想いをすれば、もしかしたら日本一になれるのかもしれない」という間違った感覚もあったんですよね。

――もう帝京長岡に来た時から、明確に日本一を

目指していたわけですね。

谷口　そうです。誰が聞いても鼻で笑われるような感じでしたけど、「新潟一になるためではなく、日本一になるために来ました」と。たぶん最初は50人ぐらい部員はいましたけど、まず2年生が練習に来なくなって、3年生も「こんなのやってられねえ」ということで、1か月経ったぐらいで来なくなって、結局1年生しかいなくなったんです。

5月のゴールデンウイークぐらいに地区大会があったので、そこまでギリギリで3年生はいて、そのあとは上級生は誰も来なくなりました。でも、「ちょうどいいや。やる気のある1年生だけでやろう」と思っていたんですけど、気づいたら1年生も11人だけしかいなくなっていて（笑）、残った子は「ヤバい。オレがやめたら試合ができなくなる。やめ損ねた……」みたいな感じですよね。

結果的にはその11人も、2年生になって新入生が入ってきた瞬間に3人だけになりました。その3人のうちの1人も途中で退学になってしまって、最後は2人だけになりましたし、その2人はどっちもキーパーですからね（笑）。でも、そのうちの1人が今のＯＢ会長です。

――なかなか強烈な流れですね。

谷口　1年目のゴールデンウイークが明けた3週間後ぐらいにインターハイ予選があったんですけど、来なくなっていた3年生たちが集まってきて、「先生のやり方にはついていけないけど、オレたちも2年間やってきたものがあるので、ここで引き下がるわけにはいかないから、次の試合だけはオレらにやらせてくれ。そうしたらきっぱりとやめるから」と。それでこっちも「おお、わかった」と。

そのインターハイ予選は3年生にやってもらって、それで彼らは引退しました。そういう意味では、一番かわいそうだったのは2年生でしたね。そこそこ力のある子もいたんですけど、さすがにこんなキツいことをあと1年以上もやりたくないし、する気もないと。それで1年生の11人で1年間やり遂げて、次の年に新入生が入ってきたタイミングで7、8人やめて、「あれあれ?」と思ったんですけど、2年目はその15人ぐらいでやりました。

その次の年は長岡市内の中学校で、高円宮杯の県予選で優勝して北信越大会に出るようなチームがあったので、そこから5人ぐらい来てもらったんです。その子たちが3年生の時に初めて選手権で全国大会に出たんですよね。だから、やっぱり実績のない子たちがうそぶいて「オレら勝つぞ」と言うのと、勝った経験のある子たちが「オレらは絶対に一番になろう」と言うのは、全然違うんだなって。

僕ら県外出身者からしてみると、「新潟市の……」と言われても都会感はないんですけど、やっぱり長岡の人たちは新潟市に対して「自分たちの方が田舎者だ」という感覚があるみたいなんです。それでどうしても新潟のチームとやる時に気後れする感じもあったんですけど、そういう部分を払拭してくれたのがその代の子たちですよね。

選手や周りの反応を受けてだんだんと〝無情さ〟に変化が

——最初は手探りで指導者も教員も始めた中で、もちろん選手を良くしようとか、チームを強くしようと思ってスタートしたと思うんですけど、1か月でみるみる選手がいなくなっていった時の谷口さんの感情はどういうものだったんですか?

谷口　そこはまったくブレていないというか、自分も苦しいことをやってきましたし、それを乗り越えたヤツしか勝てないという、サッカーってこういうものだという間違った認識を持っていたので、「やめたければやめれば。やりたいヤツでやらないと、どうせ勝てないし」ぐらいの感じでした。

でも、ここの先生たちの考えはそうではなかったですよね。僕のやっていることがおかしいとか、生徒を大事にしていないとか、そういう捉え方で、「ちゃんと生徒の言っていることを聞いてあげなさい」という方もいましたし、1年生が11人になった時にはある先生に「全員の家に家庭訪問してきなさい」と言われました。

一応社会人なので、体育教官室に来たら全部の先生の机を拭いて、コーヒーを淹れて、一人ひとりにそのコーヒーを出すぐらいはやっていたんですけど、僕の中でそこまで敬意を持っていなかったと思います。ただ、女子バレー部には真剣に部活動をやっている先生がいて、その方には毎晩のようにゴハンに連れて行ってもらっていました。

僕は話を聞かされていた感じだったんですけど、その方からすれば僕に興味があって、聞きたいことがあったみたいなんですよ。でも、僕はその方に「指導者とはどういうものか」を教えてもらったような感覚があって、女子のバレー部は僕が来た年の最初のインターハイ予選では1回戦で負けてしまうんですけど、そこから15年ぐらいは県のベスト4を1回も外したことがなかったですし、しかもその先生がやめられる最後の3年間は1セットも落とさず、年間の4大会ぐらいを全部優勝しているんです。

いろいろな先生からああだこうだと言われながら、それは嫌がらせで言っているのではないし、指導者であればもう少し選手との接し方を考えないとなということも、担任を持ったりすることで理解していく中で、ちょっとずつ人間っぽいところが出てきたんでしょうね（笑）。ただ、最初の頃は本当に無情だったと思います。

――別に選手たちがいなくなったからといって、ショックを受けたりとかではなかったんですね。

谷口　1年目はそうでした。でも、2年目以降は自分で中学生の試合を見に行って、自分で獲ってきた選手が入ってくるわけじゃないですか。指導者の方に頭を下げて、「今はまだまだですけど、絶対に日本一になりますから」と言って連れてくるわけですよね。そういう子たちがやめてしまうのはショックでした。

それこそ教官室をノックしたあとの〝声〟でわ

かるんですよ。「何年何組の誰々ですが、谷口先生に用事があって来ました……」ということの声で、「コイツはやめに来たな」というのがわかるんです。それが毎日のようにあるとだんだん憂鬱になってきて、「やめたいです」「やめさせてください」と言われるのがメンタル的にキツすぎて、一時は「やめられません」というルールを作ったぐらいですから（笑）。

――え？　それは怖いですね……（笑）。

谷口　「途中退部は絶対にできません」というルールを作ったんです（笑）。自分としてはもちろんサッカーを続けてほしいですし、やっぱり3年間やり切ってナンボで、自分も途中でやめたかったですけど、結局最後までやったから得たものがあったわけで、「キツくてもやり遂げた時に、それでもやめておけば良かったと思うんだったら、その時は何をすれば償えるかはわからないけど、何でもするよ」ぐらいのことは言って引き留めていたんですけど、そういうことも含めて、自分で獲ってきた選手には無情になれなかったですね。その頃に最後まで続けてもらえなかった選手がいたことに対しては、自分も傷を負ったつもりでいましたけど、きっと選手の方がよっぽど傷ついていたんですよね。

有力な選手が来てくれないので中学年代の自前のチームを作る

――帝京長岡に来てから、初めて選手権で全国大会に出たのは5年目ですよね。これは感覚として早かったですか？　それとも遅かったですか？

谷口　帝京三高の廣瀬龍さんが就任から3年で全国に出たというのを聞かされていたので、ちょっと焦ってはいました。しかも、帝京と名がつくからにはサッカーと野球に力を入れるということで、自分が来た1年後に帝京の野球部出身の後輩が帝京長岡に招かれたんですけど、野球部は強化から3年目に県で3位になって、北信越大会に行ったんです。

それは焦りましたね。自分より1年遅く来たのに、先に野球に結果を出されたわけで、「これ、クビになっちゃうんじゃないかな……」と思うぐらい焦っていたので、全然早いとは思わなかったです。メチャメチャ嬉しかったのは覚えていますけどね。

あと、古沼先生にも「佐藤先生に監督として全国に出てもらって、花を持ってもらって、そのあとで監督をするぐらいの感じだぞ。いきなり帝京出身だからって偉そうな顔するんじゃないぞ」と言われていた中で、僕が教員5年目に入る時に佐藤先生が家族の事情ということで、違う高校に転任されたんです。なので、たまたま監督1年目に全国大会に出ることになったんですけど、やっぱり佐藤先生に監督として全国に出ていただけなかったのは心残りでしたね。本当にお世話になりましたし、僕に厳しくされていた選手に対しても、佐藤先生が「頑張れ、頑張れ」と声を掛けられていたのはわかっていましたから。

――選手権で初めて全国に出た次の年から西田さんが長岡にいらっしゃったんですよね。

谷口　そうです。とにかく選手を勧誘してもなかなか来てくれなかったですし、長岡にも強いクラブチームがあったんですけど、そこのエース級の子は県外の強豪校に行ったりして、県内に残ったとしても新潟市内の高校に行くと。それこそ長岡にもサッカーの強化拠点校になっている中学があったんですけど、そこからも選手は来てくれなかったので、これはもう自前でチームを作って、そこで選手を育てていくしかないなと。

まず僕が頭を下げて「選手をください」と言うのが向いていないこともあるんですよ（笑）。できれば偉そうにしていたいタイプなので。それだったら時間が掛かっても、自前でチームを作ろうと。そうなった時に丸山先生という、今の技術委員長をされている方が隣の長岡向陵高校にいらっしゃったんですけど、「長岡のサッカーを強くしましょう」「トレセン活動だけじゃ物足りないのでチームを作りましょう」という話をしたんです。やっぱり行政を巻き込む時に、公立校の先生が協力してくださることは大きいですからね。

そんな中で「指導者はオマエの責任で連れて来いよ」となった時に、僕にはそこまで選択肢もなかったわけです。サッカーをやっている知り合いもほとんどいなかったですし、そんな真面目な人生を送ってきていないわけですから（笑）。その頃の西田にはある高校から監督のオファーがあったんですよ。でも、そのタイミングでたまたまウチが選手権で全国に出られたので、西田も「何もないところから始めるのも良いかな」と思ってくれたみたいで、それは西田なりの勘だったと思うんですけど、長岡に来てくれたんですよね。

――西田さんが来てくれることになった時は、メチャメチャ嬉しかったですよね？

谷口　嬉しかったですけど、来ないと言われることも想定していなかったですね。

――来てくれるという確信があったわけですか？

谷口　いやいやいや。たぶん断られたら断られたで次を探すんでしょうけど、それこそウチの女子サッカー部の監督をやっている松野（智樹）も僕の幼馴染みなんです。中学まで一緒にやっていたキーパーで、彼は清風高校に行ったんですけど、腐れ縁なんですよ。

こっちに来てみたらキーパーは教えられないことがわかって、そこで松野に来てもらったりもしたので、「まあ人はお願いすれば聞いてくれるものだ」という勝手な考えがあるのかもしれないですけど（笑）、あまり断られるという想定がないんでしょうね。僕はメチャメチャ人には恵まれています。自分に何かの才能があると思ったことはないですけど、人に恵まれる才能はあると思いますよ。自分では何もできないですけど、やれる人を連れてくることは間違いなくできていますね。

「勝てればOK」ではない大事にした〝文化の計算〟

――日本のサッカー界の中でも、高校と実質の下部組織に当たる中学年代のチームが、こういう形でリンクして結果を出すというのは、帝京長岡と長岡JYが先駆けだったと思うんですけど、そういうことを他に先んじて自分たちがやっているという感覚は、特に最初の頃はあったんですか?

谷口　全然なかったです。誰でもやっていることだと思っていました。そもそも明確なモデルがあったわけではなかったですけど、イメージとしては市船とヴィヴァイオの関係があったかもしれないですね。僕はそれを勘違いして捉えていて、ヴィヴァイオが市船の下部組織だと思っていたんです。実際は市船の高校1年生で構成されていたチームなんですけど、当時は「市船みたいにやればいいんだな」という感覚があったように思うんです。だから、新しいものを先駆けとしてやったというよりは、どちらかと言うと真似をした感覚の方が強いですね。

――それは面白いですね。ちょっとした勘違いから、その〝高校と下部組織〟みたいなイメージが出てきたことになるわけで。

谷口　思い起こせばそうなんですよ。「何で長岡JYを作ったの?」と聞かれれば、「中学生が来てくれないんだから、来てくれる人を育てるしかないでしょ」ということですよね。

――そうなると「長岡JYをこうして行こう」というビジョンがあったわけではなくて、「帝京長岡に来てくれる選手を育てよう」が先だったというわけですね。

谷口　はい。凄くスケールの小さいことを言うと、「帝京長岡を強くするため」に作ったんです(笑)。公には「長岡のサッカーのために」とか「サッカーの土壌を広げるために」とか「コミュニティの創出を」とか言っていましたけど、そもそも帝京長岡を強くしないと何も始まらないので、僕のスタートはそれでした。

ただ、西田は違いましたよ。もちろん僕の考えは受け止めてくれていますけど、彼は浦和というサッカーの街で生まれて、三菱養和に通って、素晴らしい指導者に出会ったことで、「サッカーが強くなればOK」「サッカーで勝てればOK」という考え方はしていないですし、「サッカーが上手くなって、楽しくならなければ、そこにこだわりが出てこないし、文化は生まれない」ぐらいのことを思っているんです。

アイツは数字の計算は苦手なのに（笑）、〝文化の計算〟は天才的に考えられるヤツなんです。僕の話は相当受け流しているはずですけど、だからと言って聞く気がないわけではないので、「あなたの言っていることと、自分の考え方をどう融合させていこうかなあ」という感じですよね。

サッカーのことについてはもちろん勝ちたいからやっているんですけど、勝負に勝つことだけが勝ちではなくて、「サッカーが上手くなること」「空間を自分が支配すること」「ボールと自分の関係が相手を上回っていること」、こういうことが彼にとっての勝ちで、〝何対何の勝ち〟というのはただの数字上の勝ちでしかないと思っているはずです。

――そこが面白いなと思うところで、きっと最初に西田さんに声を掛けた時に〝文化の計算〟ができる人だとは思っていなかったですよね？

谷口　全然思っていないです。親友ですから。

――でも、結果的にここに来たのが西田さんじゃなかったら、帝京長岡も長岡ＪＹもこんな形になっていなかったわけですよね。

谷口　間違いないです。それはたぶんウチのＯＢが一番よくわかっていて、西田は中学生を見てきて、僕は高校生を見てきている中で、僕はもともと「蹴って走るサッカー」を標榜していたんです。「蹴って走れば勝負になる」と思っていましたし、「細かいことをやっていたら、強い相手に食われて勝てないぞ」という考え方がベースにあって、西田はそれを否定してもいなかったですし、それをやるなとも言わなかったですけど、彼にはこういう選手を育てたい、こういうサッカー観を伝えたいというものがあったわけですよね。

それこそ西田は全少で優秀選手になったような選手で、小学生当時から１７０センチぐらいあって、50メートルも6秒台で走るような無敵の選手だったんです。でも、中学生になった時に「サッカーってそういうものだけじゃないよ。こういうものもあるよ」というサッカーの本質の部分を養和で教えてもらったがゆえに、周りに体が追いつかれてきてもサッカーを続けられたのだと。そこに関して彼は本当に良かったなと思っているんですよね。

だから、別にフィジカルを重視することを否定はしないですけど、やっぱりボールを大事にすることだったり、自分で判断することを大切にして、簡単に相手ボールになるようなクリアをするようなことは絶対に推奨しなかったですよね。その中で彼が育てた選手が少しずつ増えてきて、彼が高校の指導にも携わるようになっていったので、僕が学校から1年間の謹慎処分を受けて、直接指導できなくなった時に彼にすべてを任せて、僕は第三者的に彼の高校生に対する指導を見て、「これがベースになれば、何かを切り拓いていけるな」と思えたんです。

その頃は全国大会にも選手権で2回出て、インターハイで3回出たけれど、一向に勝てないし、勝てる気がしないと。そういう中で小塚（和季）がウチに来てくれた時は違った感じがありましたよね。ようやく光が差し込んだような感覚があって、そういうことを考えると痛い目に遭うのも悪くないかなと（笑）。僕も性格的に自分の席を人に譲るというか、「オマエの方が優れている」というふうに認めることもそんなにないでしょうし、本当に任せられる人はアイツしかいなかったわけで、そういうタイミングだったのかなと思います。

谷内田哲平の代の活躍で人の見る目が変わった

――そう考えると、その2010年の1年間の謹慎期間というのは、谷口さんにとっても帝京長岡にとってもターニングポイントですか？

谷口　そうですね。その前からところどころには大きな問題があった中で、ああいう謹慎処分になったんですけど、僕が「もういいよ」と投げ出しそうになる時に引き留めてくれる人がいたり、代わりに壁になってくれる人がいたんです。そういう意味ではこっちで知り合った方もそうですし、今までの長いつき合いの中で出会ってきた人に助けられていなかったら、今の自分なんてありえないわけで、人生なんてみんなそうだとは思うんですけど、人に恵まれる才能にはどんどん自信がついてきていますよね（笑）。

――僕が初めて谷口さんにお会いしたのは、小塚選手を擁してベスト8に入った2013年度の選手権の時で、3回戦の試合後のミックスゾーンでお話を伺った時に「面白いことを話す人だな」と思ったんです。

谷口　ああいう場で話す機会もなかったですからね。それまで早々に負けていたので。

――勝ち上がっていくにつれてメディアも増えていくわけで、谷口さんはその状況に対して気持ち良く喋っていたんだろうなって、僕は今から振り返るとそう思うんですけど（笑）。

谷口　そうですね。たぶんあの時の第一声は「人が凄くいるね」って言った気がするんです。当時はタバコを吸っていたから、「まずは一服させて」という感じでしたよ（笑）。いわゆる選手権のテレビに出てくる部分は客観的に知っていましたけど、ヒーローインタビューはあっても、監督がメディアの人に何かを聞かれるとも思っていなかったですし、「ああ、凄いな」という感じでしたね。

――でも、あれだけミックスゾーンで快活に喋っていた人を、いざ学校に伺って練習で見ていたら、

「え？　あの時と全然違うじゃん」ってビックリしたんですす（笑）。ああいう感じで選手に接していると思っていたら、あまりにもギャップがあったので、それが特に印象に残っているんですよね。

谷口　昔は「笑わない」って言われていましたからね。「表情がない」とか「いつも怒っている」とか。

——グラウンドに実際来てみたら、そう言われるのも納得するような感じでしたよ。

谷口　家族といる時ぐらいしか笑わなかったですから。

——それは意識してそうしていたんですか？

谷口　いや、勝ちたかったんですよ。勝ちたいという意識がそうさせていたんだろうなと。良いか悪いかは別にして。若い指導者にはああなってほしくはないですけどね。

——それは今だから思うことですよね。

谷口　そうそう。あんなのはロクなもんじゃないですよ（笑）。

——そう思える今があって良かったですね（笑）。やっぱりあの選手権でベスト8に入ったことで帝京長岡の知名度もかなり上がったと思うんですけど、いろいろな人に知ってもらうという意味でもあの大会は大きかったですか？

谷口　どうなんでしょうね。そもそも初勝利の大会なんですけど、結果的にはあそこでもまた勘違いしているんです。初出場した時も勘違いして、そこからは全然勝てなかったですし、ベスト8の翌年も全国に出ましたけど、そこも学校と揉めて「今年でやめます」となってしまった時ですし、どれぐらい知名度が上がったかは認識できていないですけど、どちらかと言うと谷内田（哲平）たちの時の方が「人の見る目が変わったな」とは思ったかなあ。

今の高校3年生の子たちが中2の時だから、4年前ですか。あそこからウチに来たいと言ってくれる子のレベルが明らかに上がったので、ベスト4の方が知名度という意味ではインパクトがあったのかなと。ベスト8の時はまだ人の目の変化は感じられていないような、〝自己満〟の世界だったのかなという気もしますね。

――初めてのベスト4は確かにインパクトがありました。それが2019年度の選手権ですね。

谷口　ただ、インパクトほどの満足感はなかったですよ。次の年に古沢が指揮を執って成し遂げたベスト4の方が、よっぽど満足感がありました。1回だけならマグレでベスト4にも行けるかもしれないですけど、2回続ければマグレでもかなり確率は低いわけで、「そこそこ力はついてきたんじゃない？」と。その翌年はベスト16でしたけど、福田師王のいた神村学園に勝ったのは悪くなかったですよね。でも、去年の選手権に出られなかったことと、プレミアリーグに上がれなかったことには相当な危機感を持っています。

今いる選手たちは非常にレベルが高いので、彼らを良い選手に育てていかないと、次の選手たちも来てくれなくなる可能性もありますし、そういう意味ではスカウトも含めて、今のスタッフはみんなが寝る間を惜しんで、必死になってやってい るので、「みんながこれぐらいになってくれたらオレはいらないな」って(笑)。

ちゃんと危機感を持ってやってくれていて、むしろ僕が「そんなピリピリしなくても」ってなだめるぐらいですから。だからウチにちゃんと携わってくれている人間たちは、ちゃんと帝京長岡のことも、選手のことも考えてくれているので、遅かれ早かれ望んだ結果はついてくるとは思っています。

若い人たちに伝えたいのは「吹けるだけ吹け」

――もともと帝京長岡に来た時は、日本一を漠然と捉えていたと思うんですね。でも、実際に選手権でベスト4まで勝ち上がって、あと2つ勝てば手が届くところまで実際に行った今だから感じる日本一と、25年ぐらい前に口にしていた日本一で

は、全然意味合いが違いますよね？

谷口　あの頃によくそんなことを言えていたなと思いますよ（笑）。

――やっぱり（笑）。

谷口　どの口が言っていたんだという話ですよ（笑）。でも、有言実行なのか不言実行なのかはそれぞれのタイプですよね。目標を掲げて追いかけるタイプの人と、目の前のことを1つ1つクリアして、黙々と先を見据えている人とでは、もちろん性格もありますし、タイプもあると思うので、どっちが正解ということはないと思うんですけど、僕みたいなタイプはこうだと決めてしまわないと、寄り道してしまったり、そもそも道を逸れて行ってしまったりするので、ちゃんと自分で道を作っていかないと危なっかしいんですよ。

それでも、「よく日本一なんて言えたな」というのは良い意味でも思います。今もし若い人たちに偉そうなことを伝えるなら、「吹けるだけ吹け」とは言いたいですね。たとえば「総理大臣になる」と宣言して、そこからそれに見合う何かが出てくれれば、総理大臣にはなれなくても、市議会議員ぐらいにはなれるかもしれないですし（笑）、それは総理大臣のような日本国民全員のためになるような仕事ではなくても、自分の大事にしたい人に対して役に立てる仕事に就ければいいわけなので。

今のウチがやっていることというのは、それに対して本当に期待してくれている人もいますし、地元の人に応援してもらえるようになっているわけです。それこそここに来たばかりの頃は、「いつまでナイター点けているんだ」「何時までボール蹴ってるんだ」と怒られていたようなところから、そういう方も応援してくださるようになっているので、そんな方々が育てた子が親になり、今度は孫ができて、その子たちが当たり前のようにサッカーをしてくれる環境が少しずつできてきた中で、やっぱりプロサッカー選手を育てることもそうですし、それはフットサル選手でもいいと思うんですけど、そういう夢を叶える場所になっていくためにも、もちろん勝ったり負けたりはある中で、やっぱり「ああ、帝京長岡っていいところだな」と思ってもらえるようになっていきたいですよね。そのためには人材だと思います。選手ももちろんそうですけど、指導者も、経営陣も、本当に心ある人が集まってくれれば、自ずとそうなっていくのかなと。

――最初は帝京長岡を強くすることが軸で、それはここに来た時もそうですし、長岡ＪＹを作った時もそうだったと。それは今ももちろんそうだと思うんですけど、谷口さんはアスレティック・ビルバオの話をよくされるじゃないですか。先ほどは「長岡をサッカーの街に」というのは方便だったとおっしゃっていましたけど、もう今はこの街の人たちも帝京長岡と長岡ＪＹを中心にして、長岡がサッカーの街になっていくことに手を貸そうという人も増えていると思うんですね。そうなると、もうそれは無視できない流れで、帝京長岡のことだけにとどまらないところまで来ていると思うんですけど、そういう現状に関してはどういうふうに捉えてらっしゃるんですか？

谷口　そこも西田の存在が大きいんです。僕個人は極論を言えば、勝つためだったら何でもありだと思っているんですね。それこそ外から選手を獲ってこようが、ＪＹから選手が育ってこようが、高校3年間で勝ってくれれば、もちろん燃え尽きてもらっては困るんですけど、勝つことで次につながると思っているわけですよ。

でも、西田はそもそもサッカーに対してそういう捉え方をしていないと。帝京長岡もアリだけど、それだけがサッカーじゃないという考え方もありますし、凄くサッカーに関しては広い視野で見ているんです。そこに芯があることで、そこに共感してくれる人が増えていくわけで、やっぱりそうあるべきだなと思わされましたし、自分の考えが180度変わったわけではないんですけど、周囲から応援されてこそというのはありますし、逆境をプラスに変えることによって、人生のパワーは倍になっていくことも知りました。
西田がいたことで学ばせてもらったことは凄く大きいので、今はアイツが白馬に行ったこと（※西田氏は2023年から白馬村で活動するアラグランデFCのアカデミースタッフに就任）で、ずっと傍にいて、毎日会えていたからこそつながらなかった部分が、距離を取ったことで逆につながっているところもあるんですよ。だからこそ、「改めて勝負しないとダメだな」と思いましたし、それは僕らが現場に立つことだけではなくて、若いヤツらをいつでも手助けすることもそうで、僕も本当に好きなようにやらせてもらったからこそ今があるんだから、〝目の上のたんこぶ〟を気にして、こっちをチラチラ見ながら采配を振るうんじゃなくて、失敗を怖がらずに自分の信じた道を思い切ってやれよと。それを支えてあげたいと思いますし、そのためにはやっぱり西田が必要なんです。だから、話を戻すと彼だけの考えでも、僕だけの考えでもなく、お互いが〝ないとこねだり〟をして、お互いを認め合って、ここまで来られたのかなと。極端に言うと、本当に真逆みたいな人間同士なのかもしれないですけど、だからこそ相手が自分にないものを持っているという感覚は常にあるので、かなり助けられていますよね。

――まあ奥様も寮母に引き込んでしまっていますから、谷口さんももうやめるわけにはいかないですよね（笑）。

谷口　ここをやめるという選択肢はなくなりました。ここを一生眺めていたいなと。ただ、今のウチの若いスタッフにも、早く自分の〝片腕〟を作ってほしいですね。今はもう1人でいろいろできる時代ではないので、自分が本当に信頼できるヤツを見つけてこないとダメですし、あるいは作っていかないとダメかなと。人によっては連れてくるのが上手いヤツもいれば、育てるのが上手いヤツもいると思いますけど、やっぱり今の世の中は1人で全部やれる仕事はなかなかないですよね。

真逆みたいな人間同士
なのかもしれないですけど、
相手が自分にないものを持っている
という感覚は常にある。

たとえばサッカー以外の分野から連れてくることがいいのかもしれないですし、まったくの第三者を連れてくることも含めて、何が良いのかは正直わからないですけど、僕も1人では絶対どうにもならなかったわけで、それこそ外から見れば僕ぐらいの年齢が一番脂が乗っていて、良い頃なんじゃないと思われるかもしれないですけど、早く次に渡してあげないと、その次にも渡っていかないですし、どこかで誰かが長くやるのも悪くないとは思いながらも、今の時代は10年ぐらいのサイクルで次の世代へバトンを渡していった方が、組織の〝デコボコ〟が低くなる気がするんですよね。だから、もしウチが日本一を獲った時には、そこから次の人間にもっと早いサイクルでバトンを回していけるようなイメージはあります。

理想形としては「帝京長岡から声が掛かったんだから行かない手はないでしょ」と中学生に思ってもらえるようなチームにはなりたいです。もちろん強いのは当たり前ですけど、ちゃんと育ててもらえるとか、次のステージでも飛躍する選手が多いとか、ここがそういう場所になるためには、厳しい指導者もいて、温かい指導者もいて、客観的な目を持ってくれる指導者もいる中で、衣食住全部を含めて、「この土地に来て良かったな」と言ってもらえる場所を作りたいなとは思っていますけどね。まあそうなるのは僕が死んだあとでいいんです（笑）。

谷口哲朗

1973年、大阪府生まれ。帝京高校では第70回全国高校サッカー選手権大会の優勝を経験。大阪体育大学卒業後に帝京長岡高校に赴任。サッカー部のコーチとして指導を始め、00年から監督に就任した。同年の第79回全国高校サッカー選手権大会に初出場。01年に中高一貫指導を目的とした『長岡JYFC』を帝京高校時代の同期の西田勝彦とともに創設。16年から総監督に就任した。19年度の第98回高校サッカー選手権大会で新潟県勢初のベスト4に進出、翌年も2年連続ベスト4に輝いた。教え子に酒井宣福(名古屋グランパス)、小塚和季(水原三星ブルーウィングス)、谷内田哲平(京都サンガF.C.)などプロに輩出した選手は多数。

流通経済大学付属柏高校
榎本雅大 監督
MASAHIRO ENOMOTO

本質を染みつかせる

INTRODUCTION

☆

とにかく話が面白い。中でも秀逸なのは会話の〝再現力〟だ。自分のパートはもちろん、相手のパートも思わず聞き入ってしまうほど巧みに表現してくれる。そんな流通経済大学付属柏高校の指揮官、榎本雅大監督の周りにはいつも笑顔があふれている印象がある。

だが、〝再現力〟が高いということは、それだけ人をよく見ているということだ。もしかすると、それはなかなか自分の思うような軌跡を描いてくれなかった、中学時代や高校時代のキャリアの中で、自身が生き抜いていくために身につけた〝観察力〟の賜物なのかもしれない。高校時代の恩師でもあり、コーチとしても20年近い時間をともにしてきた名将・本田裕一郎前監督のあとを継ぐプレッシャーの中で、新しい「流経のサッカー」を模索する苦しさや迷いを過不足なく話してくれた部分と、爆笑エピソードとの落差が、この人の人間的な魅力をより表しているようにも思う。いろいろなものを「見ている人」の心の内を、少しだけ覗いてみよう。

350人中5人の倍率を潜り抜けて読売クラブに合格

――まずはサッカーを始めたきっかけから教えてください。

榎本　もともと生まれは山形なんですけど、ちょうど小学校に入る頃に横浜へ引っ越したら、自分は野球しか知らなかったのに、近所の子どもたちがみんなサッカーをやっていたんです。最初は友達もいないので、仲間に入れてもらうためにサッカーを始めた感じです。そこで地元のクラブに入りました。

――そうすると野球少年だった感じですか？

榎本　父が野球しか知らない人でしたからね。サッカーをやりたいと言った時に、「他にもスポーツはたくさんあるけどいいのか？」と。でも、そのあとでソフトボールをやりたいと言ったら、「ダメだ。1つのことを極めろ」と言われました。ただ、父もサッカーってどういうものなのかを自分でも知りたかったようですし、僕にも見せたかったみたいで、初めて一緒に見に行ったサッカーがお正月に三ツ沢でやっていた高校選手権だったんです。その時に応援団も見ながら、「この雰囲気カッコいいな」と思ったことで、そこから「僕もこういうところに立ちたいな」と思ったんですよね。

――また三ツ沢という会場がいいですね。サッカー専用スタジアムですし。

榎本　当時の三ツ沢は陸上競技場との2会場展開だったんですけど、毎年見に行きましたね。行きたい学校は毎年優勝したチームになっていました(笑)。僕は結果的に習志野へ通うんですけど、習志野対静岡学園の試合を見に行った時に、「習志野カッコいいな」と思ったんですよね。でも、当時は横浜に住んでいたので「神奈川の高校に行くんだろうな」とはなんとなく感じていました。

――小学校の時のチームは少年団ですか？

榎本　4年生までは地元のチームで、そこからゼブラという古河電工の下部組織のチームに入りました。ちょうど相鉄線の沿線に、天然芝2面と土1面のグラウンドがあったんですよ。そこに通っていたんですけど、当時もジュニアユースがあったので、そういうチームでプレーするのが王道かなと思って通っていたら、僕が6年生の時に古河電工がジェフユナイテッドになって市原に移転したので、ジュニアユースのチームがなくなってしまったんです。それで「どこでやろうかな？」と思っていた時に、チームメイトがみんな受けに行った読売クラブのジュニアユースのセレクションについていったら、僕だけ受かってしまったんです。

――当時の読売のジュニアユースなんて、今以上に相当倍率も高いでしょうからね。

榎本　ゼブラには僕も含めて5人ぐらい横浜選抜の選手がいて、その選抜では横浜深園SCの中村俊輔とも1回か2回ぐらい一緒に活動したんです。俊輔のキックはやっぱり上手かったですよ。小さかったですけどね。その頃は僕も小さかったんですけど、チームの選抜に呼ばれている選手の中でも上手い方ではないと思っていたので、受かったのにはビックリしました。

――ちなみにポジションはどこだったんですか？

榎本　フォワードから始まって、ジュニアユースに入る時はサイドハーフだったと思います。基本的にスピードがあったので、そこが売りのタイプでしたね。ワンツーで抜けていくのも得意でしたけど、ガチャガチャはしていたと思います（笑）。

――前目のポジションで読売のセレクションに受かるのも凄いことですね。

榎本　そのセレクションは朝の9時ぐらいに始まったんですけど、3次試験まであって、1次、2次とどんどん落ちていくわけですよ。1次で一緒に行ったヤツらも半分ぐらい落ちて、3次試験まで一緒に通ったヤツが1人だけいたんですけど、結局僕しか受からなかったんです。350人ぐらいがセレクションに来て、受かったのは5人でした。

――え？　350分の5ですか。それって凄くないですか？

榎本　凄いよね（笑）。最後の3次試験は周りもみんな大きいし、「ああ、これは無理だろうな。世の中にはこんな上手いヤツがいるんだな」と思っていたんです。手応えなんてなかったですよ。今結構体格の違いで吹っ飛ばされていましたし。今はウチにいる千野（徹）さんという、僕の高校時代の恩師はもともと読売にいたんですけど、その人は「当時の読売はパスのセンスとかボールの持ち方を見ていたから、あまりサイズは関係ないと思うよ。それが良かったんじゃない？」と話していましたね。

――じゃあ、センスがあったってことですね（笑）。

榎本　そういうことかな（笑）。いや、受かったのにはビックリしました。ウチの父は長嶋茂雄が大好きなので、ジャイアンツのファンだったんです。それで家に帰って「読売に受かった」と父に言ったら、「え？　読売？　ジャイアンツじゃん。それは行ってこい」と（笑）。僕は家から近いので「マリノスとかフリューゲルスにもチャレンジしたいんだけど……」って言ったんですけど、「いや、読売はスポーツ界のエリートが進む道なんだ。野球だってジャイアンツになんて入れないだろ。行くしかない」と（笑）。だから、読売に行ったのもあまり自分の意思ではなかった気もしますね。

読売に在籍しながらも高校サッカーが気になる

――そもそもセレクションを受けた時に、読売クラブのジュニアユースが凄いチームだという認識はあったんですか？

榎本　強いんだろうなとは思っていました。でも、周りの子たちの情熱ほどのものは自分になかったです。「家から遠いな」って。だって、片道で2

時間ぐらい掛かったんじゃないですかね。中学校から家までダッシュでも15分ぐらい掛かるんです。隠れて自転車に乗って家に帰って（笑）、すぐ荷物を置いて出て、それでも5時半スタートの練習に間に合わなかったですからね。

――中学生にしてはちょっとハードですね。

榎本　キツかったですよ。家に帰ってくるのが11時半ぐらいでしょ。そこから夕飯を食べて、12時くらいに寝て。よく3年間続きましたよね。

――榎本さんが読売のジュニアユースに入った頃には、それこそカズ（三浦知良）さんやラモス（瑠偉）さんに、武田（修宏）さんもトップチームで活躍していた頃で、かなり人気もあったと思うんですけど、そこに対する憧れはあったんですか？

榎本　もうゼブラに入った時点で、お父さんが古河電工の選手として試合に出ているチームメイトもいたので、仲の良い子と二ツ沢に試合を見に行ったりしていたんです。「アレ、誰々の父ちゃんだぞ」みたいいな。だから、当時は読売や日産が強いのは知っていましたよ。

でも、読売に入ったからトップチームでやりたいとは思わなかったです。結局は高校選手権がゴールだったので。とにかく観客も高校サッカーの方が入っていましたし、そっちがカッコいいと思っていたので、中学3年の面談の時に『オマエ、ユースに上がるだろ？』と言われて、『いや、僕は高校サッカーをやりたいんですけど』と返したら、凄く怒られましたね。『じゃあ何のために来たの？』『いや、上手くなりたかったんで……』『それだけ？』って。

――周囲のチームメイトは、みんなユースへ上がるのが既定路線みたいな感じだったんですか？

榎本　どうかなあ。ユースで試合に絡みそうなヤツでも、1人か2人ぐらいは高校に行きたいというヤツがいたと思います。でも、当時のユースは今以上に存在自体を知られていなかったわけで、逆に僕からすれば「何でこの人たち、高校サッカーに行かないんだろうな？」って。財前（宣之）くんとか佐伯（直哉）くんとか小針（清允）くんとか、選手権に出ていたら大フィーバーになっていたはずですから。あの代のユースSは全少でも優勝していたので、スターばっかりですよ。

だから、最初に読売に入った時はみんな高校サッカーに行くものだと思っていました。そもそも僕はユース自体を知らなかったんです。ジュニアユースに入ってみて、「ああ、高校生のチームもあるんだ」って。当時は結構な人数がユースに上がれていたと思うんですよ。基本は外から獲っていなかったので。

財前宣之は雲の上の存在。「ちわっ！」と挨拶するのがやっと

――榎本さんが読売のジュニアユースに入った時の、最初に感じたレベルみたいなものはどうだったんですか？

榎本　僕はほとんど1年生チームでやっていたので、財前くんとかあのレベルの人と一緒にやったことはほとんどないですよね。ウチの代からは羽山（拓巳）って筑波からヴェルディに行ったヤツと、瀬沼（正和）ってユースからそのままトップに行った2人しか、Aチームには上がらなかったんじゃないかなあ。結構学年で動いていたので、読売とは言っても飛び級で上がっていないと、あまり上の人とは絡みがないんですよ。

2年になるとその学年がBチームみたいな感じになって、3年になると基本的にはAチームになって、試合に出られない3年生はBチームに入るような感じで、僕は全然飛び級していくようなレベルではなかったです。でも、周りの同じ学年のヤツもメチャメチャ上手かったですから。「これはヤバいな」って。都選抜が7人ぐらいいて、ユースSから上がってきたヤツがいて……。

――ジュニアのチームを〝ユースS〟って呼ぶの、いいですよね。読売独特の言い方で（笑）。

榎本　みんな上手かったです。1個下だと南（雄

太）はたまにフットサルもやっていましたよ。あとはフットサルの木暮（賢一郎）でしょ。2年ぐらい前に夢フィールドで試合をしていた時に、パッと横の体育館を見たら木暮がいて、「おお！」って。1個下も上手かったですよ。クッシー（久島寿樹）とか（田中）洋明とかいて。

でも、途中で来なくなるヤツもいっぱいいました。2年ぐらいになると、地元の友達と遊ぶのが楽しくなってくる感じで。自分は3年になって、やっとAチームで出れるか出れないか、ぐらいでした。2年までは上のチームに上がれなくて、3年になってサイドバックやボランチで途中から出るような感じでしたね。中心選手ではなかったので、どっちかと言うと脇を固めるような選手でした。

――そうすると財前さんはもう雲の上の人ですか。

榎本　もう雲の上でしょ。だって、U-17ワールドカップの応援に全員で国立に行った時に、財前くんが出ていたので「あの人、やっぱりハンパねえな」って。あとは「この大会、キックインなの？」って（笑）。たまに練習時間が重なって、一緒によみうりランド前の駅からランドまで行くことがありましたけど、もう怖かったですから。「ちわっ！」で終わりです（笑）。

見様見真似でだんだんと読売らしさに「慣れる」

――読売のジュニアユースってあまりそういう上下関係はないのかなと思っていました。

榎本　みんなギラギラしてますから。変な言い方をすると〝かぶれてる〟から、パスがなかなか来ないとか、たとえば股を抜いたら削られるとか、そういうこともありましたし、練習もボール回しとゲームしかしないので、そこにコーチが入って、たまにトップの選手も入ってくれたりしていましたね。だから、サッカーを「習った」という感じはないです。「慣れた」という感じですよ。とりあえず周りが上手かったので、そこについていかなきゃという感じでした。

かと言って、がむしゃらにやるだけじゃ認められないんですよ。それも読売らしさだと思うんですけど、守備だったら相手を削るぐらいの勢いで行きながら、攻撃の時は「今の上手っ！」とか「今のタッチ柔らかいな」とか、力が抜けていないといけないよ。「何だよ、オマエ」みたいになる感じはありましたよ。それは周りのチームと違うところだったと思います。「あのボールタッチ硬くね？」「スルーパス出せないじゃん」「アイツわかってなくね？」とか……。

——ああ、読売の人たちが言いそうですね（笑）。

榎本　そういう会話が飛び交っていましたよね。やっぱり下手というレッテルを貼られた時が一番キツいんですよ。それまでそんなことは言われたことがないわけで、ある程度どこでもやれてきた中で、最初の方で「マジで下手じゃん」とか言われた時に、僕は「確かに。マジで上手いな、コイツら」とは思ったかな（笑）。でも、だんだん見様見真似でやっていると、そういうプレーも身についていくんです。だから、ちょっとセンスがありそうな選手が集められていたんだと思うんですけど、だんだんみんな上手くなっていくんですよ。

——それは面白いですねえ。

榎本　「こっちの足にちょうだい。今のタイミングわかる？」とか言われると、「ゴメン……」って（笑）。でも、そっちの足に入れることにこだわるようになりますし、そのための蹴り方も覚えていくんですよね。

——そう考えると読売のサッカーは榎本さんのおっしゃっていた「慣れる」ということなんですね。

榎本　読売はそうだと思います。みんな「読売のサッカーに慣れるんだ」と言っていました。今でも読売出身の指導者の方は結構いると思うんですけど、そういう方の練習を見に行くと、凄く細かかったりするんですよ。「そっちの足じゃだめだ」「わかってねえな」って（笑）。

上手い選手はサッカーが〝染みついている〟

――やっぱり今でも「わかってねえな」って言っているんですね（笑）。

榎本　千野さんも「こういうふうにやればいいいんだよ」ということを説いてくれたんです。細かい練習が多かったですよね。スローインをもらうのも、「足元だとインターセプトされた時に距離が出てしまうけど、胸に投げればインターセプトされてもボールが飛ばないだろ」と。当時の習志野にもそういうヤツらが集まっていたので、そういうことも凄く上手いんですよ。ペナルティエリアの中に入って、ヒザぐらいの高さのボールを浮き球で出すとか。読売はそういうことを平気でやるんです。相手のディフェンスが「めんどくせえな」と思うようなパスを。そういうことをやると「オマエ、わかってるね」と言われるわけです。

読売で一番覚えているのは、僕らの練習にラモスさんが入ってきた時です。トップの練習が終わって、僕らがミニゲームをしていたらラモスさんが入ってきたんですけど、ビブスを首からぶら下げながら、ガンガンスライディングするんです。それでラモスさんが入ったチームが負けたらメチャメチャキレて、ビブスを投げつけて帰っていきましたから。僕らからしても「さすがに大人げなくね？」って（笑）。

――それぐらい本気ということですよね（笑）。

榎本　そうなんです。サテライトの人たちは結構一緒にやってくれていたので、その中にアモローゾもいましたよ。基本はみんなサッカー小僧なので、阿部（良則）くんも超上手かったです。山口（貴之）くんもいて、「ちょっと入って」とか言われて、ボール回しに入れてもらったり。そこはまさに「慣れろ」ということなんです。

どうやって戦えば勝てるかを
自分で考えるクセがついているんです。
こういう子たちしか上ではできないんですよ。

だから、今も選手にそういうことを要求しちゃいますよね。それで「今のどうしたら良かったですか?」ってベンチの方を見ちゃったら終わりだよって。「楽しいのはそこじゃん」って。やっぱり良い選手はプレッシャーを感じないんです。自分の周囲との距離感を把握しているような感覚ですよね。だから、ここに来てからも青木亮太は本当に〝わかってる〟から、「ここにボールを置いたら、絶対に飛び込んでこないでしょ」という感じですよ。そうすると、こっちも「ああ。それっぽいわ」と。

そういう意味ではプリンスリーグでヴェルディユースにいた中島翔哉や小林祐希とやった時に、やっぱりサッカーは組み立てられてはいないんだけど、上手いんです。要は上手いヤツが11人いればボールは取られないと。ポジションがどうとか、動き方がどうとか、仕組みがどうとか、関係ないと。みんな〝わかってる〟から、マークは外すし、ダイレクトでパスをつけるし。

この前に選手にも言ったんですけど、たとえばどういう選手たちが日本代表のユニフォームを着ているかと言ったら、ある程度高校時代で「もう教えることはないから、やってください」みたいになっていた選手たちだと。それは大久保（嘉人）とか三浦淳寛さんとかで、ああいう人たちも責任は負わされるんですよ。ある程度のことは目をつぶってるんだから、そのかわり勝てよと。

そういう子たちは、どうやって戦えば勝てるかを自分で考えるクセがついているんです。こういう子たちしか上ではできないんですよ。久保建英も堂安（律）も三笘（薫）もそうです。そういう個のある選手が出てきているわけで、自分たちもそういう子たちを育てなきゃいけないと。

これは千野さんに習ったんですけど、「どういう選手が上手いというんですかね?」と聞いたら、やっぱり最後は「サッカーが染みついているか」なんですよ。サッカーの本質とはこういうものだと、「こうやったら相手は嫌なんじゃないか」「こうやったら点が取れるんじゃないか」「こうやったらゴールが守れるんじゃないか」ということが染みついているんです。

そういう環境や土壌を作っていくことが大事なんじゃないかなと僕も思います。確かに上手い選手には教えられないですよ。でも、責任は負わされると。「オマエのせいで負けた」とか「オマエが点を入れとけば」とか。そうしたら「こうやったら勝てるかな」とか一生懸命考えるわけじゃないですか。僕の指導の礎はそこにありますよね。まさにそういう選手たちを育てないといけないと思っています。

僕がいた国士舘大も習志野も読売もある意味では自由でした。国士も基本的には「ボールを取られたら取り返す」「相手よりも多く、速く走る」というコンセプトはありますけど、他は自由なんです。習志野も相手をいなすような感じでやっていたので、それは自由の中にあるもので、「誰かに答えを聞こう」なんて発想はないんです。

ヨーロッパで共有されるもの。〝上手いヤツには教えられない〟

――つまりはベンチの様子を窺うような選手はいないわけですね。

榎本　いないですよね。結局良い選手の定義って、サッカーを簡単にしてくれる選手なんですよ。メッシやクリスティアーノ・ロナウドが何で良い選手なのかと言ったら、ボールを渡せばゴールを取るからですよね。そういうことを上手いって言うんですよ。動き方がどうとかは、その時のそのチームの中に入ってみないとわからないんです。足の速いヤツと、足元に収めるヤツでは、動き方もボールのもらい方も全然違うじゃないですか。ただ、共通しているのは「めんどくせえな」と相手に思わせることで、「この駆け引き、何なの？」というヤツで、そういう選手を〝わかってる〟と言うのなら、本当に上手いヤツはサッカーなんて教わっていないんです。

僕がイタリアに行った時に面白いなと思ったのは、ヨーロッパの中では「コイツを見つけてきた」なんて言葉は使わないと。「コイツを育てた」って言うんだと。それがどういうことかと言ったら、「上手いヤツになんか教えられないでしょ」と。だから、「コイツが良くなるんじゃないか」と見つけてきた人が、一番お金を取ると。だから代理人業が発達しているんだと。「私は誰々を育てました」なんて絶対に言わないんだと聞いたんです。だから、本田（裕一郎）先生もそんなに教えるタイプではない……、いや、教えてたな（笑）。

それこそ試合での出足が良くなかったと。それは朝練で「エノ。今週は出足が良くなかったな」「そうですね。練習しますか?」「大丈夫だ。もう練習は考えてきたから」「わかりました」と。ボールをセンターバックから回してきた時に、サイドハーフの選手はみんな〝クラウチングスタート〟の格好をしていて、ボールが入ってきたら「GO！遅いんだよ！」って本田先生が言うんだけど、〝クラウチングスタート〟の格好をしていたら後ろは見えないでしょ（笑）。先生はボールを見て、入ったタイミングで「走れ！」って言うんだけど、見えないから適当に走り出したら「おお、いいね。出足が良くなるな」って。こっちは「これで出足良くなるかなあ」と（笑）。

あとは、「今のサッカーは〝5秒〟で攻めるんだ」と。「だから、オレが太鼓叩くからな」とドーン、ドーンと本田先生が5秒間太鼓を叩いている間に、攻め切れという練習があったんですけど、時間がないからもう直線的に行くしかないわけですよ（笑）。そのうちに疲れてきたら、ケガ人の選手に太鼓を叩かせるんですけど、たぶんその音のリズムが心地良くなっちゃうんでしょうね。気づいたら本田先生が寝てるんですよ（笑）。選手も「コレ、いつまでやるんだよ……」って。

――ああ、眠気を誘うドーン、ドーンなわけですね（笑）。

榎本　それで本田先生が起きた時に、「エノ、どうだ?」と言われて、もう選手もヘトヘトなので「はい。かなり染みついてます」と。「よし、紅白戦だ」という流れになって、紅白戦が始まるんですけど、そこでもケガ人の選手が同じテンポでずっと太鼓を叩いているから、もうどこからの〝5秒〟なのかわからないんですよ（笑）。始まりがわからないんだから。選手も「今のってどこからの〝5秒〟なの?」って（笑）。それを〝教え〟というのかどうかはわからないです。表現するなら〝ノリ〟なんですかね。

トレシューを推奨するのはボールをつかむ感覚が身につくから

――聞く分にはかなり面白いですけどね（笑）。読売出身の人たちは皆さんが〝ランド〟が象徴だとおっしゃいますけど、あそこで3年間を過ごしたことは、今の榎本さんにとっても相当大きな時間だったという印象ですか?

榎本　大きいですよね。いわばブラジルと同じ環境ですよ。ストリートサッカーの延長線上で。当時のランドの人工芝は堅かったので、みんな〝トレシュー〟でやっていて、土のグラウンドの時だけスパイクを履くんです。でも、土の時もトレシューでやることが多いんですよ。僕は今、第五中足骨が折れないようにトレシューを推奨しているんですけど、あれって足の裏を凄く使うんですよね。そうするとボールを〝つかむ〟繊細な感じがわかるようになるんです。そういう指が動く感覚は凄く大事なんじゃないのかなと思いますし、スパイクは固いからそういう感覚にはならないのかなって。読売の時はみんなトレシューだったので、足の裏でボールを動かす感じが入ってくるんです。

ランドには「サッカーってこうなんだな」というものがいつもありましたよね。ベレーザがやっていたり、ジュニオールがやっていたり、ユースがやっていて、順番を待ちながらそれを見ているわけじゃないですか。「ああ、上手いなあ」「アレをオレもやってみようかな」と思えるような環境ではあったと思います。

――榎本さんが中3の時にJリーグが華々しく開幕したわけですけど、その影響はジュニアユースにもありましたか？

榎本　ありましたよ。今までは普通に目の前を通っていくラモスさんを見ていたのに、急に「やっぱりサイン欲しいな」って（笑）。あとは「サインもらってきて」もありましたね。「本当にヴェルディに行ってるの？」みたいに言われるわけじゃないですか。それでサインを持って行ったら「おお！　スゲー！」ってなるんですよ。それこそマリノスとの開幕戦も僕らは見に行けたんですけど、やっぱり凄かったですよね。あのフィーバーぶりには僕らもついていけなかったです。でも、「このままユースに上がってプロに行こう」とは一瞬も考えなかったなあ。

――やっぱり「三ツ沢の高校選手権」が一番なんですね。

榎本　もう頭の中に入っちゃっているんです。毎年見に行って「いいなあ」って。

――ああ、読売のジュニアユースにいた時も選手権は見に行っているんですね。

榎本　毎年行ってました。そうするとやっぱり神奈川のチームをよく見るわけで、僕の中で当初考えていた進路の選択肢は桐蔭学園、桐光学園、日大藤沢だったんです。この3つのどこかに行ければいいんじゃないかなと。その時に習志野に千野さんがいたので、「読売関係の人がいるから行ってみる？」と言われて、「じゃあ練習参加させてください」と。その時は練習参加だけで帰ったんですけど、もともと習志野にはカッコいいイメージがあったので「やっぱり習志野に行こうかな」と。千野さんみたいな読売の人もいましたし、やりやすいんじゃないかなって。最後は結構急な感じで決めましたね。

――選手権の時の習志野は三ツ沢で見たんです

か？

榎本　いや、秋津だったかなあ。その時には尚志の浩二さん（仲村浩二監督）がいたと思います。僕が習志野にいた時に、浩二さんはちょうど教育実習に来ていましたけど、練習に出たらメッチャ上手かったですよ。

インターハイ日本一のレギュラーメンバーになり損ねる

――最初に習志野に入学した時の周囲のレベルと、最初に接した時の本田先生の印象を教えていただけますか？

榎本　本田先生はとにかく怖かったです。怒られる理由は「下手だから」でしたね。やっぱり習志野には各チームの10番クラスの、上手いと言われる選手が集まっているわけで、下手だと言われることに対する免疫がないんです。そういう難しさもありましたね。そこで千野さんがコアな練習をしてくれるんですけど、みんなそういうのが好きなので、それは面白かったですよ。

だから、習志野の先輩の西脇（徹也）さん、福田（健二）さん、廣山（望）さんも「どうやって千野さん口説いたの？　そんなのアリ？」って。それはちょうど千野さんが勤めていた会社を定年になって、一度飲みに行った時に「千野さん、こういう言い方は失礼だけど、序列からすると千野さんの方が先に死ぬじゃないですか。だから、サッカーってこういうものだということを高校の3年間で聞き切れなかった分、僕はそういう話を千野さんにしてもらいたいんです」と。「ウチにはトップクラスの環境はあるので、選手たちを一緒に見ながら、僕が聞き切れなかったり、聞き忘れていたサッカーの話を聞きたいんです。だから一緒にやりましょう」と言ったら来てくれたんですよね。

千野さんも読売が長かった方なので、教え子に都並（敏史）さんがいたり、戸塚（哲也）さんがいるわけで、凄く良い人に来てもらえましたよね。サッカー観はもちろん、使う言葉の言い回しとか、「上手いなあ」と思いますよ。でも、やっぱり一番の基準はサッカーが染みついているかどうかで、「アイツはどうですか?」と聞いたら、「彼の場合は人生において足りないことはいっぱいありますよ。だけど、彼にはサッカーが染みついているから、結果を出せるんです」って。

今のウチにも1人面白い選手がいて、PKを取るのも上手いし、〝欺く〟のも凄く上手いんですけど、変わったヤツなんです。「オマエ、今のはミスだろ」「ミスじゃないです。コイツがわかってないのが悪いんです」「いやいや、ミスじゃん」「いや、ミスじゃないです」って(笑)。

最近はそういうことに気づけているかもしれないですね。本田先生の時は良い意味で「勝てばOK」だったので、少しサッカーがギスギスしているというか、「勝負を追ったらこうなるんだろうな」と。ただ、読売の良いところって細かいところに凄くこだわっているんですけど、勝ち方にもこだわるところなんです。

――高校2年生の時のインターハイで習志野が日本一になると思うんですけど、この時はチームの中でどういう立ち位置だったんですか?

榎本　ああ、そこにはドラマがありますねえ(笑)。そういう意味では僕は恵まれていないんですよ。インターハイに行く前のテストマッチがあって、秋津でヴェルディとやったんです。その試合で福田さんがケガをしたんですけど、実は僕もついでに競り合いの着地で手首を折っているんです。

――ついでに(笑)。同じ試合でケガしたんですね。

榎本　そうなんです。でも、かたやチームのエースで、かたやどうでもいいとは言わないですけど(笑)、福田さんはそれこそ救急車で運ばれたのに、僕はその日はトレーナーに診てもらっただけで、次の日に病院に行ったら骨折していて、ギプスを巻いて帰ってきたら、「手首折れてました」「オマエ、それで大会出れるのか?」「いや、出れないと思います」「だから、普通はそんなの巻かないんだよ。気持ちがあるんだったら」と。「いや、オレが巻いたんじゃないんだけどな……」と思いながら（笑）。それで結局他の部員は全員鳥取までインターハイの応援に行ったんですけど、2年生でも1人ケガしてメンバーに入れなかったヤツがいて、「2人で留守番してろ」と。

――凄い話ですけど、そもそもヴェルディ戦はスタメンで出ていたんですか？

榎本　サイドバックでスタメンでした。僕の代わりにメンバーに入ったヤツは、インターハイにもスタメンで出ていますから。

――ああ、日本一のレギュラーメンバーになりそこねたんですね。

榎本　それこそ2年の選手権も、予選の前のメンバー発表直前に順大との練習試合があったんです。そこでPK戦までやったんですけど、僕は3番目に指名されたんですね。「PKは苦手なんだけどな」と思いながら、その時は蹴ったんです。それって絶対にメンバーに入っているはずじゃないですか。だって、PK戦の3番目で蹴ってるんだから。

　でも、次の日のメンバー発表の時に自分の名前が呼ばれなかったんです。さすがに周りも「え？エノは？」みたいな感じになっていて、本田先生に「あの、僕、呼ばれてないんですけど……」って言ったら、「エノ、悪いな。もともとエントリーしていた25人から、3人だけ変更できるんだ。そこには福田と別のヤツを入れたいから、オマエは入れられないわ」と。

　僕は夏に骨折していて、そもそも25人の中には入っていなかったので、そういうことになってしまったと。「いや、昨日PK蹴ったんだけどなぁ……」って（笑）。「大丈夫だ。今年は強いから全国行けるから。そうしたらオマエをいの一番に入れるから」と。それが高校の時は一番ショックだったなあ。

ピッチで倒れているのに誰も助けてくれない事件

――そもそも選手権に出るために高校サッカーを選んでいるわけですからね。

榎本　インターハイで日本一ですからね。絶対に選手権も優勝できると。そんなのばっかりだったなあ。それこそ3年のインターハイは全国に出たんですけど、僕は初戦のハーフタイムで交代しているんです。

――それは資料を見て、気になっていました。何で前半だけで交代したんですか？

榎本　試合中にゴール前の競り合いで尾てい骨を打って、そのままハーフタイムになったんです。みんなベンチに戻っていくんですけど、もう痛くて動けなくて、ゴールエリアの角ぐらいのところに1人だけ倒れていたんですよ。それなのに誰も助けに来てくれないまま、「もう後半が始まるから、ピッチを出てください」みたいな雰囲気になって、何とかサブのヤツの肩を借りてベンチに戻って、交代です。

次の日は広島皆実との試合だったんですけど、本田先生に「オマエ、どうだ？」と言われて、「ちょっと厳しいです……」と。もう動けないんですよ。〝落下〟してるんだから（笑）。その試合は正キーパーもケガしていて、サブのキーパーが出ていたんですけど、前半で4失点するんです。その頃の僕は一応キャプテンっぽいことをやっていたので、千野さんの横に座っていたんですけど、本田先生に「おい、アップしてこい！」と。「はい！」とは言ったものの、全然走れないんですよ（笑）。トレーナーの人には「絶対出れないです」って。その状態で出たら本当にヤバいです。この試合でハットトリックした皆実の宮地（宏）とは国士で一緒になって、大親友になるんですけどね。

――そういう経緯だったんですね。初戦のハーフタイムで交代して、2試合目に出ていなかったので、ケガかなとは思っていたんですけど、そんな事実が隠されていたとは（笑）。

榎本　「いや、誰か気づけよ。オレ倒れてるよ」って。習志野にはそういう物語がいっぱいあるんです（笑）。

――あとは先ほど「キャプテンっぽいことをしていた」とおっしゃったということは、キャプテンではなかったけど、ということですね。

榎本　基本的に「キャプテンはオマエだ」と指名されるのは僕じゃないんです。でも、そのキャプテンがダメだと思ったら、すぐに交代するんですよ。その交代の間に「今はオマエがやっとけ」と言われる立ち位置ですよね。それが何回も続くと、「いや、もうオレでよくないか?」って（笑）。だから、インターハイの時も初戦と2回戦はキャプテンが違ったはずですよ。何かがあるとキャプテンの責任になって、そのポストが空くと「オマエ、やっとけ」と。

――それはもう実質のキャプテンということですよね。

榎本　そういう立ち位置ではあったと思います。そう言えば習志野の2つ下は吉野（智行）と玉田（圭司）、菅野（拓真）の3人がだいたい上のチームに入っていて、フジ（藤島崇之・昌平高校前監督）は僕らが3年の時にAチームに入るか入らないかぐらいでしたけど、同じ横浜から来ていたので仲は良かったですね。とにかくその3人はスーパーでしたよ。

――吉野さんと菅野さんは1年で国体の千葉県選抜に入っていますからね。

榎本　僕も国体は終盤まで選ばれていたんですけど、最後の方で骨折して行けなくなったんですよね。でも、国士舘大に入る時に選抜歴みたいなものがあった方がいいということで、当時の国体に関わっていた人が一筆書いてくれたんです。「ケガのために選考されませんでした」と。それも自分が国士舘大に行きたかったのかなあと（笑）。

――本田先生も順大ですよね。順天堂大にも行きたかったんですけどね。

榎本　僕は強いところに行きたかったので、それこそサッカーダイジェストを読んでいたら国士と順大のことが書いてあって、「本田先生、国士か順大に行きたいんですけど……」「オマエ成績は？」「評定で4・4です」「結構あるな。わかった。待ってろ」と言われて、次の日に「エノ、国士が欲しいって言ってるぞ」「順大はダメですか？」「オマエは後輩にふさわしくない」「わかりました。国士でお願いします」って（笑）。それで決まったんです。

高校最後の選手権も準々決勝で敗れて終了

――最後の選手権は準々決勝で東海大浦安に負けていますね。

榎本　僕は後半から出ました。ウチらの代の東海大浦安は強かったんですけど、主力だった吉野と藪崎（真哉）の2人も温存みたいな感じで、前半は0－0で終わって、「やっぱり結構強いな」と話していたんですけど、1点取られて出ることになったんです。「エノ！　トモ（吉野）！　早くしろ！」と。

でも、僕は出る時にポジションを言われなかったんです。「あれ？　どこをやるんだ？」と（笑）。吉野は真ん中って決まっているんですけど、僕は中盤の真ん中もできるし、サイドバックも、サイドハーフもやっていたんです。「バランス的にどこだ？　右サイドか？」と。それで自分たちで話し合って、右サイドに入ったんですけど、追いつけなかったんです。あれだけ高校サッカーに憧れていたんですけど、ちょっと高校時代は不遇な感じでしたね。

一方で練習の時間は短いので、自主練の時間が長い分、福田さんと御厨（みくりや）（景）さんがいつも1対1をやっているのにつき合っていて、どっちかが疲れたら、僕がどっちかの相手をしていたんです。それで上手くなったところはあったと思うんですよね。

練習はミニゲームばかりでした。火曜日は8分の1、水曜日は4分の1、木曜日は2分の1、金曜日は紅白戦ってだいたい決まっていて、たとえば木曜日にAチームとBチームがコートの2分の1ずつを使っていたら、Cチームはその周りで全部ミニゲームをやっているんです。だから、技術的にはCチームが一番上手くなるんですよ。そういう環境は良かったですし、仲間とサッカーをやるのは楽しかったですけど、高校時代はあまりうまくいったイメージはないですね。

——先ほども少しお話していただきましたが、大学は国士舘大学に進学されていますね。

榎本 それこそ習志野では、同志社とか立命館みたいに西の大学も人気があったので、そういうところにも興味はありましたけど、高校サッカーであまりうまくいっていなかった中で、大学でサッカーをやるかどうかも迷っていたんですよね。

でも、それを決めるのは選手権の前だったので、どうしようかと考えた時に、やっぱりサッカーしかしてこなかったので、結果的にサッカーは続けていこうと。そうなるとずっとサッカーを続けるにはプロになることかなと。じゃあプロになるためには、大学も強いチームに行った方が可能性が高いよなと。

僕が高3の時は総理大臣杯で順大が優勝して、インカレは国士が優勝していたので、「ああ、順大と国士が強いんだな」と思ったぐらいで、そこまでいろいろ考えていたわけではなかったんですよね。

——そこはプロになるというところからの逆算だったんですね。

榎本 そうです。当時はサッカーで大学に入って、遊びたいというヤツもいたような時代でしたけど、僕はそれは嫌だったので、強いところでやりたいということが唯一の自分の希望だったと思います。

国士舘では半端ない量を走ったが楽しかった

――国士舘大への入学後は、最初の2年とも関東大学リーグで優勝していて、インカレも1年時が準優勝で、2年時は日本一と。当時はメチャメチャレベルも高かったですよね？

榎本　メチャメチャ強かったです。今でも感謝しているのは、本田先生のところから来たということだけで、最初からトップチームでスタートしたんです。みんな帝京や静学、鹿実（鹿児島実業）の出身だったり、広島皆実の宮地とか本当にスーパーなヤツばっかりだったのに、僕もトップに入ったんです。

でも、習志野は本田先生が「ボールが動けば人は疲れない」というサッカーをしろ」という感じだったので、良くも悪くも体力アップのために走るようなチームじゃなかったんですけど、国士はハンパじゃない量を走るんです。いつも僕と宮地はそこについていけないんですよ。それで夏にBチームに落とされるんですけど、合宿が一番長いのはBチームなんです。当時の国士の夏は10日間練習して2日休み、というサイクルを4回繰り返していて、その中でも始まるのが一番早くて、一番厳しいとされるBチームに行ったんですけど、その時が一番頑張っていたかなと。楽しかったですしね。

――ああ、その環境が楽しかったんですね。

榎本　楽しかったです。それこそもうカツさん（鈴木勝大・桐光学園高校監督）とか熱田（眞）さんは試合に出ていました。あと、熱田さんと同期の帝京に中崎兄弟（弘則、優一）という双子がいたんですけど、弘則さんの息子はウチにいるんです（笑）。あとは金沢浄さんもいて。まあとにかく宮地と僕は走れなくて、Bチームに落ちたんですよね。国士は月曜がオフだったんですけど、火曜は2時間の練習が終わってから、走りが始まるんです。そこで大澤（英雄）先生が遅れればせながら登場すると、「今からだな。よし、次のメニューだ」と。でも、当時の3年生はみんなケロッとした顔で走っていましたよ。

――それは強いはずですね。

榎本　みんな凄かったです。それで2年生になった時に、僕はヒザの半月板をケガするんです。今もウチにいる高橋（隆）に削られて（笑）、手術ということになったんですけど、絶対に手術だけは嫌だったので、やりながら治そうという感じになったんですね。そこでしばらくサッカーができなかったので、バイトとか始めちゃったんです。

だから、2年の時は7か月ぐらいサッカーをやっていなかったんですよ。結構遊んじゃいましたね。そこで親からの仕送りも「バイトしてるから大丈夫だよ」と言って、送ってもらわなくてもいいと。僕はそれが親の助けになると勘違いしていたんです。だけど、ある時に母から「それは全然嬉しくない」と。「大学にサッカーをしにいったのに、親に迷惑を掛けたくないとか言って、バイトされても全然嬉しくない。好きなことを一生懸命続けたいと言うから、応援しようと思って送り出したのに」と。それで目が覚めました。「これはちゃんとやらなきゃいけないな」って。

その時は上から3番目のC1というカテゴリーにいたんですけど、3年に上がる時にようやく目が覚めて、トントン拍子にAチームに行ったんです。そこからは真面目にやりましたね。3年の時の国士は総理大臣杯とインカレで優勝するんですけど、総理大臣杯はメンバーには入りながら、1試合も出られなかったんです。右のサイドバックが水戸（ホーリーホック）のGMをやっている西村（卓朗）さんで、左は（ベガルタ）仙台ユースの監督の木谷（公亮）がやっていて、インカレは自分が木谷に代わって左のサイドバックに入ったんです。その時はメチャメチャ調子が良くて、最後は優勝するんですけど、ずっと試合に出続けていたのはその大会ぐらいですかね。

――記録を見たら、総理大臣杯もインカレも決勝

の相手が筑波大なんですね。

榎本　しかもインカレの時のマッチアップは羽山だったんです。

――おお！　ジュニアユース時代のチームメイトじゃないですか！

榎本　当時の僕は足が速いということは結構知られていたので、同じスピード系でのかみ合わせを考慮したのか、平川（忠亮）が絶対に僕の逆サイドに行くんですよ。だから、普段は右をやっている平川が、なぜか国士とやる時は左に回るんです。そうするとマッチアップが羽山になって、中盤の右には羽生（直剛）がいると。こっちは左の中盤に山根（伸泉）がいて、僕とコンビを組んでいて。それは感慨深かったですよね。羽山は中1から財前くんたちと一緒にやっていましたし、ウチらの代のエースだったので、そんなヤツとマッチアップするのは嬉しかったですよ。

――年に2回の全国大会で、どちらも同じチーム同士で決勝をやるって、なかなか凄いことですよね。

榎本　因縁ですよね。総理大臣杯は上田西の監督をやっている白尾（秀人）が活躍したんですよ。アイツは国見出身なんですけど、インカレはそのポジションを帝京第五の監督になった植田洋平がやっていて、アイツも国見なんです。そんな感じもありつつ、そこが自分の一番良かった時期かなあ。楽しかったですしね。身体もキレキレで。

プロ入りを模索するもなかなか道が開かない

――じゃあ「このまま行けばプロにもなれるかな」ぐらいの感じですか？

榎本　なれると思っていましたよ。だって、3年のインカレの決勝に出ていた国士のスタメンは9人がプロになったんです。相手の筑波もみんなプロになるようなチームでした。だから、自分も行けるものだと思っていました。

それで4年になって、当時は大学のリーグ戦と並行して参加していたJFLの開幕戦に出た時に、相手がソニー仙台だったんですよ。それで試合前ですよ。もう今から入場というぐらいのタイミングで、大澤先生が「エノ、ちょっと来い。相手の監督に挨拶しろ」と。「今日はよろしくお願いします」と言ったら、「是非待ってますんで!」「え?」って。

それで翌日、大澤先生に「昨日の挨拶は何だったんですか?」と聞いたら、「オマエ、ソニーはどうだ?」「いや、僕はプロに行きたいんですけど……」「何をふざけたこと言ってるんだ」って(笑)。大澤先生は本当にスーパーな選手しかプロを勧めないんです。それこそ佐伯さんみたいに、1年の最初から試合に出ていた選手でも、プロは勧められないと。だから、僕らの代のキャプテンも早々とHonda FCに決まりましたからね。

それでソニー仙台と対戦した数節後に、今度はHonda FCとやった時に、また大澤先生が「エノ、Hondaはどうだ?」と。「どういうことなんだ?」と思っていたら、「社員でどうだ?」「ああ、ありがとうございます」って(笑)。あとはYKK APの話もあって、最終的には「この3つの中から選べ」と。ただ、僕自身はヒザのケガもあって、選手もそう長くはやれないなと思っていましたし、それなら早めに咲いて、早めに散りたいと考えていたので、なかなか決められなかったんです。

そうしたら大澤先生の家に僕と母が呼ばれて、「お母さんね、本田かソニーかYKKって、これは国立大学を出てもなかなか入れない会社ですよ。そこに社員で入れるというのに、コイツは迷っているんです」と。でも、僕も「どうしてもプロでやりたいんです」と言ったんですけど、母は「雅大、もう決めなさい」って。

——もう、周りから固められちゃう感じですよね(笑)。

榎本　でも、大澤先生が最後は許可してくれて、横浜ＦＣの練習に行けることになったんです。ただ、当時の横浜ＦＣはまだＪＦＬで、給料はもらえるんですけど、それだけでは生活できないぐらいの感じだったんですよね。「これはどうなんだろうな」と。

あとはその時の監督がリトバルスキーだったんですけど、リトバルスキーが紅白戦に入ったら一番上手いんですよ（笑）。「これで大丈夫かな？」と。それでもなかなか条件の提示が出なくて、「どうなるんだろうな……」と思っていた時に、今度は知り合いのつてでヴィッセル神戸の練習に参加できそうだったんですけど、結局その話もうまくいかなくて、「もうプロはないぞ」と。

――もうその時期って大学４年の冬とかですよね？

榎本　そうですよ。それで大澤先生が「オマエ、教育実習には行ってるよな？　教員免許はどうした？」と。「いや、教育実習は行っていないです」『オマエ、何してんだ！』と言われたんですけど、「先生、お言葉ですが、教育実習と総理大臣杯の時期がかぶってしまって、大澤先生の方から本田先生に『教育実習に行けない』とお話していただいたと思うんですけど……」「そんなこと言ったか？」「自分からは断ってないです」「そうか。１年遅れでもいいから、教員免許は取っておいた方がいいぞ。取りに行ってこい」と。

それで僕は科目等履修生になったんですけど、それは週に１、２回だけ学校に行くぐらいなんですよ。それで大澤先生からは「学校に来たら、必ずオレのところに顔を出せよ」と言われて、もう卒業していたんですけど、習志野に教育実習に行くためだけに大学に通っていたんです。

朝イチバンで流経に行くと履歴書を渡されて……

――そうすると、２００１年の３月で卒業はしたけれど、４月からは週に１、２回のペースで大学

の授業に通っていたという整理で大丈夫ですか？

榎本　そうなりますね。たまたまその時期に静学の（斎藤）興龍も同じような状況で大学にいましたよ。なので、教員免許だけは取らなきゃということで、それこそバイトしながらやっていたんですけど、僕も興龍も教育実習に行った時に、そのままコーチとしてサッカー部を手伝うことになったんです。当時は本田先生ももう流経に行かれていたので、習志野の後任だった水庫（祥元）先生に「手伝ってくれ」と言われて、一定の給料を用意してくれたので、選手と同じ下宿に住みながら、1年間はコーチをやったんです。

――それは世の中的な立場で言うと、どういう形になるんですか？

榎本　うーん、習志野高校サッカー部の外部コーチかな。それで確かインターハイの時に、本田先生に見つかったんですよ（笑）。すぐに挨拶しに行って、「こんにちは！」「何やってるんだ？」「一応大澤先生と話をして、教育実習に行くことになって、今はそのまま習志野でコーチをやっています」と説明したら、本田先生が「オレのところに来い」と。

でも、僕は指導者になるつもりはまったくなかったんです。大澤先生と母とも約束したので、教員免許は取るけれど、次の年に就職しようと思っていたので、それを本田先生に伝えて、その時はそれで話も終わったんです。でも、夏ぐらいに始まる選手権予選で会った時にまた「エノ、ウチでやれ」と言われたんですけど、「いやあ、本当に無理です」と。

そのあとも何回か断っていたんですけど、それこそ3月の習志野の遠征に行った時に、水庫先生から「今年もコーチをやってくれるか？」と言われて、まだ就職も決まっていなかったので「もう1年ぐらいだったら」という話になったんです。そうしたら3月27日の夜に大澤先生から電話が掛かってきて、「オマエ、オレに隠し事してないか？」と。

「いえ、してないです」「さっき本田さんから聞いたけど、何回も誘われているらしいじゃないか。何で断るんだ？」と。「いや、教員免許は取りましたけど、僕は指導者になる気はないんです」と言ったら、「エノ、オレは涙が出る気持ちだ。本田さんが『オレの後釜はエノにしたい』と言ってくれたんだ」と。「これ以上幸せなことはないだろ」「いやあ、ちょっと指導者は厳しいです……」「じゃあオマエ、来年は何やるんだ？　本田先生と一緒に指導できるなんて幸せなことだろ。とりあえず話をつけろ」と。

それでその翌日の朝の8時半に流経に行ったんです。そうしたら本田先生が「おお、決めたか！」と。「いや、まだ決めてはいないんですけど……」「じゃあとりあえず来い」と。それで事務室で履歴書を渡されて、「とりあえず書け」と。それで書き終わったら校長室に連れていかれて、「先生、コイツです。凄く良いヤツなんで」って（笑）。

――もう最後は観念したということですね（笑）。

榎本　もう逃げられないなと。ちょっと納得できなかったですけどね。でも、最初はちょっとごねていたんです。そうしたら「オマエ、何が気に食わないんだ？」「まず給料がいくらもらえるかわからないです。あと、寮に住むのは勘弁してくださいと。1年目は非常勤講師扱いで、2年目からたまたま体育科の先生が産休に入られたので、そこからは給与の面もだいぶ良くはなったんですけど、もう観念はしましたよね。

ただ、やっぱり大澤先生には愛情があるんですよ。かわいがってもらっている感じがあるんです。最後は「まだこんな若造をあんなに評価してくれるなんてありがたいことだろ」と言われて、「じゃあ、頑張ります」と言いました。大澤先生には人としての器を学ばせてもらいましたね。

それこそ本田先生はあれだけキャリアを重ねられてから流経に来ても、「ここで絶対にやってやろう」という心意気は凄かったですし、必死な部分も近くで見てきていたので、「何とかこの人を胴上げしてあげたいな」という気持ちでずっとやっていて、それが叶ったことは良かったですし、いろいろ教わったことにはとにかく感謝しています。

最初は「あまり信用してもらえていないな」と思っていました。でも、今は尚志にいる小室（雅弘）さんが本田先生に「そろそろエノに1年生を見させてもいいんじゃないですか？」と進言してくれて、初めて見た1年生の学年が大前（元紀）の世代なんです。

——そうなんですね！

榎本　今のウチにいる森山（圭司）の代です。本田先生に「どう指導すればいいですか？」と聞いたら、「国士舘を持ってくればいいんだ。強いんだから」と。だから、高1に大学生のような練習を課したんです。その代が本田先生にとって初めて選手権で日本一を獲る代になったわけですからね。

一歩ずつやるしかないがやりたいのは読売スタイル

——もともと指導者になるつもりのなかった榎本さんが、それこそ流経に来たばかりの頃はどういう指導をされていたんですか？

榎本　一緒にやっていました。やった方が早いですから。もちろん最初は教えることなんてできないですし、もともと読売スタイルが染みついているわけで、毎日一緒にボールを蹴っていました。とりあえずシュート練習も一緒に入って（笑）、「こうやるんだよ」と。だから、最初は指導者というよりは、一緒に汗をかいていただけでしたよね。

ただ、コーチの人たちが一流だったので、そこから学ぶことが多かったです。火がついたのは（林）彰洋の代で初めて選手権に出て、1回戦で負けたんですけど、その時に「ああ、やっぱり選手権っていいよな」って思ったんです。「やっぱりこれが自分の求めているサッカーだ。高校サッカーにすべてがある」と。

――それこそ小学生の時に三ツ沢で見ていた、あの舞台ということですよね。

榎本　そうなんです。1回戦で柏の葉で負けたんですけど、「この雰囲気いいよな」って。それで2回目の出場で日本一ですからね。今でもあの時の国立の雰囲気は忘れられないですよ。スタンドも超満員で。国立では自分もインカレでプレーしたことはありますけど、観客は1万人ぐらいだったと思うんです。でも、5万人ぐらいの人が入っていると、地鳴りのような音がするんですよ。

選手入場もカメラマンがびっしり並んでいて、出てくる選手がベンチからだと見えないんです。それを見た時に「うわ！　カッコいいな」って。もうあの試合は本田先生以上に、僕が気持ち良くなっていましたから（笑）。「これはヤバいな」って。その残像は強烈ですよね。

一方で自分が監督になって、指導のスタイルや「こういう選手が上手い」というサッカーの捉え方は本田先生とまったく考え方が違うので、もちろん〝本田式〟をそのまま追い求める方法もありましたけど、流経のサッカー部としてはある意味で成功しているじゃないですか。このチームをどう進化させるかと考えた時に、自分が監督になった意味って何なのと思ったら、やっぱり自分のやり方というか、自分が「こうやったら良くなるんじゃないか」と思うことを表現していきたいということが、指導の礎としては絶対にあるので、勝てばいいだけとは思わないですね。

戦術ボードを使って「こうやれば勝てるから」「こうやっていけばサッカーがわかるから」という感じでもないので、今もそうですけど、選手に言っていることは結構フワッとしていると思います。あまり怒らないですし……、ああ、試合中は怒る時もありますけど（笑）、あまり深くは教えないようにしています。

もちろんストロングの部分は伸ばそうとしますけど、特に判断のところは一番触っちゃいけない部分だなと思っているので、それで千野さんが来てくれて、最近は〝待てる〟ようになってきました。監督になって最初の2年は、周りの目が気になって焦っちゃったというか、「流経が弱くなったって思われたくないな」って。でも、今はだんだん理想とする形ができつつあるというか、試行錯誤してやっている段階なので、たとえば選手権の1回戦で負けたとしても、「そこも一歩ずつやっていくしかないんだな」と思えているんです。

本田先生もここに来た時は、5年間は選手権で勝てなかったわけで、それこそ最初に僕がもらったチームはプレミアで上を狙えるチームじゃないかとは言われていましたけど、やっぱり自分のやり方でやっていくなら、もがくはもがきますけど、そういう結果を出すには一歩ずつやっていくしかないのかなって。

尚志の浩二さんにはこの間、「ここから2、3年で全国優勝ありますよね」と言ったんですけど、それこそ前橋育英の山田（耕介）先生や大津の平岡（和徳）先生はもう達観しちゃってるじゃないですか。今年の前期のプレミアで、ウチはシュートを21本打ったのに、1本のシュートだった育英に負けたんですよ。その時に山田先生のどっしりしている雰囲気を感じたんです。「これは負けるべくして負けたな」と。

そういう部分では僕もまだまだ修行がたりないわけで、本田先生の流経での最後の数年もそんな感じがあったんです。「もうちょっと遠くが見えちゃってるんじゃないかな」と。こっちが意外だと思う采配をしても、勝っちゃうみたいな。その領域まではまだまだだと思います。

もちろんそれって経験や勉強に裏打ちされたものなんでしょうけど、だからと言って、そういう方々に向かっていかないのも違いますしね。だから、今は苦しいですよ。山田先生ぐらいまで行くと楽しいんだと思うんですけど、今は苦しいです。とにかく試行錯誤の連続で、自分のやりたいことと見比べていった時に、「おいおい、こっちの方やりたいのは読売スタイルですよね。
自分にも緑の血が流れているのだとしたら、
その代表格になりたいですよ。

に来ちゃったぞ」と感じることもあるんです。やっぱり勝ちたいですから。でも、昔の流経に戻るというのも違うなと思いますしね。

ただ、幸いなことに各カテゴリーで年代別の代表には選手も選んでもらったりしているので、やり方自体は認めてもらえているのかなって。まあ、これからじゃないかなと。そうするとやりたいのは読売スタイルですよね。自分にも緑の血が流れているのだとしたら、その代表格になりたいですよ。あの人たちは結果もそうですけど、内容のところにうるさいので、千野さんとはできる限りの話をいっぱいしたいですよね。だから、ウチのコーチともニュアンスというか、サッカーの見方の話をしてもらう中で、だいぶみんな変わってきたと思いますよ。

――イメージとしては〝わかってる〟の共通認識を広げていくような感じですかね。

榎本　そうです。サッカーの見方の方向性を似せていくというか、そういうことを〝わかってる〟指導者で固めないと、チームの色というのは出てこないでしょうし、読売はみんな同じ色を持っていて、それは要するに（与那城）ジョージさんなんです。ジョージさんが〝ミスターヨミウリ〟なんですよ。あの人こそが「サッカーが上手い」という共通認識の象徴だと。

ジョージさんがヴェルディのサテライトをやっていた時に、宮地がいたんです。その時にジョージさんが「コイツはトップに上げた方がいい」と言ってくれていたらしいですよ。それこそジョージさんと一緒にボールを蹴ると、信じられないようなところにボールが出てきて、「どうやって蹴ったんですか？」と聞いても「適当だよ」って言うと（笑）。やっぱり読売の人はみんなジョージさんの話をしますから。でも、あのスタイルはそれこそ染みついているんですよ。だから、今のヴェルディは読売の出身者でアカデミーを固めているので、子どもたちもみんな上手いですよ。

ターニングポイントは「アレを超えるチームを作ろう」

――2020年から流経の監督に就任されていますが、この経緯を教えていただきたいのと、最終的に引き受ける決め手になったようなことがあれば、それも聞かせてください。

榎本　正直、やめようと思っていました。もう本田先生と選手権も獲りましたし、身体が持つ仕事でもないですから。でも、やっぱり大澤先生なんですよ。いろいろ相談していた時に、「エノ、本田先生の気持ちを考えろ」と。「オマエを後釜にしたいと言ってくれていただろ。流経という組織がここまで大きくなってきた中で、次はオマエがやるべきだ」と。最後はその言葉が大きかったですよね。

だから、本田先生のあとを継がなきゃという想いとはちょっと違うんですよ。「新しいチームをこれから作っていく」という感覚なので、正直「本田先生と比べられてもな」とは思います。ただ、やっぱりあの情熱は本当に凄くて、「あの歳まで自分がやれるかな」「あの歳であれだけの気持ちを持てるかな」と考えたら、そういう部分も凄く尊敬していますけどね。もうそこは自分と比べること自体がおこがましいです。

本田先生は自分でも流経に来てからは勝利至上主義になったと言っていますけど、その一方で選手権で優勝した大前たちの代もそうですし、プレミアで優勝した青木たちの代もそうですけど、内容も伴っているじゃないですか。大前たちの代と出会って、「あれ以上のチームは作れないんじゃないか」と周りからも言われていた中で、「じゃああのチームをどうやって超えようか？」と考えてやったのが青木たちの代で、それを探し求める旅がまだ続いているような感じですよね。

青木たちの代が1年の時は、100均で買ってきた〝カウンター〟を全員に1つずつ持たせて、ボールを何回触ったかを全部カウントしろと。とにかくボールを触れる選手、ミスが少ない選手が良い選手だと。当時はペップのバルサが流行っていて、1試合で800本近くパスを回していると聞いたので、「ウチは1000本だ」と。そういう考え方でやっていたので、3年になった時に本田先生から「これはボールは回るけど、点が入るのか？」って言われたんですけど、「はい。これで勝てると思います」と返したんです。結局プレミアでも本当に強かったですしね。相手はボールに触れなかったですから。

そういう意味では本田先生から自分に代わることがわかった時に、当時の僕はCチームを見ていたんですけど、2年前の選手権で全国に出た渋谷（諒太）たちの代が、その時のCチームで見ていた1年生の代なんですよ。あのチームはもうちょっと勝つチームだったと思うんですけどね。

——あのチームは確かに強かったです。選手のキャラクターも立っていましたし、しっかり話せる選手も多くて。でも、選手権は初戦で近大和歌山にPK負けでしたね。

榎本　選手権までは絶好調だったんです。あまりにも強すぎて、直前の練習試合も全国に出るようなチームを圧倒していて、「これは良い感じに仕上がったな」と思っていたんですけどね……。でも、面白いのは初めて選手権に出た長谷川悠の代もそんな感じだったんです。大会直前の練習試合は大津に3－0で勝って、「これは初出場初優勝狙えるぞ！」という感じだったんですけど、あの時も初戦敗退で。わからないものですよね。

でも、僕はああいうチームを超えるチームを作りますよ。そう考えられるということは、自分も指導者になったのかなと思います。それこそ自分が選手権に出ることを追いかけている時は、「選手権カッコいいなあ」と思っていたところから、あの大前たちのようなチームができて、「アレを超えるチームを作ろう」と思えたところが、たぶん指導者としてのターニングポイントだったんじゃないですかね。それまではただがむしゃらにやっていただけでしたから。今はただ優勝したいというようなことではなくて、「あのチームをどうやって超えるか」を試行錯誤していますよ。

――榎本さんは「アイツらのこういうところが面白いんだよ」ってよくおっしゃっていて、要は選手たちから出てくるものを面白がってらっしゃるじゃないですか。僕はそこがいいなと思っているんですよね。

榎本　ああ、なるほどね。それを聞いたら、今の自分はそういう状態にないかもしれない。そういう意味では今はメチャメチャ苦しい。そこには葛藤があって、今年のチームは人物的にも凄く良いチームなんですよ。ただ、グッと突き抜けてくるものはまだないんです。だから、2年生で台頭してきた選手を混ぜたりしてやっているんですけど、そこまで楽しめてないのかなって。いつも「今日はどうなるのかな?」みたいな。それこそプレミアでも全試合で内容は7対3ぐらいで勝っているんですよ。それでも勝ちきれなくて。

だから、ちょっとスタイルを変えて、この間の試合では「ここは大きな変化が必要だから、今日は黙る」と。練習で必要なことを伝えて、ゲームになったらおとなしくしようと。「いつもエノさんが一番うるさいじゃん」と思われているところから、まず僕が変わる姿勢を見せて、やってみようと。それをやったら悪くない試合だったんです。やっぱりそういう新しい発見をしていくことで、サッカー選手は育っていくものだと思っているので、相手でも素直に「コイツ、上手いな」という選手を見たいですよ。「アイツにボール入らないかな。でも、ウチの選手がやられちゃうか」って(笑)。

――もともと指導者になるつもりのなかった人が、もう20年以上もそれを続けているわけですけど、そんな指導者をしている今の自分っていかがですか?

榎本　苦しそうですね。でも、ずっと人生自体が苦しかったので、ここから楽しさが見つけられればいいですけど、今でも長くやれる仕事ではないと思っています。身体がキツくなってきますし。何か別の楽しみ方もしたいなとも感じますけどね（笑）。でも、やっぱり指導している時が楽しいのかなあ。わからないです。ここまで来ると、サッカーから離れるのは怖いなあ。

だから、コロナ禍でサッカーができなくなった時も、前までは「練習考えるのめんどくせえな」とか思うこともあったけど（笑）、やっぱりやりたくなりますからね。ただ、これだけ公式戦に追われちゃうと、なかなか自分の思い通りにトレーニングして、自分の思うような色をつけていくようなことはできないですし、逆にリーグ戦に色をつけられちゃうんですよ。本当は勝ったり負けたりを繰り返していくうちに、もうちょっとじっくりチームを作り込んでいきたいなと。

今年の春もほぼ負けずに、周囲の評判も良い中で、リーグ戦に入ってからは良い試合をしても結果に結びつかないことが多くて、そうするとちょっと色が濁ってくるんですよね。それをも超越しないといけないんだろうけど、今度はリーグ戦がちょっと空くと、その間の試合はほとんど負けないんです。そういう感じになることはわかっているので、それをどうやって結果に結びつけていけるかは苦しいところですね。

――やっぱり指導者なんて楽しいだけじゃないですよね。

榎本　楽しいことなんて一瞬でしょうね。本当に苦しいですよ。でも、ここから自分の色が出てきて、それを勝負にどう直結させていくかということを、試行錯誤しながらやっていくのが自分らしいのかなあ。やっぱりサッカーからは逃げられないですね。

榎本 雅大
1978年、山形県生まれ。小学生のときに家族とともに横浜へ。中学時代は読売クラブのジュニアユースでプレーし、礎となるサッカー観を手にした。その後、高校サッカーへの憧れから習志野高校へ進学。国士舘大学を卒業したあと、高校時代の恩師である本田裕一郎前監督の下、流通経済大学付属柏高校で教員となり、サッカー部の指導に従事。2020年4月、本田前監督からバトンを渡されて監督に就任した。

神村学園高等部
有村圭一郎 監督
KEIICHIRO ARIMURA

歴史をつなぐ

INTRODUCTION

☆

今回の6人の中で、唯一レギュラーとして高校選手権で日本一を経験しているのが、神村学園高等部の有村圭一郎監督だ。もちろんその成果自体は本人も良い思い出として捉えているが、当時の自身に与えられていた役割については、今でも納得していないという。その苦い過去が今の指導に結びついているということは、今回のインタビューを通じて初めて知ったことだった。

普段は飄々としていて、つかみどころのない雰囲気すら醸し出しているこの人も、貫いてきた意志は相当に強固である。全国の強豪に先駆けて中高一貫の6年間を1つのスパンとして、勝利よりも選手の成長を優先してきたことが、今の神村学園のスタイルを構築してきた一連の話は非常に興味深い。だからこそ、「足りない」という想いに取りつかれ、苦しみに苦しんだ「勝てなかった3年間」のエピソードは真に迫るものがある。中学と高校の6年を、そして鹿児島の高校サッカー界の歴史を「つなげる人」のキャリアを改めて紐解いた。

平瀬智行らと切磋琢磨した幼少期

――最初にサッカーを始めたきっかけから教えていただけますか？

有村　ウチの地域や学校で盛んだったのはサッカーとソフトボールだったんですよね。運動神経も良い方でしたし、どっちをやっても良かったと思うんですけど、自分も「絶対にサッカーしたい」という感じではなかった中で、一緒に学校に行くような友達がサッカーをしていたこともあって、サッカーを始めました。

――最初に入ったチームは玉江小学校の少年団ですか？

有村　少年団です。3年生の時に入りました。時代的にもクラブチームはなかったですし、スポーツ少年団から中学のサッカー部へエスカレーター式に上がっていく流れですよね。

――すぐにサッカーにはのめり込んでいったんですか？

有村　入り立ての頃は結構さぼっていたような気もしますね。「サッカー大好き！」という感じではなかったと思います。のめり込んでいったのは4年生ぐらいからで、その学校の生徒の中ではいろいろなことに対して能力の高い方ではあったので、4年生でしたけど一番上のチームで試合に出させてもらっていました。そうなるとやっぱりどんどん一生懸命になっていきますよね。

――小学生の頃のポジションはどこだったんですか？

有村　ずっとフォワードです。中学校まではずっとセンターフォワードでした。ゴリゴリに行くタイプで、ドリブルも好きでしたし、スピードもあったんですよ。点は取りまくっていましたね。

――市の選抜や県の選抜には入っていましたか？

有村　県選抜には入っていました。でも、鹿児島には良い選手もいっぱいいるので、ポジションはフォワードだけではなくて、中盤をしたこともありますし、後ろをしたこともあって、適性がどこなのかはまだわからないような頃なので、選抜ではいろいろなポジションをしていました。

それこそ平瀬（智行）とか久永（辰徳）はその頃からずっと一緒なので、そういう仲間から常に刺激はもらっていましたよね。やっぱり上手なヤツと一緒にやるとサッカーも楽しいですし、将来的には一緒にやりたいなという気持ちは少なからず持っていたかなと。彼らとプレーしたことが上を目指すきっかけにはなったかなと思います。

――のちに鹿児島実業でチームメイトになる平瀬さんと久永さんは当時から上手かったですか？

有村　平瀬は大きかったですし、速くて、能力は高かったです。でも、サイズがあったので、選抜ではセンターバックもやっていたと思いますよ。久永もその頃はそんなにドリブルが凄いというわけではなくて、セカンドストライカーみたいな感じで、トップ下にいて衛星的に動くタイプでしたけど、センスはありましたね。

実は僕らの代には図抜けて上手いヤツが1人いて、やっぱり鹿実（鹿児島実業）に入ってくるんですけど、入学してすぐにブラジルに行っちゃったんです。でも、帰国したらサッカーもやめてしまったんですよ。みんなが一目置いているような選手でしたけどね。ああ、よく考えればアイツがいないままで、僕らは全国優勝したんですね。

――鹿児島のその代のナンバーワン選手がいない鹿実が、選手権で日本一になってしまうと。

有村　そういうことになりますね。彼がいたらもうちょっと鹿実のサッカーも変わっていたかもしれないです。イメージで言うと石塚啓次さんみたいな感じでしたよ。メチャメチャ一生懸命やるわけではないのに、とにかく上手いと。身体も大きくて、テクニックもあって、スター性があるタイプでした。

――小学生の頃は鴨池の陸上競技場でやるような試合は見に行っていましたか？

有村　行っていましたよ。そういう試合があると少年団にチケットが回ってきて、安く買って、行くみたいな。どことどこが試合していたかは覚えていません（笑）。全日空とか来ていたんじゃないかなあ。

――ああ、フリューゲルスは鴨池が準ホームでしたね。

有村　何が楽しいかって、まず鴨池陸上競技場に行くことが楽しいわけで、「どんなプレーをするんだろう？」というよりは、寒い時期だったらカップラーメンを食べながら見るとか、そういうことが楽しかったんでしょうね。試合を見て何対何とか、どんなシーンがあったとか、そういうことよりはチアホーンが鳴っていたりする雰囲気が凄いなと思ったことは覚えていますね。

――みんなでサッカーを見に行くことが楽しいと。

有村　そういうことですよね。小学生にとっては一大イベントですから。カップラーメンを食べる方に夢中で、試合はよく見ていないと。何をしに行ったのかよくわからん、みたいな（笑）。

抜きん出た鹿実の魅力。スターは前園真聖

――中学時代にプレーされていたのは伊敷中学校のサッカー部ですね。どのくらいの強さのチームだったんですか？

有村　九州大会につながる新人戦は県で準優勝しましたよ。まあまあ強かったかもしれないです。県内で一番強かったのは久永がいた重富中だったんですけど、中3の時は全中の県予選の1回戦で、みんな県選抜に入っているような久永の中学をやっつけたんです。でも、その試合で疲弊しまくって、次の試合で負けました（笑）。最後の高円宮杯の県予選も準決勝で重富中と当たって、今度はやり返されましたね。そのまま全国でベスト8ぐらいまで勝ち上がったんじゃないかなあ。平瀬がいた西陵中も強かったですし、のちに鹿実で

主力になっていくようなヤツがいた中学はやっぱり強かったですね。

――もともと伊敷中に入学した時のサッカー部での立ち位置はいかがでしたか？

有村　割と早めにユニフォームはもらって、メンバーには入っていたと思います。でも、最初は球拾いをしていたかな。サッカーテニスとかをしていたかもしれないです。

――もうその頃からサッカーで上を目指したいとは思っていましたか？

有村　はい。「サッカーだったらやれる」という自信もあったんだと思います。小学校の頃も最後の県大会は準決勝ぐらいまで行きましたし、全然相手に歯が立たなかったような経験もなかったので、「サッカーを続けていけば、いろいろな可能性があるかもな」とは思っていた気がします。

――有村さんが中学2年生の時に、それこそ今は神村学園にいらっしゃる竹元さん（竹元真樹・神村学園高等部総監督）がキャプテンだった鹿実が選手権で準優勝と大躍進するじゃないですか。それは改めて鹿実への憧れが増したような出来事でしたか？

有村　当時は関東の高校が本当に強かった中で、その関東勢を次々になぎ倒していくような勝ち上がり方をしたんですよ。帝京、習志野、武南を倒したわけで、その3つに勝つって相当なことじゃないですか。しかもその勝ち方も、圧倒的に向こうの方が上手なのは試合を見ていてもわかるんですよ。それを凌ぎ切るというか、体の張り方も凄かったですし、そういうところに心を動かされる部分が大きかったんです。それを見てしまうと、鹿実に対する憧れは出てきますよね。試合を見終わったら、触発されてすぐにボールを蹴りに行って。あの大会の鹿実は凄かったです。

――あの代で好きだった選手は誰ですか？

有村　今となると皆さんとつながりがあって、「ああ、こんな感じの人だったのか」とは思いますけど（笑）、当時はやっぱり前園（真聖）さんはスター性がありましたよね。とにかくドリブルがキレキレで「凄いなあ」と思って見ていました。2年生が結構試合に出ていて、タクさん（遠藤拓哉）も藤山竜仁さんもいて、今の鹿児島県の2種で技術委員長をされている石原（康彦）さんもいましたね。

松澤先生から声が掛かり
親も鹿実行きを了承

——それこそ今は一緒に仕事をされている竹元さんの印象はありましたか？

有村　ローカル放送でしか流れなかった、鹿実の雰囲気を伝えるような番組があったんですけど、最近だと松木玖生くんが青森山田の時に全体の選手を集めて、「こんなんじゃダメだ」と話している映像があったじゃないですか。竹元先生はあんな感じだったんですよ。

キャプテンなので「オマエら、こんなんで勝てると思ってるのか！　声出していくぞ！」というようなことを厳しくバチンと言っているような映像を見たんです。その時には「この人、凄いな」と思っていましたよ。竹元先生がメチャメチャ厳しいというのはいろいろな人からも聞きますし、鹿実では伝説みたいになっているんです。だから、僕が神村に行く時に、周りのみんなも竹元先生がいるというのは知っていたので、「オマエ、大丈夫か？」と。

——伝説のキャプテンがいる学校だぞ、と（笑）。

有村　「いや、オレは大丈夫だろ」という軽い感じで来ちゃいましたけどね（笑）。竹元先生は準決勝でケガして、決勝は出なかったんですけど、「オレは迷惑を掛けたくないから、決勝には出ない」と言ったところがテレビで放送されたわけですよ。全国の決勝なんて絶対に出たいはずなのに、その日の朝にきっぱり監督へ出ないことを伝えて、国立のベンチで水の入ったバケツに足を入れて冷やしているんです。「ああ、この人はやっぱり凄いな」と思いましたよね。

――その人と一緒に仕事をすることになるなんて、人生はわからないものですね。

有村　本当にわからないものですよ。でも、5歳も離れていると竹元先生からすれば良い意味で子ども扱いできるぐらいの年齢差ですからね。

――そうすると鹿児島実業への進学はごくごく自然な選択肢になりますよね。

有村　僕の気持ちとしてはもちろん鹿実に行きたい気持ちはありました。ただ、親にしてみればそんな厳しい世界に行くことに対しての抵抗もあって、挫折することも頭に入れながらやらなくてはいけない環境ですし、僕も勉強が嫌いなわけでもなかったので、「高校では勉強に力を入れたらどうだ」とは言っていましたね。

僕の中では「鹿実が声を掛けてくれたら行こう」という想いがあったんですけど、そうしたら松澤（隆司）先生が声を掛けてくれたので、「それは行くしかないでしょ」という選択ができたということですよね。自ら行くという形では親も説得できなかったと思いますし、正直「勉強では日本で何番みたいなところまでは行けないけど、サッカーだったら行けるかもしれないな」って。それだったらそっちの方に懸けたいというようなことを、親に話した覚えはありますね。

――これは仮定の話ですけど、もし鹿実から声が掛かっていなかったら、現実的な進学の選択肢はどこになっていたんですか？

有村　ヒガシ（東福岡）に行ったヤマ（山下芳輝）と志波（芳則）先生の息子は福岡の香椎三中の同級生で、中学校の九州大会があった時に同じ宿だったんですけど、そこでウチの中学校の監督と香椎三中の監督が仲良くなって、「ホームステイをして試合をしようよ」という話になったらしく、香椎三中が鹿児島に来たんです。

ヤマは僕の家に泊まったんですけど、その時に志波先生がマイクロバスを運転してきたんですよ。そこで志波先生が「鹿実に行かないんだったたらウチに来い」と言ってくれたんですよね。だから、もしそこでヒガシに行く選択をしていたら、どんな人生になっとったんだろうなって。当時のヒガシはメチャメチャ強かったですから。

――それこそ選手権で全国でも上位に顔を出し始めたぐらいの時期ですよね。

有村　城（彰二）さんの代は、国立で国見に8点をぶちこまれましたけど、あの時が初めてベスト4に行った代ですよね。もう1年生のヤマは出ていましたし、小島（宏美）も生津（将司）も出ていて、その時は「ヒガシはヒガシで良かったかもな」とちょっと思いましたけど（笑）、2年後の選手権は準決勝でヒガシが静学（静岡学園）と当たって、鹿実は初橋（初芝橋本）と対戦して。

――ああ、どっちを選んでいても国立には行けたということですね（笑）。

有村　確かに。そういう選択もあったかもしれないですね。

中学時代から抱く思い。「将来は教員になりたい」

――やっぱり当時の鹿児島でサッカーをやっている中学生にとっては、鹿実に行くこと自体が大きなステータスですよね。

有村　もう鹿実のほぼ一強でしたからね。知っている先輩や力のある選手はみんな行くわけで、それは負けんよねと。逆に「この学校にみんなで行って鹿実を倒そう」みたいなことは、「おいおい、明らかに違う方向に行っとるぞ」ということが中学生ながらにわかるわけです。「王道は鹿実やろ」と。そういう時代でしたね。

――松澤先生から声が掛かるというのは、どういうシチュエーションなんですか？

有村　もちろん中学校に連絡があって、先生からそれを知らされて、三者面談をするという流れですよね。中学校にも家にも来てもらったんです。ただ、親の手前もあって即決はできなかったんですよ。もちろん自分の中では行きたい気持ちがあるんですけど、いろいろ将来的なことも考えて、その時に松澤先生には「将来は先生になりたいから、教育系の大学に行きたいです」ということは言いました。「それなら鹿実でしっかり良い成績を取って、サッカーを頑張っていれば、そういう大学に行かせるから」と約束してもらって、親も納得してくれたんです。

――中学生の時点で、もう教員という職業に興味があったんですね。

有村　そうですね。「人を教える」ということ自体はまだよくわからなかったですけど、サッカーを通じて何かをしていきたいという想いもありましたし、漠然とですけど「学校の先生っていいかもなあ」とは思っていました。もちろんプロサッカー選手になったあとのセカンドキャリアとして、というイメージでしたけどね。何かを教えたいというよりは、先生という立場であればずっとサッカーに関わっていけるという想いはあったと思います。

――ザスパクサツ群馬の大槻毅監督は筑波大を卒業されたあとに3年間高校の教員をされているんですけど、大槻さんも「サッカー〝で〟生きる」というよりは「サッカー〝と〟生きる」選択肢が教員だったとおっしゃっていましたね。

有村　そういう言葉で聞くとしっくり来ますね。確かにサッカーだけで生きていきたいとは思っていないです。ただ、サッカーに携わってはいたい想いはあったので、どっぷりとそこに漬からなくても、少し側面からサポートすることもできるかな、という考えだったんでしょうね。

――とはいえ、ベースはサッカーということですよね。

有村　小学校の頃からサッカーしかしてきていないですから（笑）。

――実際に鹿実に入ったことで、小学生ぐらいの頃から意識していた県内の上手いヤツらと一緒にやれる楽しみもありましたか？

有村　それもありましたけど、みんな中学生ぐらいの頃は県選抜で集まっても、どこに行くみたいな話はしないいんですよね。

——へえ、そうなんですか。

有村　みんな声が掛からなかった時のことを考えて、保険をかけているんですよ。「逆にみんなで鹿実を倒すか」「それもありやな」みたいなことも言っていたのに、入ってみたら「何だよ、みんな鹿実かよ」って（笑）。

ケガの影響で不完全燃焼な時期

——1年生の時にチームはインターハイで全国準優勝していると思いますが、入学した時に感じたチームのレベルと、ご自身の立ち位置を教えていただけますか？

有村　1年の時の立ち位置は凄く良くて、最初に宮崎で招待サッカーみたいな大会があって、もうそこに連れて行ってもらっているんですよね。だから、インターハイも僕は行っているんです。大会の登録人数は17人で、18番目みたいな感じだったんですけど、連れて行ってもらいました。

——練習は一緒にやって、試合には出られないみたいな感じですかね。

有村　そうですね。全然行きたくはなかったですよ。1年生なんて地獄が待っていますから（笑）。でも、そんなことは言っていられないですしね。凄く良い経験にはなりました。城さんとか先輩たちは優しくしてくれましたし、アキさん（遠藤彰弘）は僕らが洗濯をしているのに、毎日僕の部屋に来てゲームをしているんですよ。それはアキさんなりの「辛い想いしとらんか」みたいな優しさなんですけど、僕からすれば「アキさん、帰ってよ。寝たいのに……」って（笑）。そういうことも経験させてもらいました。

——それは1年生にとってかなり貴重な経験ですね。

有村　貴重でしたね。そのあとの冬の選手権の前に、「三国ユース」という大会があって、香港、シンガポール、中国の北京、鹿児島県選抜という4チームで試合をするんですけど、その年の開催地が香港だったんですよ。それで松澤先生に職員室に呼ばれて、「選考会がここであって、試合がここである。こっちに行ったら選手権には出られないけど、オマエはこの選抜の大会と選手権、どっちに出る？」と言われたんです。

正直、選手権に行っても試合に出る可能性はないですし、夏に遠征の経験はさせてもらっているので、「選抜の方に行っていいですか？」と言ったら、「わかった。そっちに行け」と。もちろんそれはチームから外れるということなんですけど、それで1年生で1人だけ選ばれて、三国ユースに行きました。鹿実以外の選手権の予選で負けたチームの中から、試合にバリバリ出ていた3年生の人たちと一緒に香港に行かせてもらったんです。

――それは鹿実から1人だけだったんですか？

有村　いえ、2年生が3人ぐらいいたんですかね。それで香港で試合の経験を積ませてもらいました。1年生の時はいろいろ経験させてもらったんですよね。ただ、2年生の時は腰が痛くて、あまりサッカーを一生懸命できる状態ではなかったんです。ごまかしながらやっていたんですけど、そんな状態でやってできるほど中途半端なチームではないわけじゃないですか。

それで結局は自分の評価も下がりますし、その頃は自分にガッカリしていた思い出があります。「うまくいかないし、かと言って休めばポジションはなくなるし……」みたいな。だから、最初の新人戦や九州大会まではずっと試合に出ていましたけど、もうその頃からちょっと痛くて、でも、休むのが怖くて、という感じで、結局2年生の時はずっと中途半端でしたね。

――鹿実にサッカーをやりに来ているのに、ケガでサッカーがうまくいかないのはなかなかキツい

ですよね。

有村　中途半端に試合に出られていたんですよね。結局、選手権で3年生が引退して、新チームになる時には、もうずっと試合に出ていましたし、その立ち位置を守りたくて仕方がなかったから休めなかったと。でも、パフォーマンスは全然良くないわけで、その時は「どうしたらいいんだろう……」と凄く思っていましたね。思いきりできないし、休むこともできないし、「何しにここへ来たんだろう……」と。

今だったらそういう選手には「思い切って休んじゃえよ」と言いますけどね。当時の僕は評価だけ下がっていったなとも思いますし、腰を曲げることも、伸ばすことも、振り向くこともできないのに、それはターンなんてできないですよ。そんなヤツが試合に出ているわけですから、おかしなことになりますよね。体のキレもないですし、それも十分にわかっているんですけど、怒られても腰が痛いことなんて言いたくないですし、その時のどうしていいかわからない嫌な感じを思い出してきたなあ（笑）。だから、メンバーから外された時はホッとしましたよね。

――やっと休む正当な理由ができた、と。

有村　出ている以上は自分から退きたくないですから。でも、「外されたなら休めるな」と。そういう想いはありました。

鹿実と清商のスターが競演。国立競技場は特別な空間

――1年の選手権は準決勝の国立まで勝ち上がって、川口能活さん率いる清水商業にPK戦の末に負けるわけですが、あの試合を見たことはその後の鹿実でのキャリアに影響を与えましたか？

有村　もちろん清商（清水商業）はスーパースター軍団でしたけど、鹿実も結構なスーパースター軍団だったので、あの試合は普通に見ていて面白かったですけど、僕たちは「この先輩たちでも負

城さんがいないから負けるんじゃないか
と思っていましたけど、
意外にそうじゃないんだなって。

けるんや」と。あのゲームは凄かったですよね。川口さんから2点を取ったこともそうですし。そもそも夏のインターハイでは鹿実が清商を4－1で倒していますから。

その試合も城さんが出場停止で出られなかったのに快勝してしまったんです。今は天文館でお店をやっている先輩が、城さんの代わりに出たんですけど、思った以上にうまくいってしまったんですよね（笑）。その人も余計なことをしないので、やることがシンプルですし、サポートに来たらすぐに落とすことで、攻撃も速くなりましたし、「これは強いな」と思いましたよ。「清商にこんな感じで勝っちゃうの？」って。城さんがいないから負けるんじゃないかと思っていましたけど、意外にそうじゃないんだなって。

――それこそ選手権の国立で自分が普段から身近に接している鹿実のスーパースターと、清商のスーパースターたちを見て、「オレもあそこでプレーしたい」という想いは強くなりましたか？

有村　「国立のピッチで試合をしたい」とはその時に思いましたね。それこそヤマとか小島、生津、船越優蔵とか同級生が試合に出ていた一方で、僕はスタンドで応援しているわけで、「凄いな」とも思いましたし、「オレらもここでやりたいな」という想いはありました。やっぱり国立競技場って特別ですよ。行くべきです。実際に入ってみないとわからないこともいっぱいありますし、この前の選手権でも新しい国立競技場に入って、「あぁ、やっぱりここは来んとわからんな」って。本当に良いところだと思います。

――3年生の時は腰の調子は回復していたんですか？

有村　腰の痛みはもうなかったですね。ただ、なんとなく1年間中途半端にやっていた影響もありましたし、1年生の時は思いきりできた半面、3年生になるといろいろな責任も出てくるので、それほどギャンブル的なプレーもできなくて、やっぱり1年生の時が一番のびのびやっていたとは思います。

――鹿実の3年生は背負うものが違うでしょうしね。ポジションはもう右のウイングバックですか？

有村　そうですね。最後は3－5－2だったので右のウイングバックでしたけど、後ろの3枚の真ん中でスイーパーをしたこともありました。高校の頃はサイドが多かったです。もう1年生の時からサイドバックにコンバートされていたかなあ。

――それまで県選抜でもフォワードをやっていたのに、サイドバックをやるのか、みたいな感じはなかったんですか？

有村　いや、県選抜でもサイドバックはやっていましたし、後ろから上がっていくことは嫌いではなかったですしね。そもそも平瀬もいるのに、自分がセンターフォワードかと言ったら、そうじゃない気もしましたし（笑）、サイズやスピードはどう比べてもアイツの方が上ですから、そう考えたらコンバートされたことも納得かなと。

――3年生の最後は日本一になる結末が待っているわけですけど、チームがスタートした時から手応えはあったんですか？

有村　「やれるでしょ」という手応えで進んでいっていましたね。県の新人戦で優勝して、九州大会は決勝で国見に負けましたけど、そこまでもそんなに苦戦することなく勝ち上がっていったことで、「九州でも上の方のレベルなんだ」ということもわかりましたし、自信はありましたよ。

　でも、実際に全国大会という意味では、インターハイは3回戦で茅ヶ崎北陵とやって、勝っていたのに追いつかれて、PK負け。全日本ユースの初戦の北陽戦も勝っていて、追いつかれて、PK負けだったんですよ。まだ後輩たちに何も残せてあげていないという想いがあって、「最後は必死に頑張らないかん」という感じでまとまった気がします。前の年はインターハイが3位だったので、全国のシード権を残してくれたのに、「オレらだけ何も残してないよね」という感じで最後の選手権に臨みましたね。

――インターハイの初戦は富山第一と対戦しているので、柳沢敦さんがいたわけですよね。5－1で大勝しています。

有村　覚えていますよ。やっぱり上手かったですけど、柳沢にやらせなければ大丈夫というのが戦い方としてありましたし、そこを封じ込めて、攻撃に移ったらこっちにも平瀬と久永がいたので、結構早めに点が取れたんですよね。それで畳み掛けていけた試合でした。

――3回戦で茅ヶ崎北陵に負けるとは思っていなかったですよね？

有村　はい。「もちろん関東のチームだから、ある程度やるんやろうけど」ぐらいの感じだったんですけど、まだ期待値の部分で使っている選手も多かったですし、それで負けたゲームなので、適正なメンバーで戦ったのかどうかはわからないですね。「ガチッとまとまって、こういう戦い方をするぞ」という段階までは行っていなかったかもしれないですし、こっちも手応えを持って戦っているような感じではなかったです。

鹿実での実体験を反面教師にする覚悟

――松澤監督がそれこそご自宅にまで来てくれて、有村さんも入学することになったわけですけど、指導を受けていく中でイメージが変わっていったような部分はありましたか？

有村　いや、変わっていったことはなかったですね。もちろん凄く厳しかったですけど、練習で細かい何かを教わったことはそこまでなかったです。でも、球際の大事さだったり、セカンドボールに対する執着心だったり、そういうことを凄く意識させられていたというか、サッカーをどうしようということよりも、ゲームを制するために一番大事な際のところは、常に言われていました。

たぶんその時にどういう選手がいるかによって

戦い方が違ったはずで、基本的に僕らの時は相手の背後にボールを送ってという戦い方だったので、凄く上手くなったかどうかはわからないですけど、絶対的に勝負に必要な球際、セカンドボール、切り替えのところは徹底していましたよね。それに対しては甘やかされる要素はまったくなかったですし、そこができないヤツは戦えないと思われるわけで、「上手くても、下手でも、そこはやれ」ということですよね。

――練習からその強度でやり続けるのが3年間のベースだったわけですね。

有村　そうですね。プレッシャーに行くための練習も凄く多かったですし、そういうことがほとんどでしたね。クロスの対応でも、バチバチに戦わなくてはいけないような要素の練習が多かったです。

そもそもボールを回すようなスタイルのチームではないですし、僕らのポジションだったらドリブルなんてしなくていいと。でも、サイドバックの人間からしたら、相手に角度を切られた時には、ちょっと運び出さないとボールを出せないじゃないですか。その状況でも「ドリブルするな」と言われるんですよ（笑）。僕はもともと前の選手なので、ドリブルが得意で、ドリブルで調子をつかんでいく選手だったのに、そのドリブルを封じられるんですよ。

――一番得意なプレーを監督に封じられるんですね（笑）。

有村　「取られたらどうするんか？」と。「取られたら危ないからドリブルするな」と。だから、「取られないようにすればいいんじゃないですか？」と……。

――え？　そう言ったんですか？

有村　「取られないように運びます」と。でも、「取られたら全部カウンターされるだろ」「わかりました」と（笑）。つまりはパスを出す選手に判断はいらないということなんです。でも、そうやって判断をなくしていくと、プレーの幅も狭まっていくんですよね。もう切られているコースしか見えていないわけですよ。寄せられて、切られて、ちょっと持ち直せば、違う角度の方にパスを入れられるのに……。

――それはダメなんですね。

有村　ダメなんです。そうすると、もう相手に狙われているコースに出すしかなくなって、味方も走っていないのに、誰もいないスペースにボールを蹴るしかないと。それも自分の判断ではないのに、そのプレーを選択しないといけないというもどかしさはありました。ただ、そういうことが指導を始めた時に、子どもの判断を奪ってはいけないとか、反面教師として生きている部分もあるんですけどね。

自分も全国優勝した一員ではあって、それはそれで楽しい思い出ではあるんですけど、どこか納得のいっていない自分もいたんです。鹿実じゃないと日本一にはなれなかったですけど、「別に僕じゃなくても良かったんじゃないか」とも思うわけじゃないですか。たまたま試合に出ていたというだけで、「誰が出ていてもできるでしょ」と。それでも根気強く使ってくれた松澤先生には感謝していますけど、「僕じゃないといけない理由はなかったよな」って。

指導者としては、選手にそういうことを感じさせたくないなと思います。それは当時の鹿実のサッカーを否定しているわけではなくて、「鹿実の良さを引き継ぎながら、神村の新しいスタイルを作っていくことが絶対に必要だろうな」と思ったことが、今につながっていますね。

松澤先生には相当怒られましたけど、納得のいかないことが多かったですし、誰も走っていないところにパスを出すということは、ボールを失っているだけですから。取られるぐらいだったら裏で勝負しろという考えですよね。ただ、鹿実の選手はその頃からスーパースターもいっぱいいましたし、そこを打開しようと思ったら、それができる技術のある選手もいっぱいいるわけですけど、僕はそんなことはさせてもらえなかったですから、難しかったですよね。

鹿実か、帝京か――。勝った方が決勝に行く

――3年の選手権は結果的に日本一になるわけですが、初戦でいきなり帝京と当たっていると思うんですね。前年度の選手権は帝京に負けているので、この試合は鹿実にとってメチャメチャ重要な試合だったんじゃないですか？

有村　実は松澤先生が手術されていたので、最後の最後の調整のところはいなかったんですよ。だから、チームに対して自信がなかったんだと思うんです。そういう状況で、しかも相手は強いとわかっている帝京で、もう負けて帰ってくる可能性が高いと思っていたみたいなんですよね。

でも、こっちからしたら前の年にやられているので、帝京に対戦相手が決まってからの1か月ぐらいの士気は相当高かったですし、練習中も甘えた雰囲気はまったくなかったですね。「絶対に帝京を倒すぞ」と。だから、1つは帝京戦に向かっていけたということが大きなポイントでした。

あとは僕たちの代はそこまで結果を残していなかったので、「自分たちは強い」と思っていないわけで、1個1個相手を倒していく状況の中で、結構強いと思われていたチームが負けていって、松澤先生に「オマエら、チャンスじゃないか？」と言われた時に、「あ、チャンスかも」と。そこから大会の途中で「これはモノにしないとダメやな」という雰囲気になっていきましたね。

あの帝京戦は「前半は0－0で100点。0－1で80点だ」と松澤先生も言っていたのに、ハーフタイムにはまさかの2－0で帰ってきましたから（笑）。

――先ほどおっしゃった帝京戦までの1か月で緩みのない練習ができたというお話も含めて考えると、初戦が帝京だったことと、その帝京に勝った

ことは、この大会全体で考えてもとにかく大きかったんですね。

有村　本当に大きかったですよ。あとは鹿実と帝京が選手権で当たると、必ず勝った方が決勝まで行っているんです。竹元先生の時も3回戦で帝京に勝って、鹿実が決勝まで勝ち上がっていますし、その次の年は前園さんたちが帝京に負けて、その帝京が優勝したんです。僕らの1つ上の代は準々決勝で帝京が勝って、そのまま決勝に行ったので、帝京戦の前はみんなで「ここが際だぞ」と話していましたね。

――実際にそれで帝京に勝って決勝まで行ったわけですからね。

有村　松井（大輔）たちの代も、田中達也がいた帝京に勝って決勝に進んでいるんです。

――本当だ！　そんなジンクスがあったんですね！　そのあとは3回戦で鵬翔に5－1、準々決勝は室蘭大谷に4－2と、なかなか派手な勝ち方をしています。

有村　点は取れるチームでしたけど、失点はすると。確か全試合失点して優勝したのは、鹿実が初めてだったという話を聞いた気がします。

――準決勝の初芝橋本戦で2年前にスタンドから見ていた国立競技場のピッチに立つわけじゃないですか。初めての国立はいかがでしたか？

有村　国立の緊張感みたいなものはまったくなかったんですよね。初戦の時の帝京の応援が凄すぎたので、みんなも「帝京戦の方が緊張したな」みたいな感じでした。

――帝京の応援って〝ザ・高校サッカー〟みたいな感じですからね。

有村　そうなんですよ。東京代表なのでスタンドの圧も凄いですし。だから、準決勝は国立でのプレーではあったんですけど、普段通りに試合に入れました。相手は初芝橋本で新興勢力だったので、そこに嫌な感じはありましたけどね。実際に先制されましたし。それでも国立はやっぱり大きくて、「こんなところでプレーできるんだ」とは思いました。

静学と両校優勝という〝最高の結果〟

――そして静岡学園と対峙した決勝戦は、選手権最後の両校優勝となった一戦でしたが、この試合は今からどう振り返りますか？

有村　「ここまで来たらやるしかない」という想いがあったのと、本当に鹿実の練習は3年間キツかったので、あとは選手権に行くだけで、この練習場に帰ってくることは2度とないという最後の練習の時には、「良かった、良かった」とみんなで言い合いましたからね。

でも、決勝の前の日に、優勝した場合には「ニューイヤーサッカー」に出なくてはいけないと、海外のチームが来て試合をするんだということを聞いて、そこでみんな真剣に悩みましたよ。「明日は絶対勝ちたい。でも、勝ったらまた1週間グラウンドに行って練習しないといけないんだぞ」「それはキツいな」「どうする？」というような会話があって、結局答えは出なかったですけど(笑)、「やっぱり負けたくない」という気持ちで国立に乗り込んでいって、静学が先制、追加点、鹿実が2点を追いついて、両校優勝と。試合後に「ニューイヤーユースは先制点を取ったチームが出るらしいぞ」「え？　最高の結果やんか」と。練習はしなくて良くて、日本一にもなって、前日に答えは出なかったのに、一番いい形になったと(笑)。

もちろん絶対に勝ちたいと思ってやっているわけで、先制されることだって狙っていたわけではなかったですけど、延長に入った時は「行ける」と思っていましたよ。静学も上手いですけど、スタミナが売りのチームではないですし、こっちには走り勝つイメージは十分ありましたし、時間内で決着をつけたかったですけど、そうはうまくはいかないですね。

――ニューイヤーユースのお話を伺うと両校優勝で良かったのかもしれないですけど（笑）、実際に試合が終わった直後はどういう想いがありましたか？

有村　僕らからすれば2点差を追いついているので、どっちかと言うと勝ったぐらいのイメージでしたけど、静学にしてみれば追いつかれている悔しさもあったと思いますよ。でも、結果的には決着がつかなかったので、お互いに喜び切れない部分はあったでしょうね。

ニューイヤーユースの話は宿舎に帰って、冷静になってからの話で（笑）、それは願ったり叶ったりでしたけど、僕らにしてみれば松澤先生がずっと監督をやってこられた中での初優勝だったので、勝てなかったけれど負けなくて、後輩たちに残してあげられるものが1つできたことも良かったですね。

――松澤先生は胴上げされたんですか？

有村　それこそ松澤先生は腰のヘルニアの手術だったと思うんですけど、胴上げしてはダメだったと思います。その代わりに（竹田順数）監督とカルロスコーチを胴上げしましたね。

心をくすぐって反発心を力に変える

――ああ、もうその時の松澤先生は総監督だったんですね。改めて最後は日本一で終わった鹿児島実業での3年間は、有村さんにとってどういう時間でしたか？

有村　うーん……、もう起きたことが濃すぎて二度と戻りたくないです（笑）。ただ、人生にとって大切なことは全部高校の時に教えてもらいましたし、そういう経験があるから今も高校サッカーに携われているのだとも思いますし、そういう道を通ってきたからこそ、今の子たちが考えそうなこともわかるわけですよ。

逆にそういう発問をして、罠を仕掛けて捕まえることもできますし（笑）、良い方向にも導けますし、そういう意味では高校生というもの自体は大きく考え方は変わっていなくて、高校サッカーを通していろいろなものを僕らが見せてもらったように、今度は僕らがそれを感じてもらえるようなことができるようにしていきたいですし、その土台を作ってくれたのが高校サッカーかなと。

だから、全国優勝したとかしなかったとかはまったく関係がなくて、優勝は本当におまけみたいなもので、そういう意味では僕も高校サッカーに魅せられた1人ですし、そこで経験したものが大きかったからこそ、また高校サッカーに戻ってきたのかなと。松澤先生との出会いも含めて、大事な時間を過ごさせてもらったと思っています。

——松澤先生に対して、高校生の当時に思っていたことと、指導者になった今だからこそ感じることというのには、やはり違いがあるものですか？

有村　いや、そんなことはないですよ。ただ、感情を出させるという部分で、今から考えたら「たぶんそういうことだったのかな」ということはあります。たとえば「こんな発問をしたら、どんなリアクションを取るのかな」と思われていたり、反発させてみて人間としてのコントロールができるように仕向けていたのかなと。

僕らもやるんですよ。怒りっぽいヤツには、「これを投げたら絶対に怒るやろうな」という言葉を投げて、その子がちょっと「怒りました」みたいな態度を取った時に、「オマエはそういう人間だと思っているから、わざとそんな言葉を投げたのに、それにいちいち釣られるのか」と。「そういう感情をコントロールして、自分をもうちょっと見つめないと良いプレーにつながっていかないだろ」というようなやり取りをしてみたりとか、そういうことをわざとしますからね。松澤先生もそんなことをしとったなと。僕らの反発心のような感情を出させるのが上手でしたよね。

優勝した経験を後世につなぐ役割

――大学は福岡教育大学に進学されていますが、この経緯を教えていただけますか？

有村　まずは体育教員の免許が取れるところに行きたかったので、鹿屋体育大学にも行きたかったですけど、チームメイトが行くことになっていて、そうこうしているうちに松澤先生から「福岡教育大学はどうだ？」と言われたんです。当時の福岡教育大は九州で4番手、5番手ぐらいを争うぐらいのチームで、最近は推薦生も集め始めていると聞いたので、「それなら行きたいです」ということになりました。

みんな勉強して入ってくるような大学なので、サッカーの能力が凄くあるヤツが集まってくるチームではないですけど、みんな一生懸命サッカーをやっていましたし、のちのちは学校の先生になりたいと思って来た人ばかりだったので、そういった面ではいろいろ勉強になりましたね。3年生の時は総理大臣杯で3位になっていますよ。最後は準決勝で早稲田に負けたんですよね。

――大学に入学する時はプロサッカー選手という将来も視野に入っていたんですか？

有村　もちろんです。サッカー選手になりたいという想いはありながら、それこそサッカーに携わっていく形として学校の先生というのがぼんやりとあったイメージです。ただ、選手権を優勝してから「いずれにしても学校の先生にならないといけない」ということは強く思いました。優勝の経験を後世につないでいく役割をしないといけないなと思ったんですよね。

――それは鹿児島のサッカーのために、という想いですか？

有村　そうですね。今も学校の先生をしていて、選手権で優勝している鹿児島の人間となったら、たぶん僕と栢野（裕一・神村学園高等部コーチ）しかいないんですよ。僕らのあとに日本一になった岩下（敬輔）たちの学年で、鹿児島で先生をしている人間はいないんです。だから、鹿児島の子どもたちのために、そういう経験をつないでいかないといけないという想いでやっていますね。

――有村さんが入学されてから、九州学生リーグの順位が1年ごとに4位、3位、2位と上がっていって、4年生で優勝って凄いストーリーだなと思うのですが、この福岡教育大が強くなっていく過程に関わってらっしゃったことについては、実際にいかがでしたか？

有村　入学した時はチームもまだそこまで強くない状況でしたし、同じタイミングで入ってきた推薦生の中には「大学でひと花咲かせてやろう」というヤツと、「オレは高校でやり切ったから」というヤツがいて、「ああ、これはオレも一生懸命やらないといかんな」と思ったのが最初のイメージですね。

でも、頑張るんですけど負けるんですよ。ちゃんと練習したはずなのに、「え？」というようなミスでやられたりするんです。それが1年目は歯がゆかったですね。僕は1年生からずっと試合に出ていたので、個人としては十分通用していたんですけど、チームとしての結果がついてこないのが残念でした。

そのあとにはデンソーカップのメンバーにも入っていましたし、全国大会になってもやれないこともなかったので、大学サッカーにストレスを抱えながらやっていたことはそこまでなくて、逆に高校時代にいろいろなことを制限されてやってきていたので、大学に入って「自由にやればいいじゃん」みたいな雰囲気になった時に、やっぱりやれることが増えるんですよ。

大学ではポジションも中盤に上がっていましたし、凄く余裕を持ってできていましたよね。4年生の時はリーグのMVPをもらって、それこそ周囲は「プロに行かんのか？」という感じにはなっていましたけど、その頃の自分の中には「サッカーでのし上がってやろう」というマインドはなくて、「プロに行きたい」とは言っていたものの、それを職業にしてやっていくほどの熱量はないと思ったので、大学の先生も「進路はどうするんだ？　J2なら話はないわけでもないぞ」と言ってくれたんですけど、「さんざん今までサッカーをしてきましたし、いろいろ勉強したことを高校の指導に持っていきたいと思っています」と言いながら、大学院に行こうと考えていました。

プロに行ってもそれほど活躍できるとも思わなかったですね。やっとったらわからなかったかもしれないですし、大学に入っていろいろ開花した部分もあったんですけど、そこから10年も20年もプロサッカー選手を続けていけるほどの情熱があったわけではないので、先を見たんですかね。プロになったあとに、30歳ぐらいになって学校の先生になろうとすると、遅いことはないかもしれんけど、その世界に早く入った方がいいのかなとも思いましたね。

周りの人たちは「もったいない」と言っていましたけど、自分にそういうつもりがなかなかなかったので、プレーするサッカーはもう遊び程度でいいのかなって。だから、その時の鹿児島にはヴォルカ鹿児島という、鹿児島ユナイテッドFCの前身のチームがあったんですけど、そこにも入ろうとは思わなかったですね。もう指導の方に頭が行っていました。でも、今の神村学園の立ち位置を考えたら、長年積み上げてきたことでここまで来ているわけなので、良い選択だったのかなと思います。

選手たちに伝える信念。「見えないとサッカーはできない」

――インカレにも3回出て、3年生の時は関西学院大学戦でゴールも決めていますね。

有村　あ、決めてます！　直接FKを決めていますね。プレーヤーとしては器用さもあって、まあまあセンスはあった方だと思います。でも、その器用さを右サイドに封じ込められていた高校時代だったので（笑）、大学に入って急にいろいろなものが見え出したというか、ピッチの全体を把握できていたというか。そう考えるともしかしたらプロでも成功しとったかもしれんね（笑）。

――そのお話だけ聞いたら、凄い選手になっていたかもしれないですね（笑）。

有村　凄い選手になっていたかはわからないですけど、そういういろいろなものが見えることは自分の武器だと思っていたので、今の子どもたちに教える時も「見えなきゃサッカーはできないから」という方向性はありますし、見えるレベルがどのくらいかを追求している感じもしますね。でも、根性がなかったから無理やったかもな（笑）。

――そう考えると、改めて本来自分が持っていたものを解き放つことができたり、サッカーの面白さを再確認できた大学生活という感じですか？

有村　そうですね。実際に凄く自由にやらせてもらいましたし、また高校サッカーとは違う雰囲気でサッカーをさせてもらったなという時間でした。

――1つ下に森田浩史さん（大宮アルディージャU18監督）がいて、後輩に山城（朋大・大津高校前監督）さんがいて、プレミアリーグに福岡教育大のOBが3人いるなんて素晴らしいことですね。

有村　本当ですよ。なかなかないことですよね。OBとしては頑張っている方じゃないですか。この間、森田ともそんな話になりましたけど、さらに1つ上にもJリーガーになったアリさん（有村光史）もいて、アリさんは凄く良い人なので、僕はいつも「ダメな方の有村」って言われていました（笑）。アリさんは勢いのある左のアタッカーで、僕は右でゲームを作りながらという感じで、クロスを上げたら森田がヘディングでドーンと。点も取れて、凄く良いチームでしたよ。

神村学園がサッカー部を創設し中等部の監督に就任

——大学を卒業する時点でそもそも就職活動をしていたのかということと、どういう形で社会に出ていったかということを教えていただけますか？

有村　教員の採用試験は1回受けました。大学時代に総理大臣杯で3位になっていたので、鹿児島県の体育の実技免除というのをもらえたんです。でも、もともと採用試験に受かるなんて思っていなかったので、とりあえず受けてみようという感じで、実技免除の申請も結局出さなかったですね。むしろ「実技がどんなものがあるのかも見てみよう」と思っていました。

就職活動はしていないですし、就職するつもりもなかったです。だから、大学を卒業する時には大学院に入って、2年間はいろいろな勉強をして、進むべき道を決めなきゃいけないなと。それはもう高校の教員になるのか、そのまま大学で論文を書いたりして研究する道に進むのか、いろいろ考えなきゃいけないなと思っていました。ただ、結局募集がなくて大学院に入れなくて、次の年に試験を受けるために「もう1年残れ」と言われて、サッカー部の先生の研究室に残っていたんですよね。

——大学院の募集自体がなかったということですか？

有村　例年はそんなに応募があるわけではないので、「申し込みは3月でいいぞ」と先生から言われていたんですけど、その年だけ応募が多くて、3月より前に締め切られてしまったんです。「ケイ、入れなくなったぞ。1年間オレの研究室に残れ」と先生に言われて、「はい。残ります」と。「チームのコーチをしてくれたら助かる」とも言われたので、コーチをしながら先生の研究室で英語の論文を訳したりしていましたね。

——それは研究室でアルバイトする、みたいな感じですか？

有村　いや、聴講生みたいな感じなのかなあ。授業があるわけでもないので、「まあ1年間コーチでもしながらのんびりしろよ」みたいな感じでした。

――基本は研究室に行くわけですか？

有村　行ってもいいし、行かなくてもいいと。でも、用事がある時は先生から連絡が来て、「この論文をちょっと訳して来い」みたいな感じでしたね。でも、もうその年の5月ぐらいには神村から話があって、松澤先生から「ちょっと話を聞きに帰って来い」と言われて神村に行ったら、それはもう面接だったんです。松澤先生に「先生、面接やったですよ」と言ったら、「ああ、そうか。良かったな」「え？　行った方がいいですか？　逆に僕でいいんですか？」と。その時に神村から来たのは、「高等部の監督をやってくれ」という話だったんです。

――神村学園高等部の男子サッカー部を立ち上げるから、そこの監督をやってくれということですよね？

有村　そうですね。中等部のサッカー部は先に立ち上がっていて、竹元先生はそっちを指導されていたんです。その次の年から高等部も男子生徒を募集するようなタイミングで、「今年は生徒募集と女子サッカー部のコーチをしてくれ」と言われたので、2000年は大学のサッカー部を見ながら、神村の女子サッカー部のコーチと高等部の男子サッカー部を立ち上げるための準備をしていました。

――その次の年の2001年はもう教員として働かれていたんですか？

有村　そうですね。教員としての採用でした。その間に少し方針の転換があって、結局2002年からは竹元先生が高等部のサッカー部を見て、僕は中等部のサッカー部の監督をすることになったんです。

鹿児島のサッカーを変えるべくボールを大事にすることを徹底

――確かにプロフィールを拝見すると、そうなっていますよね。ここがいわゆる指導者のスタートだと思うんですけど、そこで中学生を指導されたというのは率直にいかがでしたか？

有村　中学生って一番大事な時期じゃないですか。だから、楽しかったですよね。ちょっと言葉は難しいですけど、「勝つ」ということを大事にしなくてもいいというか、最初に「僕らが求めているこ とを中高6年間でやろう」というのは竹元先生と話しながら、テクニカルにボールを運べる、止められる、蹴れる、ということの徹底と、主導権の握り方として「ボールを大事にするということをウチのスタイルにしよう」とも決めたんです。

当時の鹿児島はそういうことが主流ではなくて、「行け！」「走れ！」の時代だったので、その中でボールを大事にすることを徹底してやっていました。

当時は鹿児島の中学生のゲームを見ていても、みんなすぐに蹴ってしまって、ボランチにボールが入るようなことがほとんどなかったんですよ。サイドからは縦、真ん中からも縦で、「え？　ボランチにポンッて渡せばいいじゃん」と思っても、そんなシーンはまったくなくて、「ああ、鹿児島のサッカーはこういうことなんだな。これを変えていかないといけないな」とは凄く思いましたよ。

――指導自体は初めから「向いているな」と思いながらやれていましたか？

有村　そうですね。でも、鴨池でJリーグの試合があって、そこにウチの子どもたちを補助員で連れていったり、単純に試合を見に行った時に、自分と歳の近い選手がプレーしていることに刺激をもらいながらも、表舞台には「絶対にオレの方が上手いやろ」と思っていたような選手が立っている一方で、その時の自分の立ち位置は誰からも認められていたわけでもなかったので、「オレは何をやってるんだ？」とも思いました。

　それでも「この子どもたちが輝けばいいんだ」と考えれば、そこは割り切れましたし、そういういろいろな想いも抱えながらやっていた部分はあったかもしれないですね。それは誰かに認められたいということではないんですけど、正直何かを始める時って、自分が思い描いていたようなところからスタートできるわけではないじゃないですか。それこそ地べたを這いつくばって、というようなところから始まるわけだから、今から考えればその時はそういう〝ごちゃごちゃ〟した想いの中でやっていたんだなって、改めて今話しながら思いました。あまり普段はそういうことを振り返ること自体がないですからね（笑）。

――そうですよね。でも、今のお話を伺っていると、もう高等部のサッカー部が立ち上がった時から、「中高の6年間を通じて神村学園のサッカーを極めていこう」というビジョンがあったんですね。

有村　当時は中高一貫での指導をやっているところが少なかったですし、もちろん最初から良い選手が集まってくるわけではないので、やっぱり自前で育てて、その子たちが高等部に上がっていった時に、スタメンで出ている中等部出身者が6人ぐらいになったらいいなと。それぐらい中等部で力をつけて、高等部に上げていこうという感じでしたね。外から来てくれた選手を手っ取り早く使うのではなくて、テクニックもあって、いろいろなことができる選手を、中等部で鍛えながら育てていくという目標でやっていました。

次第にできていった流れ。「神村でサッカーがしたい」

――当時の記録を調べてみると、神村学園の中等部がなかなか大会での結果には恵まれない中で、県内だと鹿児島育英館中学校が全国レベルでも良い成績を残していたと思うんですね。それこそ大迫勇也選手もOBで、鹿児島城西高校とのつながりもありながら結果を出していたわけですけど、やっぱり育英館中学校に対するライバル意識はあったんですか?

有村　立ち上げは向こうの方が遅かったんですけど、その時の(鹿児島)城西の立ち位置を考えて、育英館中学校に入っていく良い選手はいっぱいいましたよ。僕らと彼らが決定的に違ったのは、育英館は勝負に徹するような感じのサッカーをする学校で、城西もその流れを汲んでいましたけど、僕らがボールを大事にするスタイルを貫いていると、やっぱり勝てないんです。

ゴール前でも判断をなくしてクリアしてしまうようなことを僕は中学生にも許さなかったですし、「つなげるんだったらクリアじゃなくてパスにしよう」と。でも、中学生だから難しい部分もあって、それで相手に引っ掛かって失点して負けるようなことも多かったんです。

あの時は勝てなかったですけど、自陣のゴール前だろうが判断を貫いてサッカーをしようとするのが神村だというイメージが、周囲の方々にも漠然とできていって、「ああいうサッカーをしたいな」と思ってくれる選手が高等部にも集まってきてくれるようになって、その高等部の立ち位置を見て、「あそこでサッカーをしたい」と思ってくれる小学生が中等部に入ってきてくれている今の流れを考えると、それはそれで正解だったかもしれないですよね。

ただ、当時のことを考えたらやっぱり育英館が勝っていましたし、人も育英館に集まっていたわけで、そこから城西に行ってプロになった選手もたくさんいますし、それはそれで1つの城西の形であって、神村は神村で今の形があるわけですよ。ただ、そこまで育英館にライバル心を燃やしていたわけではなかった気もしますね。

その頃の育英館の監督をしていたヤツも僕より歳もちょっと下で、尖ったヤツじゃないんですよ。同じ私立のライバル校でも、純粋に「有村さん、どうしたらいいんですかね？」と聞いてきたりするタイプなので、こっちも「こうしたらいいんじゃない」と話しながらやっていましたし、「お互いに勝っていけたらいいよね」という感じだったので、そんなバチバチした感じではなかったですよ。

大迫勇也も最初は神村の練習に来たんです。凄く慕っている先輩がウチにいたので。ただ、その時のウチは全寮制だったので、そこが引っ掛かったみたいで育英館に行くと。全寮制じゃなかったら、ウチに来とったかもしれないですよね。やっぱり当時から凄かったですよ。「ああ、これは良い選手だな」と一目でわかりました。

――中等部の監督をされていた時は、高等部のサッカー部とはどのくらいの関わり方をされていたんですか？

有村　立ち上げの時は、竹元先生と僕ともう1人の3人だけで中等部と高等部の指導をやっていたので、高等部にも行きながらでしたけど、スタッフが少し増えてきてからは基本的に中等部をずっと見ていて、試合がある時には高等部の方にも行って、という感じでした。

ただ、ずっと関わっているわけではないですけど、もちろん大きな枠での神村学園のスタッフなので、中等部から高等部に上がったヤツには声を掛けたりとかしながら、たまに〝残り組〟の練習を見たりとか、遠征に行くようなこともありましたよ。

初の全国の舞台でベスト4。三ツ沢で桐光学園に競り勝つ

――選手権で全国に初めて出たのが2006年度で、いきなりベスト4まで勝ち上がりましたけど、その頃は高等部の練習も見ていたんですか？

有村　見ていましたよ。その時もまだスタッフは3人でしたし、高等部の3年生が中等部の3期生だった世代で、メチャメチャ濃く接してきた学年だったので、選手権のベンチにも入っていました。

――創部5年目で選手権に出て、しかも国立まで勝ち上がったということは、神村学園にとっても間違いなく大きなトピックスでしたよね。

有村　大きかったです。まさかそんなに早く全国に出られるとは思っていなかったですし、初出場でベスト4まで行けましたからね。その時は鹿児島では無双状態ぐらいの選手たちが揃っていたので、県内は勝ってもおかしくなかったですけど、全国でそんなに勝ち上がれるとは考えていなかったです。

――僕はその大会の3回戦の桐光学園戦を見に行ったんですけど、神村が凄く良いサッカーをやりながら、しかも普通に勝ってしまって、「みんなとにかく楽しそうだな」ということと「まだ鹿児島にこんなチームがあるのか」と思ったんですよね。

有村　あの試合は三ツ沢で完全アウェイのゲームだったんですけど、先制したのに後半の開始早々にハンドでPKを取られたんです。そんな感じで追いつかれたので「オマエら、こんな試合で絶対に負けるなよ。負けたら後悔するぞ」と言ったら、そこから勝ち越したんですよね。やっぱり三ツ沢で桐光に勝つぐらいだから、そこそこ力があったんだと思います。

――中等部は2021年と2023年に全中で優勝して、今は結果もついてきていると思うんですけど、20年ぐらい掛けて中高一貫で6年間同じサッカーをやるということを、他校に先駆けてやってきた成果や手応えは、今になってどのように感じていますか？

有村　結果を急がずにやってきたことがすべての土台になっていますね。たぶん目の前の結果を欲しがってそこに向かっていったら、今の神村学園の雰囲気やスタイルは残ってきていないんじゃないのかなって。中等部は今もそういう形でやっていますし、最近は結果として勝ったというだけで、別に勝たないといけないと思ってやっているわけではないんです。

目の前の結果を欲しがって
そこに向かっていったら、
今の神村学園の雰囲気やスタイルは
残ってきていない。

去年の選手権もそうですけど、それこそ全中では結果を残せなかった学年が、ああやって高校生になって全国で上まで勝ち上がっていったというところは、ブレずに神村のスタイルをみんなで大事にしてきて、ブレずに幹を太くしてきていた、この20年の積み上げの成果なのかなとは思います。

九州で言うとヒガシや大津がずっとあの位置でい続けているところに、僕らも入っていかなくてはいけないとは思っていますよ。神村としての存在感を出し続けなければいけないというところを考えつつ、僕らがいなくなったとしてもその立ち位置であり続けられるようにやっていけるものを残さなくてはいけないと考えると、やっぱりみんなで取り組んでベースを作ってきた20年なのかなと思うので、ここからも急ぎすぎずにやりたいですよね。

たとえば青森山田が負けたら皆さんが「え？」って思うわけじゃないですか。でも、今の神村が簡単に負けても「え？　でも、まあああるな」と（笑）。今はそういう感じだと思うんですよ。でも、焦らずに今やっていることを続けていったら、おそらく勝つ方向だけに振れていなくても、「え？　神村が負けたの？」という立ち位置になっていくんじゃないかなって。積み上げていく過程の中で、必然的に勝ったとか、必然的にゲームを支配していたとか、そういうチームになることが望ましいかなと思っています。

最初の3年間は「足りない」ことばかりを考えていた

――２０１４年に高等部の監督に就任されて、そこから3年間は全国大会に出られなかったと思うんですね。特に選手権は3年続けて決勝で鹿児島城西に負けています。もちろん神村学園のスタンスとしては「勝てばいい」というだけではなかったと思うんですけど、この3年間は苦しい時期というイメージですか？

有村　いやあ、だいぶ苦しかったですね。結局、「高校サッカーの勝ち方」がわからなかったんですよ。もちろん負けようと思ってやっているわけではないので、どうやったら勝てるのかなということは探りながらやるんですけど、人間って勝つために必要なものを考えていったら、足りないものだらけなんです。「アレも足りない」「コレも足りない」みたいに不安要素ばかりが出てきて、そういうふうになると自分から先にその不安要素を削ろうとするんですよ。その3年間は「足りない、足りない」ということばかり言っていた気がします。「チーム力が足りないからああしよう、こうしよう」「人も足りないからああしよう、こうしよう」って。でも、実際は「足りない」と言っても仕方ないんだから、足りているもので戦えば良かったんですよ。それに気づいたのが監督になって3年目の橘田（健人）たちの年ですね。

最後に選手権の決勝で城西に負けて、全国には出られなかったんですけど、あの時のチームは本当に良いチームで、どんな試合になっても勝つと思っていましたから。でも、選手権が始まる直前にボランチの選手がケガをして、そこを埋めるのにいろいろ動かしてコンバートしなくてはいけなくなって、その年は城西に全然負けてなかったんですけど、その決勝だけ1点がどうしても取れなくて、バーやポストに当たったシュートも何本もあって、結局カウンターを食らって0－1で負けたんです。

ボランチのヤツがケガでいなくなった時に、僕が不安に感じてしまって、そこを埋めるために誰を使うかを迷ってコンバートしたりしていたので、やっぱりその時点で負けていますよね。だって、僕が感じていることなんて相手は知らないわけで、そのまま堂々と戦えば良かったのに、いろいろとやり方を変えたりして。

結局は僕が不安に思っていることが、選手たちにも伝わっていたんじゃないかなって。選手の立場からすれば、僕が「十分やれるから頑張って来いよ」と言うだけで全然違ったでしょうし、そういうふうに言葉として伝えていっているつもりの自分が、全然子どものことを信頼し切れていなかったんだなということを、その時に感じたんです。

保護者の方々もこっちがやりたいと言ったことを本当にバックアップしてくれましたし、実際は「足りない」なんてことはまったくなくて、「足りすぎる」ぐらいにいろいろなことをやってくれたのに、料理で言えば「どんな食材を渡されても、シェフの自分に腕がないから何も作れないんじゃないか」と。みんなが足りないものを渡してくれようとしているのに、「結局ダメだったのはシェフ1人かよ……」と。それに気づけたことは大きかったですね。

でも、そのために犠牲になった子どもたちも保護者もおるわけだし、それに対してはもうずっと懺悔の気持ちがありますけど、実はそこから少し楽になったんです。「今あるものだけで戦えばいいんだ」ということに気づいて、それなら今あるものを最大限に出すしかないわけで、そうなるとやることもより整理されて、そこからは選手権も6連覇できましたからね。もちろんその間も足りないものはあるんですけど、シェフとしての腕が少しずつ上がってきたのかもしれないですし、足りないところのカバーの仕方もわかってきたのかなと。

城西の新田（祐輔監督）とか鹿実の森下（和哉監督）も今は苦しんでいるじゃないですか。だから、彼らにはその話をしますよ。「オマエ、何で交代させたの？」「何でこういうシステムで来たの？」と聞いたら、「こうだと思いました」と答えるので、僕は「先にオマエが動いたから、オレは『ああ、不安に感じているんだな』と思ったよ。でも、オマエがその不安そうな空気を出さなければ、オレはわからんし」と。

それこそ初先発のヤツが出てきたら、こっちは「コイツ、やるんじゃないか？」「隠し玉持ってたんじゃないか？」と思うわけで、「でも、そういうヤツを信用し切れずに、焦って動いたりして代えてしまったら、結局は良い方に出んよね」という話をするんです。

僕は自分たちだけが勝てばいいなんて思っていなくて、鹿児島のサッカーが強くなるためにお互いライバル心を持っていければいいと考えているので、そういう意味では最初の3年間でいろいろなことを学ばせてもらいました。その3年間の城西の監督は小久保（悟）先生で、退任された次の年にはPK戦で勝ちましたけど、小久保先生がいるうちに1回は勝ちたかったなとは思います。そこは心残りですね。

勝つためにはどんなことも平気でやり切れてしまう先生なので、そういう意味では監督としての経験の差もそうですし、力量の差もそうですし、それをさんざん見せつけられました。「勝つってこんなに難しいのか」と。それまではそんなことなんて思ったこともなかったんですけどね。

アイツらが帰ってこられる場所を残しておきたい

――とはいえ、有村さんの監督就任4年目からの神村学園は、インターハイも選手権も一度も全国を逃していないというのも凄いことですよね。

有村　それはたまたまやけど、あの3年目みたいな苦しみは選手たちに味わわせたくないですよね。でも、選手たちはその頃を知らないので、こっちが必死に言っても伝わらないというか、それこそ「あの苦しみを1回味わってみろ」と言いたいけど（笑）、味わったらオシマイですし、あの頃は苦しかったなあ……。「結局ダメだったのはオレかよ」と思った時は、もうどうやってみんなにお詫びをしようかと思いましたから。うん、苦しかったです。

――今だからようやく振り返られることでしょうか。

有村　そうですね。あの時に僕の中では時間が1

回止まっているんです。たまたま今はその代から橘田が活躍してくれているので、また時間が動き出してはいるんですけど、今でも複雑な気持ちはずっとあります。僕だけ前に進んでいて、アイツらをそこに残してきてしまったような感覚で、「オマエが負けさせといて、オマエだけ来年もあるのかよ」というふうに自分で思ってしまうんです。

だから、あの時は「もう自分が退いた方がいいのかな」と思いましたけど、生き恥をさらしてでもアイツらが帰ってこられる場所として、ここを残していく方がいいのかなとも思ったんです。そこから逃げてしまうのは簡単ですけど、そのプレッシャーの中で、苦しいかもしれないけれど、アイツらが「元気にやってますよ」と帰ってきた時に、そういう場所がある方が大事なのかなとも思ったので、「自分も続けなくては」と。あの時の選手たちは本当にかわいそうでしたね。

——その時のことを思い出されたりするんですね。

有村　思い出しますね。「すいません……」って泣きながら帰ってきたからね。たぶんアイツらも負けると思っていなかったんですよ。その年は1回も城西に負けていなくて、結構圧倒して勝っていたので、負ける要素は何もなかったはずなのに、最後の選手権だけ、ね。

その瞬間瞬間を見逃さず選手の良さを伸ばしていく

——それこそ去年は福田（師王）選手や大迫（塁）選手がいて、今も西丸（道人）選手や名和田（我空）選手、吉永（夢希）選手のように国内でも名前を知られる選手が出てきていますし、神村学園のスタイルややりたいことも認知されていると思うんですけど、今の神村学園を取り巻く環境に関して、有村さんはどう感じていますか？

有村　こういうふうになろうと思ってなれるものではないと思うので、そう思ってもらえることは凄くありがたいことです。僕らとしてはやっぱり勝利というところに振れすぎずに、世の中が認知してくれるような良い選手を輩出していきながら、必然的に勝っていけることがベストだと思いますね。

「こういうふうに指導したから、こういう選手になったんですよ」なんてものはもちろんなくて、僕は高校生の間はその子のストロングをとにかく伸ばしてあげたいなと思うので、「こんなこともできないんじゃダメだよ」ということではなくて、その選手の良さだけをまずは伸ばしてあげたいんです。

そういうことをしてきたから、今注目されているような選手たちが出てきたんじゃないかなとも思うんですよね。粗さもありますし、ダメなところもあるんですけど、そこって自分が消そうと思った時に消していけるんです。でも、良さを伸ばすことって、その瞬間でしかできないことだと思うので、自分のダメなところはやる気になった時に消しにかかればいいのかなって。そんな感じの選手とのやり取りはしているつもりですね。それがたまたまいい感じに見られているのかもしれないです。

だって、完璧な選手なんていないないですから。でも、強みを持っている選手ほど目を引くわけで、それは振れ幅も大きいというか、「アイツはこれだけダメなところもあるけど、これだけ良いところも持っておるぞ」みたいな。でも、「これだけ良い」は評価されると思うんですよね。「これだけダメ」はあとで消せばいいのかなという気はするので、だからウチは勝てなかったりするんですよ（笑）。

でも、それはチームで消していけばいいですし、1年間で考えれば、彼らの目標としては選手権が一番大きなものだから、そこでチームとして戦えるようにすればいいと思いますし、それまでは良いところとダメなところの振れ幅が大きくても、良いところにこだわってやればいいかなと、僕は思っていますけどね。選手がやりたいと思っていることをやらせてあげることがいい気がします。まあ、それは僕がパスの角度を作らせてもらえなかったところにつながっていくんですけど（笑）。

――ああ、鹿実の右ウイングバック時代が蘇ってきますね（笑）。

有村　それも勉強させてもらったことですから。だから、「もっとコイツはできるんじゃないか」と信じてあげる方が、結果的に選手もやれるというか、「こんなこともやってみろよ」と言ったら、やれちゃったみたいな。そっちの方が選手も面白いでしょうし、神村はそんなスタンスなんですかね。

――松澤先生は鹿実を本当にゼロからあの立ち位置まで持っていかれて、あれだけの素晴らしい選手たちを輩出して、日本一にも輝いたと。一方で、もちろん竹元さんとの二人三脚ではありながら、有村さんも神村学園をゼロからこの位置まで押し上げてきたと思うんですね。そんな今だからこそ、より松澤先生が鹿実で成し遂げてこられたことの凄さを実感されている部分もあるんじゃないですか？

有村　ありますよ。松澤先生が築き上げてきた鹿実での実績もそうですけど、さらに僕らみたいな後進の指導者も育てているわけで、「オマエらも頑張ってやってみろ」という道を作ってくださったんですよね。いわば鹿児島でもライバルになり得るかもしれない高校に自分の教え子を送り出して、今となったら実際に鹿実のライバルになっているわけで、そうすることによってずっと〝松澤イズム〟は残っていきますし、僕らはそれを受け継いでやっていかないといけないと思っています。

鹿実の残した大きな結果の偉大さと同時に、自分のことだけを考えていないことの偉大さが素晴らしくて、もっと大きなビジョンで、鹿児島のために、九州のために、日本サッカーのためにというう、その種を蒔いてくれたからこそ、ちょっと僕らのような芽が出てきたのかもしれないですし、神村学園のサッカーを辿っていったら松澤先生につながるところもあるでしょうし、いろいろ教わったことは間違いなく僕らに残っていますよ。

凄くスケールの大きいことをされていた方で、もう亡くなられた今でもそういう話が出てくるわけですから、それは凄いことですし、高校サッカーを引き継ぐものとして、松澤先生の残したものは語っていくべきだと思っています。それこそ高校サッカーの指導者になってからの方が、どこに行っても「松澤先生は自分のことだけを考えていた先生じゃないぞ」ということを教えてもらえますよね。

そう考えると、どの先生に対してもいろいろなことを話されていたのかなと。それは凄いことですよ。自分が勝つためだけにやっていたら、ほかの指導者にいちいち話さないじゃないですか。だから、今こそ松澤先生と話をしてみたいです。さすがに怒られることはないかもしれないですけど、小言を言われてはみたいですよね。「オマエ、何やってんだ」って（笑）。

――これからのご自身がこうなっていきたいというビジョンはありますか？

有村　1つは神村学園のサッカー部をいずれは引き継いでいかないといけないわけで、どういう形で引き継いでいけるのかはわからないですけど、まだ強化していくに当たっては必要なものがたくさんあるんですよね。寮にしてもそうですし、食事でも栄養面に対するアプローチだったり、もっと強くなるためにやりたいことはいっぱいあるんですけど、学校という枠の中で、なかなかできないこともありながら、神村学園として1つの核になるものをよりちゃんと作り上げて、次へと渡してあげたい想いはありますね。

中高一貫のサッカー部として先駆け的にやり始めて、結果はなかなか残らなかったですけど、その中で作ってきた神村学園の核をしっかり残したいという気持ちはありますよ。この先も僕が監督をしているかどうかはわからないですけど、何不自由なくちゃんと選手を育成するシステムができあがった中で、後任に渡したいという想いはあります。神村学園でやりたいことはそういうことです。

あとは、鹿児島のサッカーがもっと発展してほしいですし、今はユナイテッドがJ3にいる中で、サッカー専用スタジアムの問題もあったりするので、環境整備も含めて自分にできることがあればやっていきたいと思います。せっかく僕らも鹿児島で育って、鹿児島で頑張らせてもらってきたので、鹿児島のサッカーに恩返しできることが一番いいですよね。

有村圭一郎
1977年、鹿児島県生まれ。鹿児島実業高校時代に全国高校サッカー選手権大会で日本一を経験。教員も視野に入れて福岡教育大学に進学。卒業後は神村学園中等部男子サッカー部の監督を務めた。2014年に同高等部男子サッカー部監督に就任。当初3年間は勝てなかったがブレずにスタイル構築に努めると、インターハイや全国高校サッカー選手権大会の全国常連に。指揮4年目以降は全国行きを逃していない。福田師王（現ボルシアMG II）ら全国に名を轟かせる有望選手を続々と輩出中。

関東第一高校

小野貴裕 監督

TAKAHIRO ONO

苦悩と生きる

INTRODUCTION

☆

今から12年前に初めて会った時は、野心に満ちた青年監督といった印象だった。本項でも触れているが、それこそ「今の昌平と静岡学園の良いところだけ抽出して、好き勝手やっているチーム」だった関東第一高校を颯爽と率いていたのが小野貴裕監督だ。

だが、なかなか東京の頂点に立てない時期を経て、今度は全国大会の常連になっても、悩みばかりが増えていっているように見えてしまう。その上にようやく辿り着いた冬の全国ベスト4が、〝出場辞退〟という形で試合をすることなく終わってしまったことは、彼をよく知るサッカー仲間にも「よりによってアイツの高校が……」という同じ感想を抱かせたことだろう。それでも、この人は高校サッカーの指導者という職業を心から愛している。なぜなら「根本的に今自分の目の前で起きていることは、嫌なことじゃないから」だ。辛くても、苦しくても、迷っても、最後はその信念へと立ち戻る。「悩んでいる人」のリアルな感情が、この項には詰まっている。

幼少期は絵に描いたような活発なスポーツ少年

――まずはサッカーを始めたきっかけから教えていただけますか？

小野　僕には7つ上の兄がいて、兄がサッカーを始めるのと同時に、父が〝お父さんコーチ〟になって、僕はそれに一緒についていった感じでした。なので、自分がサッカーを始めたきっかけは兄の存在が一番大きかったです。正直自分で選んだというよりは、自然とサッカーがあったんですよね。

――7つ上だとケンカするような感じじゃないですよね。

小野　そうですね。父も自分がスポーツをやるタイプではないような理系の人だったので、本当に兄のために〝お父さんコーチ〟を始めて、そこから父もサッカーを好きになった感じでした。だから、兄と一緒にサッカーをやった記憶はないですけど、ごく当たり前のように始めたんだと思います。

――ということは、お兄さんと同じチームに入ったんですね。

小野　そうです。地元の横須賀のたかとりキッカーズというチームで、もう小学校1年生からやっていましたね。鷹取というところは最寄り駅で言うと追浜なんですけど、ちょっと高台にある新興住宅地みたいなところで、たまたま僕の学年は1学年で20人以上いて、2チーム作れるぐらいの子がいたんです。あとは、〝お父さんコーチ〟の子どもがたまたま重なった代で、3、4人いたんですよ。だから元気の良い学年で、横須賀でも僕の1つ下のナオ（石川直宏）がいたシーガルズと、久里浜FCというチームと、大津FCという4つのチームがずっと強かったイメージですね。

――小学校の頃のポジションはどこですか？

小野　フォワードでしたけど、PK戦になったらキーパーもやるような、何でもやる人みたいな感じだったと思います。小学校の頃はちゃんとチームで一番でしたね（笑）。キャプテンもやっていましたし、1つ上の学年の試合にも出ていました。本当にサッカー中心の生活でしたね。ゲームもあまりやらないですし、友達と遊ぶよりも、公園の壁に向かっていっぱいボールを蹴っていた思い出はあります。

――完全なサッカー少年ですね。

小野　間違いないですね。環境も凄く良くて、イメージで言うと野球場のフェンスが全部コンクリートになっていて、どこの壁に蹴っても必ず自分のところに返ってくるような場所が家の近くにあったんです。自分はキックが一番好きなので、それはあの頃にあの壁へ本当にたくさんボールを蹴ったことで、右も左も蹴れるようになったんですよね。

――サッカー以外にもスポーツはやっていましたか？

小野　ウチの地域は野球も盛んだったので、僕もやっていました。野球、サッカー、バスケは全部やりましたよ。隣の金沢区にはバスケの田臥勇太もいましたし、横浜高校には松坂大輔もいたので、スポーツ少年は多い地域だったのかなと。

――活発な少年だったんですね。

小野　当時は（笑）。ケンカもしていましたし、体格も大きかったので、あまり人目を気にしないで生きていたんじゃないかなと。

"テクニシャン"だった石川直宏の衝撃

――小学校の頃は選抜にも選ばれたりしていましたか？

小野　横須賀市選抜には入っていました。あとは小学校3年生からマリノス追浜のスクールに入っていたので、そこから一気に交友関係が広がっていったというか、横須賀の仲間と横浜の南寄りの仲間と知り合いになっていきましたね。

――追浜のスクールはセレクションがあるんです

か？

小野　ジュニアユースの監督が見ているクラスがあって、そこは一見さんお断りみたいな感じで、知り合いの紹介がないとダメだったので、一緒にやっていたチームメイトに紹介してもらって、行ったんですよね。週に2回ぐらいは行っていたような気がします。

――まだマリノスも日産自動車サッカー部だった時代ですよね。

小野　そうです。オスカーさんや下條（佳明）さんもそうですし、当時のファームの選手もたくさん教えにきてくれていたので、西谷（冬樹）さんや（松橋）力蔵さん、宮下（幹生）さんにもお世話になりました。あの頃の選手はカッコよかったですよ。いつも「日産、カッコいいな」って思っていました。

――それこそ当時一緒にやっていた選手の中に、のちのちJリーガーになったような選手はいましたか？

小野　僕らの年代ではいなかったと思います。追浜も新子安も前後が強烈な世代でしたからね。ナオなんて5年生の段階で、横須賀選抜で一番上手かったですよ。藤枝の選抜大会に行った時に、何十チームも来ている大会の表彰式で、ナオが名前を呼ばれて「君は是非静岡に来てください」って言われていましたから（笑）。ナオは上手いだけじゃなくて、小さい頃からみんなにかわいがられていました。石川家は兄弟もご両親も本当に良い人たちで、横須賀では「石川3兄弟」として有名な一家でしたね。

――僕らが思い浮かべる石川選手のプレースタイルと、当時は全然違ったらしいですね。

小野　全然違います。完全なテクニシャンでした。当時のナオを知る人にウイングのイメージはまったくないと思います。最後までドリブルで行き切っちゃうような、スピードで行くというよりもテクニックでかわしていくタイプで、もともとリズムの良い人ですけど、サイドを駆け上がるようなタイプでもないし、クロスを上げる感じもなかったです。キーパーまで抜いちゃうような感じでしたよ。

――しかし、〝静岡〟にスカウトされるというのはなかなかですね（笑）。

小野　いや、アレは僕らもショッキングでしたよ。それはみんなナオが凄いのは知っていましたけど、それを表彰式のタイミングで言うのかということと、それこそ清水の市川大祐や和田拓三もその大会に出ていたはずなのに、そこでナオが呼ばれると。「ナオ、スゲーなあ」って。

中学入学と同時にマリノスのエンブレムを身につける

――中学時代はマリノスの追浜ジュニアユースですね。これはセレクションがあったんですか？

小野　はい。セレクションを受けました。僕のいたスクールのクラスと、あとは横浜選抜や横須賀選抜の子が入ってきていましたね。

――追浜のジュニアユースに入ったのが1993年ですよね。この年はJリーグが始まった年だと思うんですけど、このタイミングでJリーグの下部組織に入ったというステータスみたいなものは、かなりありましたか？

小野　今のように街クラブが多かった時代ではないので、クラブでやっていることへのステータスはあったと思います。当時は追浜よりも新子安の方が優位に立っている感じはあって、僕らは「オッパマーズ」と言ったりしていました（笑）。

そういう意味での反骨心は持っていましたし、同じ神奈川県では全日空とフジタ、横浜栄FCが強かったですね。フジ（藤島崇之・昌平高校前監督）がいた栄FCは日本鋼管のOBの方々がやっていたチームで、まずスタッフが有名でしたし、僕らの代は高校に進学する時は確かフジを含めた3人が習志野高校に行って、僕の通っていた日大高校にも栄の選手が多く来たんです。フジと一緒に習志野に行った2人もメチャメチャ上手かったですよ。

――それこそマリノスのエンブレムのついたウエアを着られる喜びみたいなものはありましたか？

小野　ありましたね。トリコロールカラーはやっぱり今も昔もマリノスカラーだと思っていますし、個人持ちの練習着ではなくて、公式戦用のウエアを着る時はやっぱり嬉しかったですね。あとはボールパーソンもやっていたので、三ツ沢に行って、よくビスコンティの応援歌を歌っていました（笑）。ディアスに木村（和司）さんや水沼（貴史）さん、井原（正巳）さんも勝矢（寿延）さんもみんないて。僕は（鈴木）正治さんと（鈴木）健仁さんが両サイドバックをやっていたのをよく見ていました。とにかく上手くて、カッコよかったです。

――三ツ沢でボールパーソンができるのはいいですねえ。

小野　コーナーの〝角〟が取れるときが一番いいんです。ちょうどスポンサーボードの間に入れて、あそこにボールなんて全然来ないですから。あまり仕事もなくて、ずっと試合が見られますし（笑）、コーナーを蹴りに来た選手には直接ボールを渡せますしね。あの頃は楽しかったなあ。

そういえば当時の新子安の3年にはシュンくん（中村俊輔）と佐原（秀樹）さんがいて、あとは大成の監督をやっている豊島（裕介）のいとこの豊島明くんもいて、その人はメチャメチャ上手かったです。

人格形成に影響を与えた先生の言葉。「スケールの大きな人間になれよ」

――1年生の頃のチームでの立ち位置はどんなものでしたか？

小野　運良く僕は1年生から試合に使ってもらっていて、夏にあった白馬での全国大会にも行きました。それこそスクールでも、横須賀選抜でも、上手い方ではなかったんですけど、指導者の方々には本当に良くしてもらいましたね。ただ、人間関係に難しさが出てきたりして、1年生が終わるタイミングで追浜をやめたんです。

――ああ、そうなんですね。

小野　クラブに対しては憧れと愛着があったんですけど、苦しさが上回ってしまったんだと思います。あとは、ジュニアユースの練習に全力で取り組んでいたので、ちゃんとした学校生活が送れていなかったことも確かですし、とにかく不安定な時期だったことを覚えています。それで中学のサッカー部に入ることになったんですよね。

――どのタイミングでサッカー部に入ったんですか？

小野　1年生から2年生に進級する時です。僕には3年間担任をしてもらった村尾先生という恩師がいるんですけど、先生から毎日のように「スケールの大きな人間になれ」と言われていたんです。1年生の頃は部活がなかったので、教室でウダウダしていると被服室に連れていかれて「小野、今日の態度は何だ？」って。尖っていた僕は「何にもしてないですよ」とか答えて（笑）。でも、先生は淡々と「スケールの大きな人間になれよ」って言い続けてくれたので、きっとこの言葉に惹かれていたんだと思います。

あとは高貫先生という女性の体育の先生がいて、この2人に本当によく声をかけてもらったことが、僕の気持ちを中学校に向けてくれていたんだなと。「人として凄いな」って思える先生たちでした。ちなみに僕の中学校にはカツさん（鈴木勝大・桐光学園高校監督）のお父さんがいて、その2人の先生たちと一緒に働いていたんです。

――ああ、桐光学園の鈴木監督のお父様って先生なんですね。

小野　僕が通っていた時ではないんですけど、兄が中学に通っていた時の体育の先生なんです。カツさんは僕にとっては地元の大先輩で、桐光学園の監督になってからも良くしてもらっています。

そのカツさんのお父さんに僕の兄がお世話になって、カツさんのお父さんの同僚だった先生たちに、今度は僕がお世話になるという、本当に不思議な縁ですよね。

だから、今でも村尾先生と高貫先生はウチと桐光学園が全国に出た時は応援に来てくださいますし、そのお2人がいなかったら、僕の人格は形成されなかったと思います。あのまま追浜でやっていたら、ユースには上がれたのかもしれないですけど、あの時の僕にはサッカーに振り切れるだけの覚悟がなかったのかなと。あのあたりからやっと、僕も人の心をちゃんと考えられるようになったのかなと（笑）。なので、中学の時はサッカーよりも、人間的な部分での成長を感じるような時間だったと思います。

推薦で入った日大高校では1年生の春から不動のレギュラー

――高校は日大高校ですね。当時は地域的に逗葉高校が強くて、さらに桐蔭学園、桐光学園もある中での、この選択の経緯を教えてください。

小野　まず、僕らが中学3年生の時のインターハイで、日吉（※日大高校の呼び名）が全国大会に出ているんですね。その時にFC東京でも指導されていた長島（裕明）さんがいらっしゃって、長島さんに引っ張ってもらったんです。

――ああ、長島さんも日大高校のOBですよね。コーチでいらっしゃったんですか？

小野　そうなんですよ。推薦で入ったのが7人ぐらいいて、先ほど話したように栄FCから何人か来て、僕がいて、ヴェルディからも1人来ていました。逗葉は地元の学校で、小学校の頃の横須賀選抜のよく知っているメンバーはだいたい行くと聞いていたので、そういう環境は変えたいなと。

あとは僕の小中と一緒にやっていた1つ上の先輩が、日吉に進学していたんです。3年生の時はキャプテンもやった人なんですけど、その先輩からも「良かったら来いよ」と声を掛けてもらって、それで練習に行ったら、長島さんと中園（健二）先生が中学校まで来てくださったんですよ。それで校長先生と村尾先生の前で「是非小野くんに来ていただきたいです」と言ってくれたので、村尾先生が「行くべきじゃないか。オマエのことをこんなに欲しがってくれることなんてそうそうないんだよ」と。それで僕も行きたいと思って、日吉に行くことになりました。長島さんが日吉に来てからはインターハイにも出場しましたし、やっぱりその存在は大きかったですね。

――進学のキーマンは長島さんだったんですね。

小野　もちろんそれだけではないですけど、指導者の存在はやっぱり大きなものですよね。僕の住んでいた横須賀の三浦地区では、公立高校なのに藤島信雄さんのいた横須賀市立高校と、小柴健司さんがいた逗葉（ずよう）が急に強くなってきたんです。だから、僕の選択肢としては逗葉、横須賀市立、日吉の3択でしたね。

――実際に入学してみた日大高校のレベルと、ご自身の立ち位置はどういうものだったんですか？

小野　入学したばかりの1年の4月からずっと試合に出してもらっていました。高校3年間は試合に出ていない時期は1回もなかったです。

――ポジションはどこだったんですか？

小野　左のサイドバックでした。その時はスイーパーシステムでしたね。僕とヴェルディから来た矢部だけが1年から出ていたんですけど、4バックからスイーパーを置くので、68メートルの幅をセンターバックと両サイドバックの3人で守るわけですよ。でも、相手にはフォワードとサイドハーフもいるわけじゃないですか。だから、いつもサイドバックは1対2でさらされるんです。「いや、もっとカバーに来てよ」って（笑）。「これでオーバーラップされたら誰が守るんだよ？」といつも思っていました。僕らの代も良い選手はいたので、3年の選手権は決勝まで行ったんですけどね。準々決勝で逗葉の連覇を止めたんです。

――そうだ。前年チャンピオンですよね。北村隆二さんがプレーしていて。

小野　隆二は上手かったですね。ヴェルディからは隆二が逗葉に行って、矢部が日吉に来て。矢部はプロに行ってもおかしくなかったと思います。矢部だから、僕は奪ったボールを矢部に早くつけるのが主な仕事でした（笑）。

――それこそ習志野時代の藤島さんは、玉田（圭司）さんにすぐボールをつけていたとおっしゃっていました（笑）。

小野　フジと一緒です。矢部にどうやって良いボールをつけるかが、僕の役割でした。相手チームに方向づけされて、守備のアプローチを受ける前にセンターバックからもらったボールをできるだけ真ん中の矢部につけて、矢部やサイドハーフが持ったらとにかく追い越して、走ってクロスを上げてくると（笑）。

来日したドルトムントのファイアージンガーの衝撃

――1年生のインターハイ予選は、ブロック予選の決勝で桐蔭学園に負けています。

小野　小野智吉さんもいましたね。あの時の桐蔭はメチャメチャ上手かったです。センターバックに上手い人がいたんだよなあ。凄かったんですよ。それで「ああ、桐蔭って強いんだなあ」って実感しました。

――でも、スコアは2－3で接戦だったみたいですよ。

小野　ウチの学校もそんなに弱くなかったんですよね。中園先生も熱心に指導してくださっていて。ちなみにその年の選手権はどうなってます？

――1次トーナメントの初戦で武相に1－2で負けています。

小野　ああ、武相かあ。強かったですね。その時は大友（正人）さんがやっていましたから。

――読売クラブでプレーされていた方ですよね。

小野　そうです。大友さんはウチの高校の大先輩ですから。「東洋のマラドーナ」と言われた方ですね。大友先生が国体を指導されていたので、僕は矢部と一緒に呼んでもらったんです。僕らが2年の時の国体選抜は、明治大の監督をされていた神川明彦さんもスタッフにいましたよ。

――2年のインターハイはブロック予選準決勝で法政二高校に1－3で負けていて、選手権は1次トーナメントの決勝で小田原高校に3－3からPK戦で負けたようです。

小野　うわあ、全然覚えていない……。でも、イメージとして2年目は苦しんでいた気がします。なかなか勝てなくて。

――その頃の県内での日大高校の立ち位置はどんな感じだったんですか？

小野　まず桐蔭学園と桐光学園があって、日大藤沢と向上も強かったですし、湘南工科も良かったんです。それに僕らが2年の時に選手権に出ていた逗葉、ですよね。

――やっぱり高校生の時の一番の目標は「高校選手権に出ること」ですよね？

小野　もちろん。え、みんなそうじゃないんですか？（笑）

――そうだと思います。時代的にも、今以上にその想いは強かった気がします。

小野　だから、それこそお正月にあの高校サッカーの歌を口ずさんで、すぐにボールを持って公園に行って、練習すると。

――キャプテン翼、トヨタカップ、高校選手権ですよね。

小野　トヨタカップでサンパウロが来たのも強烈に覚えていますよ。そんなに情報はなかったですけど、世界の凄さはわかるわけじゃないですか。僕がトヨタカップで一番覚えているのは、ドルトムントが来日した時にファイアージンガーという選手がいたんです。

――凄い名前でしたよね（笑）。

小野　あのファイアージンガーが、3バックの真ん中にいるんですけど、後ろを守っているかと思ったら、ボランチのところにいるんですよ。前上がりの3バックをやっていたんです。それを見て「なんてシステムなんだ！」と（笑）。

その時に中学校の教育実習で来た先生が、授業でトヨタカップのことを取り上げてくれて、ドルトムントがどんな街なのか教えてくれたんです。このサポーターたちは工場で働いていて、試合のくじにお金を賭けているんだと。そしてあのチームが強くなったことで、街がこういう風に変わったんだよ、ということをテーマにした授業をやってくれたんです。

その人は確か社会人で教員を目指していた人で、大学生ではなかったんですけど、とにかくそれをやってくれたことで「わあ、凄いなあ」って。だから、僕がサッカーの街で初めて覚えたのはドルトムントですから。日本に似た工業地帯で、と。香川真司がドルトムントに行った時も、勝手に「あ、あの時の！」って（笑）。スタジアムも反り立っている感じで、上から見る感じがカッコよくて。いろいろな映像も見せてもらいましたよ。

――メラーがいて、リードレがいて、リッケンがゴールを決めて。

小野　そうそう！　熱かったですよ。「カッコいいな」って思ったなあ。

三ツ沢での選手権予選決勝戦。大声援で味方の声が聞こえない

――3年生のインターハイはブロック予選の準決勝で、桐光学園に0－2で敗れています。

小野　覚えています。土のグラウンドでした。早く負けてしまった感じでしたね。「ああ、オレらの代でも勝てないのか……」と。関東予選で渕野辺に負けたので、ウチはノーシードだったんです。僕らの代の渕野辺は強かったですよ。

――小野さんの代は推薦も多く入ってきた代だと

さっきおっしゃっていましたが、3年生になった時には全国に行けそうな感じはあったんですか？

小野　いやぁ、そんなところまでは考えていなかったです。ただ、僕は国体の候補には入っていたので、そういう選手たちと一緒にやったりはしていましたし、最後は落ちてしまいましたけど、自分のアンテナは外には向いていました。結局、僕の代で大学でもサッカーを続けたのは2人しかいないんです。どちらかと言うと、高校で燃え尽きるような感じだったのかなって。帰り道に「全国に行ったら……」みたいな話をする感じではなかったと思います。でも、サッカー談義は物凄くしていましたよ。

――そういうことが話せるチームメイトだったんですね。

小野　それは間違いないです。みんなサッカーが好きでしたし、凄く良い環境だったと思います。

――そして、3年生の選手権予選は逗葉と向上高校を倒して、決勝まで勝ち上がると。

小野　そうなんですよ。「来たかな」って思いました。逗葉に勝った時点で、だいぶ士気が上がりましたからね。

――ディフェンディングチャンピオンですからね。

小野　たぶん決勝の桐蔭学園戦は、相当早い時間で失点したんです。僕の記憶が間違っていなかったら、キックオフの流れからじゃないかなぁ。自陣に蹴られたのを跳ね返して、それを拾われて、スコーンと決められたんだと思います。「え？入っちゃった？」って。等々力でやった準決勝はトラックがあったので、そんなに観客の声が気にならなかったんですけど、決勝の三ツ沢にはたぶん8000人ぐらいのお客さんが入ったんです。全然チームメイトの声が聞こえなくて。あれは衝撃でした。

――準決勝は等々力でやっているんですね。

小野　向上に3－0ですよね。やりたいことがやれたような試合でした。でも、決勝は「こんなに思っていたような力が出せないんだな」という感じでしたね。何しろ応援で味方の声が聞こえないので。

——三ツ沢はそれこそジュニアユースの時にJリーグの試合でボールパーソンをやられていたりした場所ですけど、一生のうちに一度立てるかどうか、みたいな会場じゃないですか。その芝生に立った感慨みたいなものはどうだったんですか？

小野　神奈川県民はみんな三ツ沢に対しての愛着が凄くありますよね。あの時に初めて三ツ沢のロッカールームに入ったんです。僕のイメージでは芝が長い感じだったんですけどね。ボールパーソンをやっていた頃って、最前列の人が振っているフラッグも当たりそうになるぐらいで、とにかくピッチが狭いイメージだったんです。実際にピッチに入っても狭かったですけど、それだけに余計応援の声がダイレクトに聞こえちゃうので、試合中にまったく仲間の声が聞こえなかったことだけは鮮明に覚えていて、気づいたら「ああ、終わっちゃった……」という感じでした。

——0－1で負けたと思うんですけど、終わり方は呆気なかったですか。

小野　呆気なかったです。力を出し切れないまま終わった感じでした。でも、何が足りなかったのかと言われても、ちょっと思いつかないですね。桐蔭にも原田慎太郎がいたりと、良い選手がいましたから。

——ちょっと全国は見え掛かっていましたか？

小野　いやあ、そう考えると見えてはいないですね。あまりそういうイメージはなかったと思います。

強いチームになればなるほど負荷に耐えられるように演じている

——今はもう監督として選手権で全国大会を経験しているわけですけど、もし高校時代に選手として選手権で全国に出ていたら、何かが変わってい

たかなと思いますか？

小野　ああ……、もの凄く財産になったであろうことだけはわかります。選手権って夢見心地になっちゃうんです。やっぱり異様な雰囲気で、大人の僕だってあれだけ普通でいられなくなるんだから、高校生が普通にしているのは無理だなと思います。

だから、強いチームになればなるほど「演じているんだろうな」と思いますよ。その強度や準備された環境に耐え得るだけの器で演じないと、たぶんそこに立ったら潰されちゃうと思います。それは明確ですね。今はリーグ戦の文化が浸透していますけど、日頃の強度が高くないとダメだなと感じます。でも、一方で選手権は選手権で別物だとも思っているので、リーグを上のカテゴリーでやっているところは、絶対に一発勝負への調整が難しいと思います。

――「演じている」というのは面白いなと。あれだけ負荷が掛かる選手権という舞台では、日常から積み重ねてきているものを出すのに加えて、「演じないと難しい」という認識なんですね。

小野　それこそ全国大会に出場し始めた頃、僕は選手たちにあまり喋らせないようにしていたんです。インタビューやコメントが残ることは確かに嬉しいことなんですけど、自分が発言した内容が、果たして自分の力に見合っているのかどうかとか、高校生が大人と向き合って、果たして飲み込まれないかなと思った時に、「それなら自分が矢面に立った方がいいな」と思って僕がいろいろ話してきたんですけど、１００回大会の時の池田（健人）とか肥田野（蓮治）たちは明らかに選手権の期間中に強くなっているので、あれってたぶん選手権に変えてもらったんですよ。つまりはそこで力を発揮できるようなアウトプットや表現に変わったわけですよね

役者さんもそうなのかもしれないですけど、あのギリギリのところ、たとえば真っ暗な舞台上で、観客のこともあまり見えていないような中で、ス

ポットライトだけ浴びているような状況の時に、周りのことが見えているかと言ったら、見えていないじゃないですか。たぶん選手権もピッチに立った時に、たぶんスタンドなんて見えないと思うんですよ。スタンドが見えていたら、ちょっとフワッとしすぎているんじゃないかなって。

むしろ105メートル×68メートルのピッチの中をグッと凝視していないといけない状況で、もはやあそこに立った時に向けられるすべてのものに、まず屈しちゃいけないというか、そこに屈していてはサッカーすらやれないということは凄く感じましたね。だから、初めて選手権で全国に出て、初戦で野洲とやった時に「うお〜、マジか！　凄いな！」って。こんな感じになっちゃうのか！　あれは本当に難しいですよ。

日大時代の苦悩が今につながる原点

――大学は日本大学ですね。他の選択肢はあったんですか？

小野　なかったです。もう法学部に行くか、経済学部に行くか、でした。どっちでもOKだったんですけど、ウチの祖父は日大の法学部だったんです。なので、法学部でもいいかなと思っていた中で、日大統一テストというのがあって、夏前にはジャッジするんですけど、ちょっと経済学部の方が自分的に興味があるかなという感じでした。ただ、体育系に行こうと思ったことはないんですよね。それは中学校の時の恩師が社会科の教員だったことが大きいと思います。

――日大に進学される時に教員という将来の選択肢は明確にあったんですか？

小野　……わからないです（笑）。思い出せないですね。あったのかなあ。なかったのかなあ。

――では、プロサッカー選手という選択肢はいかがですか？

小野　なりたいとは思っていました。でも、どうやったらなれるかはわからなかったですね。実は日吉から日大のサッカー部に行ったのは僕が相当久しぶりだったらしく、先輩は誰もいなかったんです。当時は保健体育審議会という呼び方でしたけど、日吉から保体審のサッカー部に行く人なんていない時代だったので、とりあえず頑張ろうという感じでした。

――入学した時のカテゴリーは関東大学2部リーグですよね。最初に感じたチームのレベルはいかがでしたか？

小野　大学も1年生の前期リーグからゲームに出させてもらっていました。当時は何と言っても（中村）直志さんがいましたからね。大学の時の直志さんは本当に強烈で、当時の部員はみんな思っていたはずですけど、「なんでここにいるの？」というレベルでしたよ。北嶋（秀朗）さんたちと一緒に市船で日本一になっている人ですから、凄いのは当たり前なんですけど、僕のサッカーは上手い人に渡すスタイルなので……（笑）。

――今度はそれが矢部さんから中村直志さんに変わったと（笑）。

小野　そういうことです（笑）。もっと凄い人に変わってしまったと。とにかく上手かったです。対戦相手の有名な人たちも、みんな直志さんには声を掛けていって。当時の大学で言ったら、市立長野の監督をされている芦田（徹）さんは順天堂大でメチャメチャ上手かったですし、中央大の宮沢（正史）さんもいましたし、それこそカツさんも国士舘で活躍されていて、その横をエノさん（榎本雅大・流通経済大柏高校監督）が駆け上がっていって（笑）。ボランチの佐伯（直哉）さんも凄かったですし、水戸のGMの西村（卓朗）さんもいましたね。明治大の梅田（直哉）さんもとんでもなかったです。

――今の高校年代の試合の会場にいる人ばかりですね。1年生以降のご自身の立ち位置はどういうふうになっていったんですか？

小野　苦しみましたね。だんだんうまくいかなくなる感じでした。長期のオフのあとが苦手で、結局卒業するまで思ったような時間を過ごせなかったです。「うまくいっていない」ことはわかっているのに、「どうしたらいいか」にずっと悩んでいました。これまた暗い時代の到来です（笑）。

その大学時代の経験から、僕は指導者になった時に「相手にわかるまで説明しないとダメだな」と思ったんです。「ちゃんと喋らないとダメだな」と。相手に対してどうやってわかってもらうかということが大事なんだなって。ここが原点になっています。

これは教職課程を勉強している時に感じたことなんですけど、倫理を勉強していると手に取るように自分の状況が出てくるんですよね。「あぁ、オレが悩んでいたのはこういうことだったんだ」って。「ああ、そういうことなのか」ってわかっていったんです。とにかくそれが、少し難しい状況だった自分を救ってくれたんですよ。

「おお、そうか。オレが悩んでいたようなことはみんなが悩んでいたんだ」とか、「大人と子どもってこんなもんなんだ」とか、そう考えたことは今でもハッキリと覚えていますね。自分の人生にしっくり来る感じがあったんです。だから、今でもその単元を教える時が一番面白いです。僕は公民科の教員なので、政治や経済もいいんですけど、倫理を教えるのが好きですね。

——自分の人生とリンクする部分があるんですね。

小野　はい。だって、有名な哲学者の言葉をパンと出しても、生徒たちには何のことだかわからないじゃないですか。それを1時間掛けて説明していって、「みんなもわかるだろ？」と言うと、授業が終わったあとの生徒たちの、自分の言葉に変わっていく感じがいいなって。

何かが自分の頭に入る時って、確実に自分の言葉で処理しているじゃないですか。そういう時の人間の顔って、明らかに変わってくるんですよ。物を聞いている時は、まず自分の目の前で起きていることを受け取ろうとしますけど、最後に自分の中に定着させていく時って、自分の中でどんどん言葉が思い浮かんで、自分の言葉になって出てくると。あの作業がたまらなく面白いんです。

そうなったらもう放っておいても大丈夫なんですけど、そうなるまではうろたえちゃうんです。でも、人って1回自分の中に入ってしまうと、納得できなかったとしても、理解していれば少しは落ち着くじゃないですか。何が起きているかがわからないことに対して、人は一番動揺しちゃうんですよね。でも、起きていることがちゃんとわかっていれば、生徒たちも何とか処理ができて、我慢ができるのかなと。

僕が高校の教員の方がいいなと思っているのは、そこが大きいと思います。中学の教員の恩師に凄く影響を受けましたけど、生徒たちを大人にさせてやりたいなという想いがあるので、「これはこれなんだよ」という教え方よりは、いろいろな価値観がある中で、「こんなのもあるよ」と言った時に、「ああ、そうなんだ」と感じて歩み寄ってくるとか、そういう感覚が僕は高校教師の面白いところかなと思っているんです。

自分のやりたいことに没頭する時間が大事

――中学生と高校生だと、大人の言葉が入っていく感じも違いますからね。

小野　そうなんですよ。この間、僕は「鳥人間コンテスト」を見ていて感動したんです。たぶんですけど、あれに出る人って小さい頃はそんなに騒ぐ側の、目立つ側の子どもではないと思うんです。でも、あの人たちが涙を流しているのを見たら、あれも大学に行く意味なんだなって。僕の経験したような涙ではなかったし、「大人に近い子どもの涙なんだろうな」と思ってグッと来たんです。

じゃあ高校と中学の違いって何なんだろうなと考えたら、中学生は大人が準備したものをやっていくと。だから礼儀正しいですよね。でも、高校生になると自由もなければ納得しないし、自立のためにいったん大人の手から離れなければいけないので、その中で「高校生らしく」って何なのと考えたら、もし高校生を演じる時に自分が思い切って楽しもうとしないと楽しめないですし、普通の高校生活を送っているだけでは難しくて、自分から学ぶものを選んでいくことが理想的なのかなって。

僕はほとんどの高校生は今の自分に〝？（ハテナ）〟がついていると思っていて、このままで良いとは思っていないだろうなって。僕はそういう生徒たちに「ああ、そうだったんだ」「こんなこともあったんだな」と思ってほしいんです。つまり「スイッチ」が入る感覚です。

たとえば天才には時間が必要で、時間があったらどこまででも没頭できると。でも、普通の人は時間があったら暇に感じてしまうんです。だから、普通の人はやることを教えてもらおうとしてしまうと。でも、本当にやれる人は自分のやりたいことに没頭すれば良くて、その時間が欲しいんですよ。だから没頭できる経験をしてもらいたいんです。そうしたらその生徒はもう放っておいても大丈夫なので。「鳥人間コンテスト」で言えば、自分とは違う理系の人たちが没頭して作り上げたものに、僕は感動したんだと思うんですよね。

日大卒業後の模索から指導者に転身するまで

――実に教師としての立場の発言という感じで素晴らしいんですけど、サッカーの話に戻りましょう（笑）。Wikipediaを見ると、日大のあとは六浦FCでプレーしているんですね。

小野　大学を卒業したあとにまだ踏ん切りがつかず、サッカーを続けていた時期です。とにかくプレーする場所が欲しくて、家から近くてマリノスの時の友達がいる六浦FCに少しの間だけ在籍さ

本当にやれる人は
自分のやりたいことに
没頭すれば良くて、
その時間が欲しいんですよ。

せてもらっていました。

この時期は自主練もたくさんしていましたし、スポーツジムでバイトをしていたので、プールを使ったり筋トレしたりと、人生で一番身体を鍛えていた時期でした。その頃にいろいろな縁があって、横浜FCでプレーしていた大久保哲哉くんと、移籍先を探していた岩本輝雄さんと3人で練習もしていましたね。

――大久保さんはいろいろなチームを渡り歩きましたよね。

小野　超苦労人ですよ。まだ神奈川県リーグのFIFTY CLUBで現役を続けていますからね。

――当時の六浦FCは県リーグの所属ですよね。

小野　そうです。正直チームに所属したいというよりも、身体を作る場所が欲しかったので、カテゴリーはどうでも良かったというのが本音です。六浦FCには数か月だけお世話になって、その年度の途中からは今の東京23FCでプレーすることになりました。

当時JFLの強豪だった佐川急便東京SCの監督と、もともと読売クラブにいらっしゃった田口（貴寛）さんが、その佐川急便のサテライト的なチームを創設するという流れになって、佐川急便の名前は使えないので、〝東京23SC〟の名前で始めたのだと認識しています。

その時の練習場は江東区の新砂運動場を使っていて、佐川急便東京も東京23SCも、関東一高も同じ場所で練習をしていたんですけど、この出会いから自分が練習したあとに関東一高の練習の手伝いをするという流れになっていったんです。今から思えばこの時が指導者になるスタートだったということですね。

――そこで関東第一高校との接点ができたと。

小野　はい。ただ、選手として上を目指していたので、指導者としてどうなりたいというものはまったくなかったと思います。そのまま佐川に上がれれば良かったんですけどね。

――そうか。チームは実質の佐川急便東京SCの

サテライト扱いなんですよね。

小野　そうですね。当時の僕の立場は〝トレーニングパートナー〟という理解が一番しっくり来ると思います。「チャンスがあれば契約するよ」という感じですよね。その後は並行して他のチームの練習にも行ったりして、最終的にはジェフの練習に参加しました。

――ジェフってＪリーグのジェフユナイテッド千葉ですよね？

小野　はい。手応えは悪くなかったんですけど、トップチームとの契約には至らなかったですね。ただ、トップチームの練習をサポートするような「動ける人間」が必要だったみたいで、「ジェフのアマチュアチームに所属しながら、トップのサポートをしてくれ。その時は練習にも参加できるから」という話をもらったんです。確かに良い話だったとは思うんですけど、同じタイミングで群馬ＦＣホリコシからは加入のＯＫをもらっていたので、「どうしようかな？」と考えました。

　当時はホリコシがＪＦＬで、ジェフのアマチュアは関東リーグだったんですよね。それでホリコシに行ったんですけど、お金の保証は何もなかったわけです。だから、横須賀から高崎線で通っていたんですけど（笑）、シーズンが始まったらしばらくして生活できなくなってきて、５月ぐらいに「もう選手は引退しよう」と思って、ホリコシを退団して、そこで指導者の方に頭が切り替わりました。

親友には見抜かれていた――。「さっきから指導者の話ばっかり」

――ちなみに東京23ＳＣにいた時は、自分もサッカーをやりながら、関東一高の指導もして、さらにスポーツジムでバイトしていたわけですよね。メチャメチャ忙しかったんじゃないですか？
小野　忙しかったです。バタバタしていました。でも、充実はしていた気がします。人に求められている自覚も出てきていましたしね。正直、関東一高がどんな学校かも知らなかったですし、どのぐらいの強さのチームかも知らなかったですけど、強化をしていることはすぐわかりました。田口さんが指導もされていましたし、良い選手も集まり出してきた頃だったと思います。それで田口さんが退任されたタイミングで、僕があとを引き継いだんです。

――そうすると関東一高で正式にコーチとして指導し始めたのはいつになるんですか？

小野　たぶん2006年です。それこそ浦和レッズに行ったサンちゃん（エリエジオ・サントス・サンタナ）がいた時は、まだコーチではないですね。田口さんが指導するのに混じって、一緒にボールを蹴っていたようなイメージです。

――そうするとホリコシをやめてから、2006年に関東一高のコーチになるまでは……。

小野　フリーターですよ（笑）。どこにも所属していないですしね。

――「ボールを蹴るフリーター」ですか（笑）。

小野　それはちょっとカッコいい感じに聞こえますけど（笑）、もうその時はホリコシとジェフで自分の選手としての評価がハッキリわかったので、スッキリしていました。だから、たぶん僕の選手としてのレベルは今でいうJ3ぐらいだったんだろうなと思います。

――そのフリーター生活から、ハッキリとコーチに切り替わったのはなにか理由があったんですか？

小野　正直生活が切迫していたわけではなかったですし、どうしてもサッカーの仕事がしたいという感じではなかったですね。ただ、その頃に親友と居酒屋で飲んでいて、「これからどうしようかな？」と僕が言ったら、そいつが「小野。もう答え出てるよ。オマエ、さっきから指導者の話ばっかりしてるじゃん」って。場所は〝笑笑〟だったなあ（笑）。それで「そうか。指導者をやりたいんだな」と思って、心がスッと楽になったんですよね。でも、長くやりたいとは思っていなかった気がします。

――とりあえず指導者をやってみようと。

小野　そんな感じだったと思います。学校側も「サッカーの指導をしてくれればいいから」というスタンスだったんですけど、徐々に学校生活の面倒も見る必要があるということになって、事務職員という形で学校に入ることになりました。

実質的な指揮2年目で全国の舞台へ

――2007年に関東一高が初めてインターハイで全国大会に出場すると思うんですけど、この時は小野さんが実質の指揮を執っていたということですか？

小野　執っていました。「ああ、意外と行けるんだな」って思っちゃいましたよね（笑）。

――だって、それこそ本格的に指導を始めてまだ2年目ですよね。

小野　2年目でしたね。初戦の相手が桐生第一だったので、〝ゴリ守り〟しましたよ（笑）。ゴリゴリに守ってPKで勝ったんですけど、次の佐賀東にも〝ゴリ守り〟したのに、0－3で負けたんです。その時に「これじゃ何も残らないじゃん」って、「これはもっとちゃんとやらなきゃな」と思ったんですよね。そこからは結果という意味ではそんなに簡単にはいかない時期が続きましたけど、選手獲得のためのスカウティングだけはちゃんとやっていました。

その時に自分で選手を獲りに行っていたので、なんとなく周囲からは「オマエ、頑張ってるね」という感じで捉えてもらっていたのかなと。そこに掛けた時間は有意義だった気がします。今の3種年代を引っ張っているような方々がまだ若かった時に、僕はちゃんと接点を持たせてもらったので、今でも3種の指導者の方々とは、しっかりお話をしてもらえていると思います。

――もう15年ぐらいの関係値がありますからね。

小野　だから、今がどうなのかはわからないですけど、感覚的には時代の巡り合わせも良かったのかなって。僕はずっと良いタイミングで人に応援してもらっているなと思っているんです。それを支えてくれる人が必ずいるんですよ。それこそ最初の頃にやっていたサッカーのスタイルは、選手を送ってくれるチームがあってできたわけですけど、身体の小さな選手でもテクニックがあればやれると思っていましたし、自分がそういうサッカーが好きなので、ゴリゴリに技術に振り切ってやっていたと。僕らはヒールではなかったですし、エリートでもなかったので、応援しやすい立場だったのだと思います（笑）。

――ああ、わかります。目の敵にはされないぐらいで、「ちょっと面白いことをやってるな」ぐらいの感じでしたよね（笑）。

小野　だから、やりやすかったと思います。それにこれまで素晴らしい指導者の方々と監督として戦うことができたことも本当にありがたくて、同世代の中では少しだけ早く良い想いをさせてもらったなって。

ここ2年間は東京のチームで監督が変わった学校や、強化を始めた学校も増えてきて、ウチが苦しい時期を過ごしていることは事実です。でも、これまで積み重ねてきた経験やキャリアが負けているわけではないですし、個人としては国体のスタッフや高校選抜をやるチャンスをもらえたりもしているので、やっぱり本当に人に恵まれているなって思っています。それこそ選手権の100回大会の時に、林（義規）先生と専門部の先生方から受けた御恩は、一生忘れることはできません。

この歳になって、やっと東京以外でも「おお、小野！」と言ってもらえるようにはなってきましたけど、それだって星稜の河崎（護）先生にお世話になって、和倉ユースに行き始めたことがきっかけですし、時之栖で上間先生や阿山さんにお世話になって、さらに多くのことを学ぶことができたからだと思います。悩んだ時にきっかけをくれる方々には本当に恵まれてきたと思っているんですけど、今回の企画の「悩める指導者の方々のヒントに」という趣旨に僕はうってつけかもしれませんね。だって、ずっと悩んでいますから（笑）。

他にできないことをやって強烈なインパクトを残す

――僕が初めて小野さんを認識したのが2010年なんですよね。選手権予選の準決勝で関東一高が帝京に負けた試合で。先ほど小野さんも少しおっしゃっていましたけど、僕の最初の印象は「今の昌平と静岡学園の良いところだけ抽出して、好き勝手やっているチーム」だったんです（笑）。今と全然違うスタイルだったと思うんですけど、なんであんな感じのサッカーをやっていたんですか？

小野　尖っていたからじゃないですか（笑）。黒船的な感じでやりかったたんでしょうね。

――そういう意識はあったんですね。

小野　あったと思います。でも、僕はアレが一番勝つ確率が高いと思っていましたし、とにかく東京を勝ち抜くには帝京を倒さないといけないことはわかっていたので、帝京を倒すのにどうしたらいいのかを考えた時に、ああしないと勝てないと思ったんです。まず自分たちの土俵に引きずり込まないといけないので、とにかく徹底してアレをやろうと。

こう言うと語弊があるかもしれないですけど、相手コートにはやっぱり真ん中から入りたいんですよ。外から入っていってしまったら、ゴールへ行くのにまた真ん中に行かなきゃいけないわけで。今はちょっとサッカーも変わってきて、外に逃がされてしまうんですけど、あの頃はまだサイドバックが起点になるような時代でもなかったので、サイドバックに上手い選手を置いたらどこからでもゲームを作れるなと思っていました。

だから、ウチの左サイドバックって絶対に上手い選手なんですよ。いわゆる〝6番〟です。どこからでも行ける左サイドバックですよね。そういう番号に当てはめて、「『カンイチの何番』と言ったらこんな選手だよね」ということをわかってもらいたかったので、番号も自分で決めていましたね。そうやってほかにできないことをやって、強烈なインパクトを残してやろうと。そこに選手もそういうマインドの選手たちが揃っていたので、彼らをまとめるのは大変でした（笑）。

でも、サッカーは上手かったですから。まだ一緒にやれた時期だったので、僕もボールを蹴っていましたしね。2012年の星清太の代は全国に出られてさえいたら、絶対に上まで行ったと思います。

――僕もそう思います。実践学園とやった選手権予選の決勝で、後半の最後の最後で失点して負けた代ですよね。今はヴァンフォーレ甲府にいる渋谷飛翔もいて。

小野　あの代を行かせられていたら、絶対に全国を驚かせられたと思います。あの時のチームはサイズもあって、上でも勝負できましたし、どこからでもサッカーができましたから。あれぐらいやれれば、全国でも上に行けたんじゃないかなって。正直練習試合もほとんど負けなかったですからね。あの頃はいろいろな方にも「カンイチ来るぞ」って言ってもらっていたのはわかっていました。「もう来るぞ」「もう来るぞ」と言ってもらっていたのに、「あれ？　全然来ないじゃん？」って（笑）。でも、あのチームは強かったなあ。

インターハイのあとの疲労とやり切った感

――2011年と2012年はどちらも選手権予選の決勝まで行って負けたじゃないですか。あの2年はスタイル的にも、メンバー的にも、かなりピークに近いような時期でしたけど、結局全国には行けなかったと。そこから2年はお得意の〝迷いの森〟に入っていましたよね（笑）。

小野　僕はそこがいるべきポジションなので。だいたいいつもそこにいるという（笑）。

――そんな2年の〝迷いの森〟期の翌年に当たる2015年に、インターハイで8年ぶりに全国に出て、一気にベスト4まで行くと。ただ、そのチームでも選手権は全国に出られなかったじゃないですか。あの1年は今の関東一高にとっても、凄く重要な1年だった気がするのですが、そのあたりは実際にいかがですか？

小野　インターハイのあとに、凄く〝やり切った感〟が出ていたんです。「ああ、全国でこんなに勝てるんだ」と思って、そのあとにすぐ和倉ユースがあったんですけど、もう疲労困憊だったAチームの選手を行かせなかったんです。その時にリーグ戦も上に行きたかったので、ここで和倉に行ってしまうと選手を休ませられないと。河崎先生に「申し訳ありません」と謝って、出場機会の少ない選手で臨ませてもらったんですけど、結局夏を過ぎてから一度も調子が上がらなかったんですよね。本当に現状維持しかできなかったんです。インターハイが終わって、戻ってきた時の最初のリーグ戦の試合で東久留米総合高校に0－3で負けたんです。「また久留米かよ」って（笑）。

――選手権予選（2011年度）でも決勝でやられていますからね。

小野　全国ベスト4のあとに0－3ですからね……。（齋藤）登先生はいつもやりにくかったです。そのあとリーグも中断して、切り替えてから選手権に臨んだものの、結局準々決勝で堀越に負けてしまいました。メンバーにケガ人が重なるアクシデントもありましたけど、堀越が良いチームだったことはしっかりと覚えています。でも、そうか。あの時のウチが全国に出ていたら……。

――インターハイで全国4強ですから、優勝候補の一角ぐらいの立ち位置だったんじゃないですかね。

小野　そうですよね。インターハイの準決勝も市立船橋ともそれなりに戦えていましたからね。

――それから短い間に市船とはインターハイで3回対戦するんですよね。

小野　一番勝つ可能性があったのは、宮城インターハイの準々決勝ですね。一番勝ちようがなかったのが、杉岡（大暉）がいた広島インターハイの初戦です。

――ポゼッションは1対9ぐらいでしたね。僕が高校サッカーを取材するようになって、一番完成度が高いと思ったチームは、あの杉岡くんと高(宇洋)くんがいた市船です。サイドバックをセンターバックの杉岡くんと原（輝綺）くんが追い越してクロスを上げるチームでしたから。

小野　朝岡（隆蔵）さんは日大の先輩でもありますから。でも、ああいう可変っぽい市船のスタイルは、100回大会の池田たちの代のヒントにはなっているんですよね。

選手権予選の準決勝と決勝にある明確な勝ち方

――そして、2016年度の高校選手権でとうとう全国大会の切符を勝ち獲ると。これは間違いなく指導者としても大きなトピックスですよね。

小野　こういうことを言うこと自体がおこがましいことですけど、やっぱり1回行ったことで切り拓けたものは非常に大きいと思います。1回出てみてわかったのは、「やっぱり選手権予選の準決勝と決勝には明確な勝ち方があるな」って。だから、今はそこは間違えないようにはしています。たとえ力の差があったとしても、そこの持っていき方だけは間違えないようにしようと。

――具体的に言うと、その「持っていき方」はどういうものなんですか？

小野　選手のメンタリティをどう持っていくか、ですね。僕は「感覚的にわかっていること」が一番重要だと思っていて、「感覚的にこうだよね」

と言い合える時が一番良い関係なのかなって。だから、選手をその状態に持っていってあげたいんです。試合当日のミーティングも、勝てなかった時は細かくボードに書きすぎて、視覚的な部分に引きつけすぎちゃって、ミーティング中の選手たちも瞳孔が開いているみたいになっちゃって。

でも、少し勝ち始めてきたら、「もはやオレの言葉はいらないじゃん」「もう入っていかない方がいいな」って。僕は基本的に個人を強くしたいと思っているタイプの人間なので、ゲーム中の声も「オマエがやらなきゃいけないんだよ」というふうに持っていってあげたいんです。「オマエがやれれば強くなるんだよ」って。そういうふうに持っていけている時が、選手たちにとっても一番良い状態なんだろうなと思っていて。多分に言いすぎると、結局指導者が選手を難しくしてしまうんですよね。

――インターハイでベスト4に入った2015年以降は、8年間で5回全国に出ているんですね。選手権も初めて出てから、7年間で4回全国に出ています。なかなか届かなかったところを1回潜り抜けたら、一気にこれだけの結果が出るようになっているんですけど、その〝1回〟を乗り越えた先に見えたものがあったんですか？　それとも、そういうものは特にないけれど、チームがそうなっていったというイメージですか？

小野　僕が一番選手にとって大事だなと思っているのは「強気でいる」ことかなって。その強気というのは、他者を受け入れないということではなくて、「もう自分なら大丈夫」という感覚です。あの最初の頃のスタイルで戦っていた時も、自分の中には確固たる自信があったんですけど、結局それに見合った結果がついてこなかったわけです。だから、自分の中で自信を持ち切れなくなったんですよね。「本当にこれでいいのかな？」って。

でも、勝てるようになってきて、「自分が思っていたものでいいんだな」と思えるようになった時から急に楽になったというか、肩の力が抜けたというか。そこからの努力の仕方は全国で勝ったためのものに変わりましたけど、そこに行き着くまでのスパンとしては、「自分の思っていることは間違っていなかったんだな」と思えたのが初めてだったんです。

僕の人生を振り返ると、子どもの頃にうまくいかないことが多かったので、大人になってやっと「楽しいな」と思えたんですよ。初めて自分の人生で「うまくいった」という感覚を得たのが大人になってからだったので、大人の方が楽しいなってずっと思っているんです。それは生徒にも言っていますよ。「大人の方が楽しいんだから、子どもの頃なんて悩んでいればいいんだ」って（笑）。「大人になって楽しければいいんだ」と。

だから、僕はその頃に「ああ、自分でもいいんだな」って人生で初めて思えたから、結果が出なかった時に「申し訳ないな」と思っていた選手たちに対しても、「結果は出なかったけど、オレがやっていたことは間違ってはいなかったのかもな」ってちょっと思えるようになったので、そのあたりから急にものの考え方がブレなくなってきたというか、強気になってきたというか。

でも、もともと僕の気質はこんな感じなので、放っておかれると自信をなくす人間で（笑）、「大丈夫だ」と自分で思っていないといけないんです。だから、自分で「大丈夫だ」と思えるものが世間の印象としてもついてきたというのは、本当にありがたいなって。高校サッカーの全国大会なんて、現役の頃は明確なイメージとしてなかったですけど、大人になって「やっぱりこれは凄いな」「なんてところでサッカーをやれているんだ」と。「こんなに多くの人が関わってくれる場所にいるんだな」と思って、それは嬉しいですよね。

調子の良くない時期に思うのは積み重ねの重要性

——僕が面白いなと思うのは、最初に関東一高を見た時、要は全国に出られなかった頃は「これが関東一高だ」という明確なスタイルがあったと思うんです。でも、全国に出始めてからは毎年ちょっとずつ違うサッカーをやられているじゃないですか。今の関東一高ってハッキリとした「こういうサッカーをやっています」というスタイルはないと思うんです。

小野　そうだと思います。

――それってもしかしたら望んでいたわけではないかもしれないですけど、この関東一高を率いてきた中で、小野さんが見つけた形なのかなって。そのあたりはご自身としてはどう捉えてらっしゃるんですか？

小野　うーん……。でも、それはまさにそうかなと。立ち戻るところがどこかと考えた時に、そこがないんです。毎年その子たちにできることを、という感じでやっているので。でも、たとえば経済で言うと〝フロー〟と〝ストック〟と言って、〝ストック〟は資産として貯まっていくものじゃないですか。〝フロー〟というのは今の成長なので、確かに我々には今の成長として単年で出てきたものがあると思うんですけど、専用グラウンドのない我々は相手ありきですから、スケジュールだって思うように決められません。いつもアウェイというか、いつもジプシーで、これは我々特有の環境ですよね。これが僕の根底にはあって、結局いつも「何がやりたいか」より「何ができるのか」という考え方になってしまうと。形を変えたかったというよりも、自然とそうなっていったというように感じています。

　だから、いろいろな刺激を受けないと、自分が変われなくなってしまうなって。あんなに選手には「成長しろ」「変われ」と指導者が言っているのに、なんで指導者だけいつも同じなんだろうって。それっておかしいじゃないですか。変わることを選手には求めているのに、なんで我々は変わらないんだろうって。もちろん監督が変わりすぎると不安定になってしまうので、一定の軸は必要だと思うんですけどね。
今調子の良くない時期になって思うことは、積み重ねの重要性です。指導者としては経験値が上がってきてはいるのに、チームとしては何を積み重ねてくることができたのか、と。これを自問自答している最中です。そんな時に土屋さんから今回のお話をいただいて、これは本当に凄いタイミングで、自分にとってもありがたいと思っています。でも、こうやって聞かれれば答えますけど、自分から手を挙げて主張したいなんて、僕は一度も思ったことはないんです。

——小野さんはそういう人ですよね。

小野　「別にそんなのいいよ」って（笑）。わかってくれる人がわかってくれればいいよという感じなんです。だから、本来はこういうふうに聞かれると困っちゃうんです。言わないでいいものはなるべく言いたくないんですよ（笑）。世間に対して何かを僕が言ったところで、「1億何千万人が『自分はこうです』と言い出したら大変だぞ」と思ってしまうんですよね。
本来の僕の気質はコーチの方がいいと思います。誰かのためにやった方が絶対に力を発揮できるので。指導者をやっていて一度も自分のためにと思ってやったことはないですし、「どうにかして選手たちを良くしてやりたい」「どうにかして彼らを表舞台に立たせてやりたい」と思っているので、だからたぶん1年間のプランを考える時に、選手からのスタートになるんです。「彼らに何ができるんだろうな？」っていうところから考えているんですけど、ここ2年は結局選手権で3位になったチームと比べているんだろうなって。

選手権の準決勝を出場辞退したときの舞台裏

——僕は小野さんがそういう人なのはなんとなくわかっているつもりですけど、そんな小野さんが率いている関東一高が、今おっしゃった選手権で

3位になった2年前に、ああいう形で世間の耳目を集める形になってしまったわけじゃないですか。これだけ日本中に高校がある中で、コロナの影響で選手権の準決勝を出場辞退するなんて、これからもおそらくないであろうことが、よりによって小野さんに降ってくるんだなって。僕は今でもあれをどう整理すればいいのかわからないですけど、今から振り返ってあの出場辞退は小野さんにとってどういう経験になっていますか、ということをお聞きしたいです。

小野　僕らしいと言えば、僕らしいのかなって。「まだああいう舞台は早いんだな」と思ったところもありました。でも、正直あの時期は状況が全然落ち着かなかったんです。まず僕は隔離されなくてはいけなかったので、学校に出てこられなかったと。だから、選手たちと学校で会えたのは1月15日ぐらいだったんです。

もう始業式も終わっていて、ああいう喧騒が1回静まった頃に、改めて僕や選手は学校に出てきたので、それまでの間は「ああ、いろいろなことがあったなあ」とは感じていましたけど、今から振り返ってみると、やっぱりもう1回国立でやりたいなとは本当に思っていますね。

開幕戦の国立で僕は、ボードに「また国立に戻ってきます」って書いたんです。選手たちは試合後も興奮していて、掃除とかは凄く綺麗にやったんですけど、帰っていく時に次に国立にはいつ来られるかわからないので、なでしこJAPANじゃないですけど、感謝の言葉ぐらい書かなきゃなと思って、「今日は素晴らしい環境でやらせていただいて、ありがとうございます。また国立に戻ってきます」と僕が書いたんです。まあ、それはどのメディアにも取り上げられなかったんですけどね（笑）。

――面白いなあ。小野さんにしては珍しく起こしたアクションなのに、そういうのは取り上げられないものなんですね（笑）。

小野　本当ですよ(笑)。でも、その時に本当に戻ってこられるとは思っていなかったんです。

——だって、試合後の会見で「この素晴らしい舞台にまた来年戻ってきたいと思います」って小野さんがおっしゃって、ある記者の方に「準決勝まで勝ち上がれば、また国立でやれますよ」って言われていましたからね（笑）。

小野　そうでしたっけ（笑）。僕が思っていたのは、間違っても開幕戦で負けるのだけはやめようと。開幕戦だけは勝ちたいと思っていましたけど、そのあとは本当に無欲の勝利です。でも、国立って凄かったですよ。使いもしないのに、監督室にも入っちゃいましたし、選手たちが緊張しているから、僕があの開幕戦のミーティングで最初にやったのは、タイヤがついている椅子に乗って、ロッカールームに「はい！　元気ですか!?」って入っていったんです（笑）。「これは超いいね」なんて。やっぱり国立はメチャメチャ良かったです。

「ああ、そうなんだ」とわからせた時点で始まる

——あとはあの大会でインパクトがあったのは、やっぱり準々決勝の静岡学園戦ですよね。
小野　あの試合は悩みに悩んだんです。あの状態でウチのチームに失うものはなかったので、どっちで行っても得られるものはあったと思うんですけど、そこで何を取りに行くのかなと。我々がスタイル通りに戦ったことで得られるものも考えましたけど、我々があそこまでスタイルを貫き通して勝ち上がってきたのかと言われると、そうではなくて、1試合ごとに戦うチームを見ながら、選手たちに柔軟な変化をさせていたからこそ、彼らは試合ごとに対応できていたんだから、そう考えると「まずは粘らないと話にならないよな」と。期待して見にきてもらった人に前半10分で「帰ろうか」と思われるような試合になったら、それはマズいだろうと。

――あの年の静岡学園はそうなってもおかしくないぐらいの強さでしたからね。

小野　だから、ああさせたというか、僕にとってはああなったのは必然だったというか。だって、あの試合に勝ったら選手権のベスト4ですよ。「マジかよ。その可能性があるのかよ」と。あの大会は全部の試合に必ずプランが明確にあって、〝うまくいった時用〟と〝うまくいかなかった時用〟を常に用意していたんです。それもあって、あの大会中はベンチで慌てたことは1回もなかったんですよ。結構のんびり構えられていたというか。だから、静学戦は池田にも「オレはもう起きていることはわかっているから、みんなはとにかくグラウンドで起こっていることを理解しろ」と。「頑張っていることはわかっているから、どうなっているかをまず見ろよ」と。

やっぱり状況をわからずに困ってしまうのが一番ダメだと思っていて、僕ら指導者のできることって、もしかしたらそれは教員でもそうかもしれないですけど、わからないことを「ああ、そうなんだ」って思わせることが大事で、それを深められるかどうかはその子の持っているもの次第だと思うんですよ。

でも、だいたいの人間が「わかんないや」と言って諦めたり、止まってしまうところを、「そうじゃないんだよ。こうなんだよ」というものをこちらが出して、「ああ、そうなんだ」と思わせちゃったら、それはもうすでに始まっているんじゃないかなって。僕らの仕事ってそこなのかなと。だから、完成形にどう導くかではなくて、それをまずはやらせてしまえば、ほぼほぼ仕事はできているんじゃないかなって思うんです。

――あとは、本人が気づいて、つかんで。

小野　わからないことなんてたくさんあるじゃないですか。自分の人生だってそうでしたから。今ならわかることだって、昔はわからなかったことだらけで、それなら少しでも彼らにとってわかりやすいようなことを言ってあげたいなって。そのきっかけを、できれば自分と関わった人たちには与えたいなって。自分と関わらない人には、ね。そんなところまでは僕の仕事ではないです（笑）。

――いや、それでいいと思いますよ（笑）。

小野　そんなところにまで偉そうに言えるような立場ではございません（笑）。でも、少なくとも自分の学校に来た子たちだけには責任があるなって。今のウチに来てくれる子たちは、親も含めて僕のところでやりたいと言ってくれる子たちなので、そういう選手たちにはちゃんと向き合いたいなって思うんです。

考えるべきは、今、何が必要なのか

――あの選手権の出場辞退があったあとでお会いした時に、いわゆるサッカー仲間がみんな心配してくれて、声を掛けてくれて、支えてくれて、それで「改めてサッカーっていいいな」と思ったって話してくれたじゃないですか。僕は「ああ、小野さんはそう感じたんだな」って思ったことをよく覚えているんです。

小野　本当にそう思いました。自分がサッカーをやっていなければ、あの場はなかったですし、あの頃はコロナが流行っていて、コロナの辛さはみんなが経験していたので、あのことはどこでも起こりうることでしたよね。でも、サッカーを真剣にやっている人や、選手権に関わってくれている人たちは、あのことにどれだけの意味があるのかということはわかってくれているわけじゃないですか。だから、もともとの自分の考え方だと思うんですけど、別にみんなにわかってもらいたいわけじゃないんですよ。本当に。だけど、せめて自分が関わっている世界の中では、やっぱり外れていたくはないですし、そこが自分の生きる場所なんだったら、そこでいろいろな人と一緒に、いろいろなことをやりたいなということが、まず大前提としてあるんです。だから、あの時にはまず「大会に迷惑を掛けられないな」と思いましたし、それに東京の専門部の人たちがみんな支えてくれたんですよね。

皆さんが送ってくれるメールの最後に「返信はいりません」って書いてくれて。「元気になったらまた試合やろうな」って。そのコメントはカッコいいですよね。今もたまに振り返りますよ。でも、あの当日は本当に誰からも連絡が来なかったんです。「さすがだな」と思いましたね。唯一連絡が来たのは、ウチの学校の気の利かないハンドボール部の顧問ぐらいで（笑）、それ以外の人は誰も連絡してこなかったんです。それにも僕は「あぁ、ありがたいなぁ」って。あの時の僕に何も返す言葉はなかったですから。あの時の時間たるや、凄かったなぁ。だから、あれだけ良い想いをしたので、また大変な時間が来るに決まっているんですよ。

――ああ、小野さんはそういう考え方の人ですよね（笑）。

小野　それが当たり前なんです。そんな良いことばっかりあるわけないんです。そこは割り切っていますよ。「そうだよな。オレの人生なんだから」って（笑）。だから、正直今は傍から何かを言われても、何とも思わないです。何とも思わないですし、良い意味で話が耳に入ってこないような術を身につけましたよ。

僕にはモデルはないんです。誰かみたいになりたいというものはないんですけど、とにかく人の話はいっぱい聞きたいです。だから、いろいろなことがわからなくなったら、とにかく聞くようにしています。聞きすぎて悩むこともいっぱいあるんですけど、それこそ僕が中学生の頃に経験したように、この悩みを経験したことがある人がいるなら、その人に聞いた方が早いなって。それは素直でいたいとか、そういうことでもなくて、「聞いちゃった方が得だよな」って。

これからもいろいろなことがあるはずですけど、自分がやらなきゃいけないことは、たぶん人には見えないところで絶対にあるんですよね。土屋さんにも土屋さんがやるべきことがあって、それは土屋さんにしかわからないことじゃないですか。だから、これからも「今、何が必要なのか」ということはしっかりと考えていきたいですし、形を変えてでも、今できることを探していきたいと考えています。

――僕から見た小野さんは、いつも悩んでいるように見えるわけですよ。実際に悩んでいるでしょうし、大変な想いもたくさんしながら、それでも小野さんが高校サッカーの監督を続けている一番の理由ってなんですか?

小野　ああ……。僕という人間が持っている力を、一番発揮できるところだと思っているからかなあ。でも、他の仕事でも発揮できそうだなあ。好きだからというのはありますよね。単純に好きですよ。あとは人とつき合うのが好きだから、というのもあるかもしれないですね。人って変わるから。

　何で続けているのかなあ。でも、この仕事はメッチャ良い仕事ですよ。教員という仕事も最高に良いですし、さらに高校サッカーもやれるのは最強だと思います。だって、根本的に今自分の目の前で起きていることは、嫌なことじゃないんですから。辛いことではあるかもしれないですけど、嫌いなことでもないですし、自分に降りかかってくるものは自分のことですし、そこは大きいのかもしれないです。誰かの代わりにやっておいてよと言われてやっているわけでもないですしね。

　子どもがそのまま大人になったような僕でも、サッカーがあればまた一緒に子どもにも戻れますし、それは最高じゃないですか。たとえば秋葉（忠宏）さんのように、仮に良い試合のあとに「This is FOOTBALL!」って言ったら、やっぱり感動できるはずなんですよ。サッカーを通じて「オレも一緒に戦ってるぞ」っていう感覚になるわけじゃないですか。だから、高校サッカーの指導者なんて、こんな良い仕事はないですよ。

小野貴裕

1980年、神奈川県生まれ。日本大学高校、日本大学を経て、2006年に関東第一高校サッカー部のコーチに。実質的にチームの指揮を執ると指導2年目の2007年には関東第一高校として初めてインターハイで全国大会に出場。2010年から監督に就任。2015年には8年ぶりに出場したインターハイの全国大会でベスト4、翌2016年には創部35年目にして同校を初めて全国高校サッカー選手権大会出場へ導いた。以降、インターハイは8年間で5回、全国高校サッカー選手権大会は7年間で4回、全国の舞台に立つ常連校になっている。

あとがき

まずは6人の高校サッカーの指導者が辿ってきた人生を追体験しながら、ここまで読み進めてくださった皆さんに感謝の意を伝えたい。本当にありがとうございました。

また、インタビューに応じてくれた6人の方々には感謝してもし切れない。全員が3時間近い長時間に渡って、こちらの質問にも嫌な顔1つせず、自らのキャリアを振り返ってくださったことで、書籍という1つの結晶を世の中に送り出すことができました。本当にありがとうございました。

私が高校サッカーの取材を始めるようになったのには、明確なきっかけがある。2007年の秋。当時J SPORTSで担当していた番組のレギュラー出演者だった宮内聡氏が総監督を務めている成立学園高校の試合を見るために、西が丘サッカー場を訪れた。

高校選手権東京都予選準決勝。相手は帝京高校。この一戦でのちにJリーガーとなる成立学園のある選手が、前半10分すぎに2枚目のイエローカードを提示されて、退場してしまう。ＰＫ戦の末に成立学園は敗退したのだが、チケットを買ってスタンドから観戦していた私は、退場してしまった選手の胸の内を聞きたくなった。そして、その想いを多くの人に知ってもらいたいと思ったのだ。初めてメディア申請をして、取材という形で高校サッカーに関わったのは、その年の選手権の全国大会からだった。

それからは成立学園の試合をよく見に行くようになった。対戦相手は大半が東京の高校。少しずつ相手校の指導者とも顔見知りになり、今度はその高校の試合にも足を運ぶようになる。そうやって確実に〝沼〟へとハマっていき、気づけば15年近くも高校サッカーの取材を続けてきた。

だから、私は東京の高校サッカー界には強い恩義を感じている。とりわけ取材を始めたばかりの頃に、若輩者にも優しくいろいろなことを教えてくれた宮内さん、霞ケ浦高校の山下正人総監督、東久留米総合高校の齋藤登・前監督、修徳高校の岩本慎二郎・前監督、岩倉高校の深町公一総監督、駒澤大学高校の大野祥司・前監督には、この場を借りて御礼を伝えたい。本当にありがとうございました。

もちろん自分の高校時代の経験が、高校サッカー取材を続ける今の情熱につながっていることは言うまでもない。私が入学した頃の群馬県立高崎高校サッカー部は、県でベスト8に行けば上出来というレベル。漠然と全国大会に行きたいとは思っていたけれど、それをあえて口にすることは憚られるような立ち位置だった。

だが、いくつもの幸運が重なって、私が3年時の高崎高校はインターハイで大躍進を遂げてしまう。当時の県内では絶対的な2強だった前橋育英高校と前橋商業高校を相次いで撃破して、23年ぶりとなる全国切符を手繰り寄せると、京都インターハイでもあれよあれよと勝ち進んでベスト8まで進出。最後は国見高校にPK戦で敗れたが、無名の公立校の快進撃は高校サッカー界に小さくないインパクトを与えたはずだ。私の尊敬するライターの吉田太郎さんが、仮にその頃も『ゲキサカ』で取材されていたとしたら、我々のトピックスは絶対に取り上げられていたことだろう（笑）。

それは奇跡とも呼べるような、真夏の古都の思い出だ。そして、自分が味わったそんな忘れがたい体験こそが、高校サッカーではどのチームにも奇跡を起こす可能性があると、今も強く信じる根拠になっている。一緒に濃厚な3年間を過ごした高校時代のチームメイトには感謝しかない。我々にとっては不動の守護神であり、国見戦でも相手のＰＫをストップした桒原貴之は残念ながらもうこの世を去ってしまったが、もちろん桒原も含めたかけがえのない最高の仲間にも改めて御礼を伝えたい。本当にありがとう。

高校サッカーの取材を始めてから約15年。高校サッカーを自らが経験してから約25年。さらに、初めて高校選手権をテレビで見てから約35年が経過した。この積み重ねてきた時間の1つの集大成として、こういう形で高校サッカーにまつわる書籍を出版させてもらえたことに対しても、今まで自分に関わってきてくださったすべての人に大きな感謝の念を抱いている。本当にありがとうございます。

16年前の西が丘では知ることの叶わなかった高校生の想いを、今は幸運にも存分に聞き、伝える立場になった。これからも高校サッカーと真摯に向き合っている多くの指導者たちと、多くの選手たちの声に耳を傾け、それを1人でも多くの人に届けることができるのなら、これ以上の喜びはない。

２０２３年11月　土屋雅史

[著 者]
土屋 雅史 Masashi Tsuchiya

1979年8月18日生まれ。群馬県出身。群馬県立高崎高校3年時には全国総体でベスト8に入り、大会優秀選手に選出。早稲田大学在学中は稲穂キッカーズに所属し、大学同好会日本一も経験している。2003年に株式会社ジェイ・スカイ・スポーツ（現ジェイ・スポーツ）へ入社。学生時代からヘビーな視聴者だった「Foot!」ではAD、ディレクター、プロデューサーとすべてを経験。2021年からフリーランスとして活動中。著書に『蹴球ヒストリア「サッカーに魅入られた同志たち」の幸せな来歴』（ソル・メディア）がある。

[装 丁]
水戸部 功

[本文デザイン・DTP]
広谷 紗野夏

[協 力]
静岡学園高等学校
明秀学園日立高等学校
帝京長岡高等学校
流通経済大学付属柏高等学校
神村学園高等部
関東第一高等学校

[写 真]
アフロスポーツ、佐藤 博之、土屋 雅史

[編集協力]
鈴木 康浩

[編 集]
吉村 洋人

高校サッカー 新時代を戦う監督たち

2023(令和5)年 12月11日　初版第1刷発行

著　者　土屋 雅史
発行者　錦織 圭之介
発行所　株式会社東洋館出版社
〒101-0054　東京都千代田区神田錦町 2-9-1
コンフォール安田ビル 2F
（代　表）　TEL 03-6778-4343　FAX 03-5281-8091
（営業部）　TEL 03-6778-7278　FAX 03-5281-8092
URL　https://toyokanbooks.com/
振替　00180-7-96823

印刷・製本　株式会社シナノ

ISBN 978-4-491-05376-9 / Printed in Japan